落地·转化·创生

优秀教学成果推广应用的静安实践

邱中宁 ◎ 主编

上海社会科学院出版社

前　言

　　作为基础教育国家级优秀教学成果推广应用示范区，自2020年起，上海静安示范区在全区推广应用上海市电教馆"研究型课程大规模实施智能支持平台研发及实施模式探索"、上海市静安区教育学院附属学校"后'茶馆式'教学——走向'轻负担、高质量'的实践研究"和上海市静安区芷江中路幼儿园"以幼儿自主学习为核心的幼儿园低结构活动探索"三项成果。几年来，在中国教育学会、上海市教委、上海市教育学会的指导下，静安示范区积极探索成果推广应用的区域路径、关键环节和核心证据，取得了一定成效。

　　静安示范区明确了"促进成果赋能增值，激活优质教育资源，优化区域教育生态"总体目标，提出了"基于共性、尊重个性，注重优化、互动创生"的基本原则，形成了三条成果推广应用的典型路径：一是形成了"三个结合""三个同步""三个保障"的"三维立体互动"的工作模型；二是支持鼓励不同成果明晰推广路径，提炼了融合"共性＋个性"、体现成果特色的推广应用路径；三是整合创新具有区域特色的推广应用载体和资源，如静安教育学术季、教育教学研究所、教育科研流动站、区级共享课程等。

　　静安示范区在推广三项成果的过程中，深入分析优秀研究成果的特点、持有方特点以及应用方特点，把握优秀成果推广应用"落地—转化—创生"的三个关键环节，并关注经验证据、典型案例、量化证据、理论证据等四类证据的收集与分析，以证据的多样性、充分性和互证性指导实验校实践，支持推广应用工作循环改进。

　　在成果推广过程中，静安示范区与成果持有方双主体协同发力、一体推进。静安示范区启动专项资金，助力静安区芷江中路幼儿园成果产品化，确立了教学实践的"产品＋课程"推广应用路径；静安区教育学院附属学校搭建了后"茶馆式"教学推广应用资源平台，确立了指向成果优化与创生的"双主体"推广应用路径；上海市电教馆搭建MOORS研究性学习平台，确立了激发内生力的"一校一策"点位法推广应用路径,取得良好成效。

静安示范区以国家级优质教学成果的推广应用促进区域成果迭代创生,以优质资源集群的集成创新推动全域教育创新发展,推广应用工作呈现多元创新的良好局面。应用校教师的循证改进意识和能力得到增强,教育教学质量得到提升,学校发展的新思考新实践新经验得以沉淀、凝练和凸显。国家级优秀教学成果在静安的推广应用进一步滋养了区域教育学术文化,推动了区域教学成果的大批涌现。

目 录

第一编 区域研究：推广的架构与推进

优化与再生：优秀教学成果推广区域路径与策略
………… 上海市静安区教育局　上海市静安区教育学院　3

优秀教学成果区域性推广的"三三四"模式
………………………… 上海市静安区教育局　邱中宁　11

抓住关键环节　聚焦证据因素
——优秀教学成果推广应用的路径探索
………………………… 上海市静安区教育局　邱中宁　20

静"养"推广成果之风　安"燃"久久为功之行
………………………… 上海市静安区教育局　陈佳彦　32

优秀成果推广应用区域化实践探讨
………………………… 上海市静安区教育学院　汪振兵　39

浸润式推广　成就学术生态 ……… 上海市静安区教育学院　张　琼　44

基于静安教育学术季的成果推广应用路径
………………………… 上海市静安区教育学院　何海铃　48

科研流动站：激发创新活力的区域教育科研机制探索
………………………… 上海市静安区教育学院　王俊山　51

推进学校科研智慧分享和成果推广的实践与思考
………………………… 上海市静安区教育学院　盛影莹　60

第二编　持有方研究：成果的凝练与转化

一项全新的教育实践研究
　　——以后"茶馆式"教学成果推广为例
　　………………………………… 上海市静安区教育学院附属学校　69

创建数字化交流平台　助力教学成果的推广研究
　　………………………………… 上海市静安区教育学院附属学校　75

"产品＋课程"助推高质量成果推广的转化与升级
　　………………………………… 上海市静安区芷江中路幼儿园　82

孵化教育新品牌　促进静安学前教育新时期高质量发展
　　………………………………… 上海市静安区芷江中路幼儿园　85

普及高质量学前教育　多点协同持续发力
　　………………………………… 上海市静安区芷江中路幼儿园　90

第三编　学校研究：成果的衔接与融通

遵循认知规律　探索课堂转型
　　——后"茶馆式"教学运用于久隆模范中学的实践研究
　　………………………………………… 上海市久隆模范中学　99

后"茶馆式"教学：促进学生自主学习的实践与探索
　　………………………………… 上海戏剧学院附属静安学校　104

积极拥抱优质资源　赋能学校新发展 ………… 上海市五四中学　110

从课堂之变　观教师赋能 ……………………… 上海市彭浦初级中学　114

后"茶馆式"教学成果推广：实践、成效、挑战与深度融合的思考
　　…………………………………………… 上海市新中初级中学　118

指向幼儿科学素养提升的智能化低结构科学探究活动的实践探索
　　………………………………… 上海市静安区芷江中路幼儿园　122

幼儿园低结构科学领域课程内容资源库运用
　　——对2—5年青年教师的成长支持
　　……………………………… 上海市静安区芷江中路幼儿园新梅园　129

低结构成果在幼儿园项目探究活动中的应用实践与创新探索
………………………… 上海市静安区大宁国际幼儿园　135
基于案例问题　开启"低结构活动"
………………………… 上海市静安区大宁国际第四幼儿园　138

第四编　教师研究：成果的应用与反思

指向深度学习的"三议"数学课堂
………………………… 上海市久隆模范中学　汪　珏　145
后"茶馆式"教学的关键是"先学"
——以初中数学《表示一组数据波动程度的量》的教学为例
………………………… 上海市静安区教育学院附属学校　逯怀海　151
后"茶馆式"教学融入初中数学整合式教学的实践研究
——以八年级"四边形"为例
………………………… 上海市静安区教育学院附属学校　喻　悦　157
后"茶馆式"教学在小学语文课堂教学中的实践应用
——以三年级下《看月食》为例
………………………… 上海市静安区教育学院附属学校　王　婧　162
"先做后议　多次循环"的教学方法在小学科学课中的实践研究
——以《观察黄粉虫》一课为例
………………………… 上海市静安区教育学院附属学校　马　骏　167
以核心素养为导向发展学生推理能力的实践研究
——以后"茶馆式"教学的初中数学课为例
………………………… 上海市静安区教育学院附属学校　顾　雪　170
关注课堂教学关键干预因素　转变初中物理教学方式
………………………… 上海市五四中学　王颂华　178
后"茶馆式"教学的课堂变革 ………… 上海市彭浦初级中学　符静嫣　182
基于后"茶馆式"教学与空中课堂结合的初中数学教学实践
………………………… 上海市彭浦初级中学　周莉君　190
指向深度学习的文言文阅读教学设计
——以《桃花源记》为例 ………… 上海市新中初级中学　罗春兰　197

低结构区域活动中大班幼儿的自我评价研究
　　——以万物镜为例 ………… 上海市静安区芷江中路幼儿园　朱思雯　203
小规则"白相"海派大世界
　　——低结构理念引领下的海派玩创游戏探索
　　　　　　　　　　　　　 上海市静安区芷江中路幼儿园　尹亦睿　209
在低结构活动中主动学习
　　——以"视力+"区域为例
　　………… 上海市静安区芷江中路幼儿园新梅园　俞玮黎　215
深入游戏　看懂孩子
　　………… 上海市静安区广中新村幼儿园　冯　焰　高　勍　222
在探玩万物镜中激活幼儿创造力
　　………………… 上海市静安区大宁国际幼儿园　林　瑜　227
"竹"智多谋 ……… 上海市静安区大宁国际第三幼儿园　张超杰　234
一起"趣"运动　越来越"慧"玩
　　………………… 上海市静安区大宁国际第三幼儿园　童雅妮　239

附录　自评报告

上海市静安区基础教育国家级优秀教学成果推广应用工作自评报告
　　………………………………………… 上海市静安示范区　247
玩研创凸显儿童本位，探索凝练成果推广应用的新模式
　　——"以幼儿自主学习为核心的幼儿园低结构活动的实践研究"成果
　　　自评报告　　　　　　　　 上海市静安区芷江中路幼儿园　259
以深度实践汇聚前行力量
　　——基础教育国家级优秀教学成果推广工作自评报告
　　………………………… 上海市静安区教育学院附属学校　270
研究型课程大规模实施智能支持平台
　　——成果推广自评报告 ………………… 上海市电化教育馆　284

第一编

区域研究:推广的架构与推进

优化与再生:优秀教学成果推广区域路径与策略

上海市静安区教育局　上海市静安区教育学院

"开展基础教育国家级优秀教学成果推广"是着力深化教育教学改革、提升育人质量的重要举措。静安区经济发达、教育底蕴深厚,历来重视学术研究,注重成果培育,积淀了许多在上海乃至全国有影响的研究成果。该项目启动以来,静安区按照教育部、中国教育学会、上海市教委的要求和部署,积极推广应用"以幼儿自主学习为核心的幼儿园低结构活动探索""后'茶馆式'教学——走向'轻负担、高质量'的实践研究"和"研究型课程大规模实施智能支持平台研发及实施模式探索"三项基础教育国家级优秀教学成果,扎实做好示范区的推广应用工作,不断促进区域教育质量整体提升。

一、明确成果推广应用的定位:引领与服务

优秀教学成果推广为不同学校、不同学段、不同学科的广大一线教师,与优质学校、名师专家直接建立起"绿色通道、无线链接",为他们在理念引领与行为跟进之间、内化于心与外化于行之间搭建平台、拓宽路径,从而开拓教育改革创新的广阔空间,营造教育优质均衡发展的良好态势。

(一)认清成果推广的复合功能

成果推广正在逐渐成为区域教育改革的有效载体,为优化区域教育生态、激活优质教育资源、促进成果赋能增长注入了新的活力和生机。

1. 优化区域教育生态

教学成果推广应用是以成果持有方为核心,以成果应用方为依托,辐射带动区域内更广泛的学校,从而形成变革、改进的长效工作格局。通过发挥成果

推广与应用工作的专业引擎作用,实现资源的有效互通,促进区域教育生态的整体优化与高质量发展。

2. 激活优质教育资源

教学成果推广应用是将前沿的教育理念、有效的教学模式、科学的管理方式系统化地移植到成果应用方,有效发挥优质资源的示范带动作用,进而不断扩大优质教育资源的规模和总量。同时,优秀成果的复制推广,能够不断激活创生新资源,培育壮大自身发展新动能。

3. 促进成果赋能增值

教学成果推广是在科学理论的指导下,从实践中来,又回到更大范围、更深层次、更高水平的实践中去,由一校到多校、由点到面、由典型性到普遍性,辐射、移植、落地、生根。这样有利于成果得到反复验证和创新实验,进而形成成果因地制宜对接、转化应用与赋能增值。

(二)厘定成果推广的多方定位

将成果推广应用作为一项长期的工作,要认识到"优秀教学成果推广是一项系统工程"。在成果推广过程中,静安加强教育行政(区教育局)、教育业务(区教育学院)、成果持有方及成果应用方之间的多方协同,形成了全区统筹、上下联动、多方协调的工作推进机制。教育行政部门不失时机找到各项成果的闪光点、突破点,发挥引领、研究、指导、服务功能;教育业务部门敏锐找到成果推广应用的堵点、断点、难点,发挥研究、指导、服务功能;成果持有方精准找到成果在应用方的链接点、操作点,发挥示范辐射功能;成果应用方(实验校)基于对成果的充分了解和本校实际,理性务实地找到生长点、发力点。

二、谋划成果推广应用的思路:有效性与长效性

优秀教学成果推广应用工作是促进区域教育优质发展的一个重要契机,有利于促进本区已有优秀成果的迭代升级、集成创新,更能孵化、催生新的优秀教学成果。基于这样的认识,静安区在成果推广应用中确定了"三个结合"和"三个同步"的工作思路。

(一)三个结合

一是锚定与开放相结合。静安区在全区推广应用三项优秀成果,其中两项

是本区的成果,一项是上海市电化教育馆的成果。在实际推广应用过程中,静安区在重点做好这三项成果推广应用的同时,对本区其他获奖的国家级优秀成果,外区、外省市的国家级优秀成果均持开放态度,鼓励各校借鉴应用,鼓励成果持有方对已有成果进行迭代升级。

二是专项与日常相结合。成果推广应用作为一项专项工作,区教育局、区教育学院、成果持有方、成果应用方均配备了一定的力量保障;同时将这一专项工作与教育教学日常工作有机结合,融入日常教育教学管理工作之中。

三是阶段工作与长远谋划相结合。从工作方案来看,成果推广应用工作是有时间节点的,是一项阶段性的工作,但是,优秀教学成果的推广应用要出实效,又必定是一项长周期工作。所以,静安区对成果推广应用的追求目标是"计划三年,着眼长远"。

(二)三个同步

"三个同步"即同步推广、同步研究、同步培训。同步推广指将成果推广融入区域整体教育教学改革之中,促进区域教育优质发展;同步研究指不断探索优化推广途径,逐步积淀成果推广成效显著的做法和经验;同步培训指积极开发实施针对不同群体、不同需求的培训课程,丰富培训方式。

三、构建成果推广应用的机制:驱动与转化

教学成果是反映教育教学规律,对提高教学水平和教育质量、实现培养目标产生明显效果的教育教学方案。教学成果要为教师所掌握,需经过深度理解、内化、改造,进而转化为教学实践的自觉行动,促进教学问题解决。静安区在成果推广过程中建立了研训一体,在专项设计中整体推进的行动机制,并搭建载体,创新成果推广应用路径,推动成果落地转化。

(一)研训一体,在专项设计中整体推进

在顶层设计过程中,静安区着眼于将成果推广应用工作专项推进的同时,分解到日常的教育教学管理工作之中,主要从教研、科研、培训、保障四个方面着手。

1. 教研有主题

区级教研活动设计了三项教学成果推广应用的专题,通过"三分之一"主题

研修的途径予以落实。"三分之一"主题研修指有主题的学科研训,主题就来自教学一线,来自学科发展的要求,以解决实际教学问题。例如,针对"后'茶馆式'教学——走向'轻负担、高质量'的实践研究"成果,初中物理学科设立了"后茶馆教学推广实践"研究主题,先后进行了一系列线上线下教研活动(见表1)。此外,作为成果应用方,在校本研修中,要有成果推广应用的研修设计,作为校本研修方案报审的必备条件之一。

表1 后茶馆教学推广实践——初中物理"三分之一"主题研修

序号	内容	教研方式
1	指向学习者学习问题链的分析与组建	教研课程
2	"做、想、讲"视角下初中物理课堂教学	主题教研
3	后"茶馆式"教学的设计与实施	教研课程
4	后"茶馆式"教学课例研究——验证阿基米德原理	教学实践
5	后"茶馆式"教学课例研究——热单元复习	教学实践

2. 科研有专题

从"十四五"开始,静安区在区级课题申报指南中设立了"优秀成果推广应用领域"专项,鼓励成果应用方、成果持有方等有关专业人员、管理人员申报成果推广应用的课题,鼓励在区域内形成"在推广中研究、在研究中推广"的氛围。例如,区教育局、教育学院、成果持有方联合立项了主题为"优秀研究成果推广转化的特征与实施路径研究"的区重点课题,以三项教学成果为主要研究对象,促进优秀成果在区内外进一步推广、转化与应用;芷江中路幼儿园立项了"区域活动中低结构材料投放策略的研究""中班幼儿户外低结构表演游戏中社会性行为的调查研究""幼儿园低结构课程内容资源库运用对青年教师的成长支持——以智能化科探活动为例"等多项成果推广有关课题。

3. 培训有专班

三个成果持有方开发完成了系列区级共享课程,分别是静安区教育学院附属学校(以下简称静教院附校)的"后'茶馆式'教学"课程、芷江中路幼儿园的"以幼儿自主学习为核心的幼儿园低结构活动探索"课程和上海市电化教育馆的"走进研究型"课程。课程内容因学校而异、因学段而异、因学科而异,并且结合应用方和学习者的实际,积极开发体现本土化与个性化的具体学习内容和资源。课程采用线上网络课程与线下面授课程相结合的推广方式。课程面向全区教师开放,鼓励有兴趣的老师选修,赋予区级研修学分;鼓励成果应用方开发校级研修课程,赋予校本研修学分。尝试开设校长培训、教师培训成果推广应用专题研修班。

4. 推进有保障

为促进优秀成果的推广应用、转化与再发展,促进教育增值,区教育局、教育学院从财力、人力上均予以保障。在经费预算中设立专项经费,并就经费使用给予项目持有方较大的自主权;在人力配备上将成果应用推广工作列入有关人员绩效评价考核内容,最大限度地激励教师参与相关工作,促进成果在全区乃至更大范围内推广应用。同时,整合上海市教委、上海市教育学会、华东师范大学和上海师范大学的专家力量,为成果的推广、转化与应用进行理论与实践指导。

(二)搭建载体,创新成果推广应用路径

为了营造成果推广应用的良好氛围,形成高效的工作模式,静安区不仅充分发挥已有平台、机制的功能,而且开创性地搭建多个载体予以全面深入推广。

1. 科研流动站

为了推动优秀教育科研成果的推广应用和实践转化,更好地满足教师个性化的专业发展需求,促进区域内校际的深度交流,形成有效的学习和研究共同体,促使已有成果在多情境的实践推广中进一步深化发展,静安区探索试行了教育科研流动站制度。三家试点运作流动站均是国家级优秀教学成果单位,包括静教院附校、静安区安庆幼儿园、静安区教育学院。进站教师可以选择加入流动站学习教学成果;同时,流动站也可以派出教师到区域内的其他学校进行成果分享,用"走进去"和"派出来"相结合的方式,实现教育科研成果最大化。例如,区教育学院科研流动站在两期研修班中共设了八项成果研修专题(见表2)。

表2 教育学院科研流动站成果研修专题

时 间	主 题
第一期	
2019年11月	"教育教学成果课题的设计"专题讲座
2019年11月	"教育问卷的探索性因素分析应用"专题研讨
2020年4月	静安区科研成果管理网站的建设研讨
2020年4月	教学成果的定性和定量分析——NVivo的应用与学习
2020年6月	教学成果调研方案的讨论与完善

续表

时 间	主 题
第二期	
2021年10月	项目推介:教育成果的循证研究
2021年11月	学段沙龙:学段年度科研成果发布会
2021年12月	筹备青年教师课题成果汇报会

2. 静安教育学术季

为了推进教育品质的不断提升,静安区自2016年开始,在全区范围内持续开展了以"学术精进,专业卓越"为指导思想的"静安教育学术季"活动。每季活动围绕一个主题开展区级主题论坛、区级专题活动、校级学术研讨、校级展示活动,着眼于优秀教学成果的孵化、孕育、推广。全区所有教育单位,教师和专家学者以不同形式主办或参与了各类成果推广活动,持续扩大成果推广的辐射面和影响力。

四、成效与反思

自申报示范区以来,静安区就将优秀教学成果推广应用作为本区"十四五"教育发展的重要目标与任务之一,并以此为抓手,不断深化教育教学改革,优化育人模式,促进区域教育高质量发展。经过不断的实践探索,积累了一定经验,取得了一定成效,但成果推广工作任重道远,仍需继续深化、研究、推广。

(一)脚踏实地,成果推广应用成效初显

随着成果推广工作深入有序的推进,静安区成果推广初见成效,制定了成果推广的个性化实施方案,架构了可视化的成果推广载体,同时多方协作机制有效运行。

1. 尊重差异,制定个性化实施方案

静安区与成果持有方商议协作,针对应用方的不同特点和不同应用需求,制定了成果推广的个性化实施方案。例如,静安区和上海市电化教育馆深入应用方调研其研究性学习开展情况、研究性学习教师及学生信息化应用能力,针对学校特性和MOORS平台可推广部分定制了9所参与学校的"一校一方案"。

通过制定"一校一方案",大大提升了学校研究型课程开展的效率,规范了研究性学习的流程,取得了阶段性成果。又如,静教院附校针对应用方的不同定位给予个性化的分类指导,赋予各应用方较大的学习主动权,采用主报告集体学、小论坛分散学、汇总疑惑集体议的组合式培训方式,充分调动基层学校的积极性,展现教学成果的实践价值。

2. 创新路径,架构可视化成果载体

静安区鼓励成果持有方将成果推广所涉及各类软硬件教育资源进行集中管理,以可视化的形式实现从教学成果设计、课堂实录、学习评价等不可见数据的多维度管理,初步形成一套可视化的统一管理载体。例如,静教院附校与信息科技公司合作开发后"茶馆式"教学成果推广交流平台,将成果推广过程中的讲座、教学设计、课堂实录等资源上传该网站,方便各地区学校老师开展自主学习;上海电化教育馆 MOORS 平台构建了一套包含"学习者模型""程序性知识模型""教学策略模型"在内的智能支持系统;芷江中路幼儿园则是将成果开创性地设计成可操作性、可复制性、可视化的低结构材料、玩具等,推出了"产品 + 课程"系列,并以区18家基地园为基点进行"产品 + 课程"的组合式打包派送,使得课程与教学改革扎实地向前迈了一大步。

3. 激发活力,构建深度化互动机制

静安区初步构建了区教育局、区教育学院、成果持有方、成果应用方四个协作主体之间的深度互动机制,搭建了良好的桥梁,从而更好地促进成果推广应用。具体来说,一是定期组织四方主体沟通研讨工作的机制,二是及时编辑发布成果推广简报的机制,三是设立成果推广绩效考核专项奖励机制,四是行政和业务部门结合多方力量,全力支持持有方成果推广各项工作的机制。例如,区教育局设立专项资金,支持保障芷江中路幼儿园"以幼儿自主学习为核心的低结构活动探索"成果,以"课程 + 玩具产品"组合推广,由中国教育学会学前教育专委会委托相关玩具生产单位,将芷江中路幼儿园开发的系列玩具产品化,并支持完成了专利申请,在整个静安示范区公办幼儿园全面进行芷江低结构玩教具的配送投放,形成成果推广的良好生态。

(二)面向未来,成果推广应用仍需反思

优秀教学成果的推广应用是一个需要长期推进的系统性、体系化的过程,静安区还需要不断完善成果推广过程中的各项机制和举措。

其一,成果推广的长效机制还需进一步完善。成果推广的目的不仅是让一线教师看到、听到,而且是要将教学成果真正落地生根。目前在推广活动之后的跟踪、指导和建立转化机制等方面还不够,后续需要加强常态化跟进指导,为持有方提供更多专家力量,提供更多展示激励平台。

其二,成果推广的过程性评价还需不断加强。当前,成果推广指标单一化、结果功利化的问题仍存在,后续工作中要加强过程性评价,采取多维度、多层次、差别化的评价方式,更加准确地反映成果推广水平、转化应用实效和对教育教学发展的实际贡献,以评价促进成果推广应用效果的提升。

优秀教学成果区域性推广的"三三四"模式

上海市静安区教育局 邱中宁

基础教育是一项兼具情境性与复杂性的系统工程,区域性的成果推广需要各方协同努力,在行之有效的制度保障下积极调动各类资源推进落实。《教育部2022年的工作要点》明确提出:"要持续推进基础教育优秀教学成果的推广应用工作。"形成常态化工作的现实需要推动着各示范区与学校积极探索、深入钻研,形成研究、推广、应用的闭环式工作模式,将成果推广工作制度化、体系化。

全国各教育成果应用示范区在该领域均进行了大量富有成效与参考价值的实践探索,基本形成了由区域教育部门主管牵头、各基层教育单位协同合作、各层级教育工作人员集体参与的系统性工作模式,并在工作中总结了各自独具特色的实践经验。例如黑龙江鸡西市强调团队化运营,通过组织建立"专家指导团队""核心种子教师研修团队"和"一般教师参与团队",充分调动成果推广工作中的人力资源,以完善的人才梯队实现优质教学成果的推广实践。[1]福建南安示范区则注重机制建设,以"行政+教研""应用+本土""区域+学校""保障+传播"的体系建设思路,构建了从顶层设计到后勤保障等一系列行之有效的推广机制与闭环式工作模式。[2]石家庄更注重推广途径的创新,注重在"培训""科研""评价""宣传载体"等重要环节上推陈出新,以全新的推广方式实现优质教学成果的落地。[3]

上海市静安区作为基础教育国家级优秀教学成果推广应用示范区,自2020年起在全区推广应用了上海市电教馆"研究型课程大规模实施智能支持平台研发及实施模式探索"、上海市静安区教育学院附属学校"后'茶馆式'教学——走向'轻负担、高质量'的实践研究"和上海市静安区芷江中路幼儿园"以幼儿自主学习为核心的幼儿园低结构活动探索"三项成果。静安区确立了"促进成果赋能增值,激活优质教育资源,优化区域教育生态"的总体目标,把握了"落地—转化—创生"三个关键环节,形成了"三维立体互动""共性个性结合""整合资源载体"三种实现路径,关注了"经验、量化、理论、案例"四类证据因素,从区域现实情况出发,以高屋建瓴的顶层设计,充分实现区域优质资源集成,形成研究、推广、应用的循环发展体系,在成果推广中增强学生综合素质,赋能教师专业水平,推动教育高质量发展。概言之,形成了图 1 所示的"三三四"区域性推广应用模式。

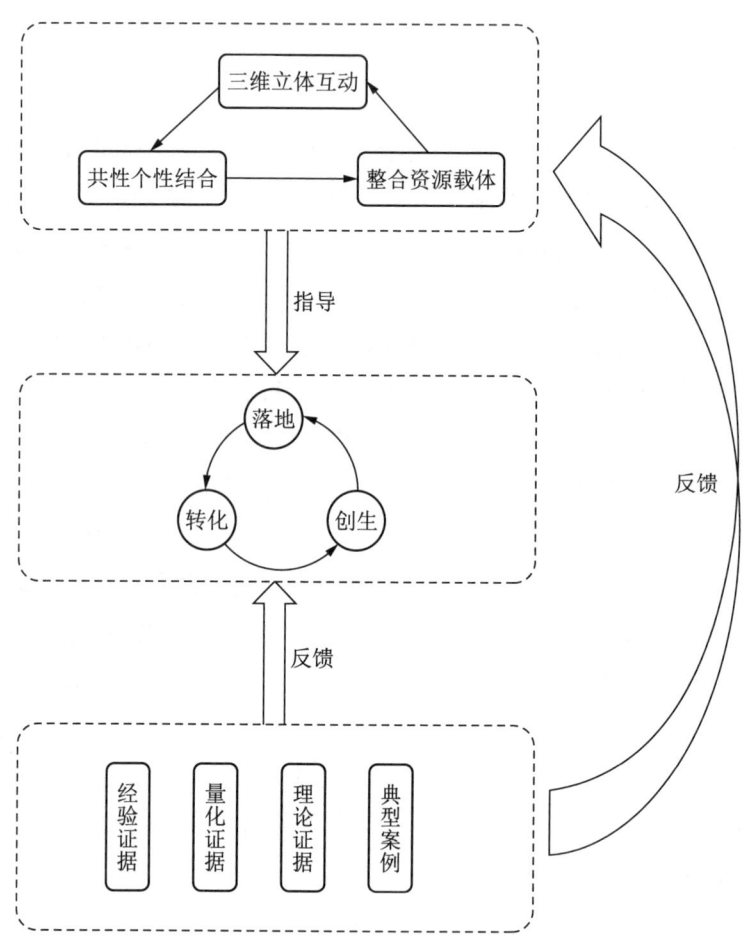

图 1 静安区基础教育国家级教学成果区域性推广"三三四"模式图

一、抓住"三个环节"明确推广重心

教育科研成果在基层推广过程中存在学术、技术、实践三种紧密相连、层层递进的形态[4],代表了成果推广由抽象到具体的发展规律。正是这种复杂而偏主观的性质制约了教育科学成果的转化效率,成为推广过程的第一道壁垒。基于这一现实问题,静安区结合拟推广的三大项目的实际情况,聚焦成果推广应用中的三个关键环节:落地—转化—创生,把握了成果形态的转变规律与共性原则,在基层实践中总结各环节应对方案,实现不同成果在推广过程中的螺旋式发展。

(一)落地:开发可视化载体,将成果具象化

"落地"是完成教育科研成果从学术形态变成技术形态与实践形态的第一步,常用的实现手段包括课堂资源共享、学术专题讲座等,由此完成成果持有方向应用方的知识传输。但传统的"讲授式"转化方法难以激发教师的实践动力,且成果内容基本停留在抽象阶段,在实际操作中转化效率较低。由此,静安区提出了可视化载体的方式,通过建立具象可见的课程产品、工具、平台等,激发应用方教师兴趣,引起深度思考,在一线实践中真正实现教育成果在应用方的初步落地。以"幼儿园低结构活动"项目为例,该项目的核心理念是:"为幼教实践者提供一种开放、自主、凸显以游戏为基本活动精髓的课程实践新样态。"由于该项目在实现过程中主要围绕开发各类低结构教育玩具,因此其可视化载体也通过形象的"低结构产品+培训课程"来实现,进而在全区所有公办幼儿园落地推广。

(二)转化:结合学情校情,实现成果本土化

在成果持有方实现了产品具象化后,应用方需要根据自身学校的特殊情况,结合本校师生的特点,形成符合学校特色的成果应用路径,实现教学内容在本校的转化,即成果推广的本土化过程。该环节是重要的承上启下环节,需要实验校在成果实践过程中重新情景化,将成果真正内化成具有自身特色的优质教学品牌。

以"后'茶馆式'教学"为例,该模式注重"教师引导、学生自学"的教学理念,在实际操作中具有极高的灵活度和可塑性。正是因为其高度自由,所以该项目在各实验校落地时并没有第一时间全面开展,而是循序渐进地开展了阶段性适应过程。例如,久隆模范中学的"后'茶馆式'"教学转化任务是在各学科教研组长的组织带领下,结合各自学科特点与班级特色,开展一系列的线上线下观摩学习与专题研讨,频繁进行开课、评课、观摩、研讨活动,总结后"茶馆式"教学经验,由此逐渐形成该项目在久隆的本土转化。同时,针对不同学科的情况,不同

学科组也会结合"后'茶馆式'教学"的核心理念,创造性地结合学科特点与学生学情,生发出有学科特色的后"茶馆式"教学方案。例如新中初级中学的数学组主要关注"后'茶馆式'教学"自主学习的特点,提出了"三议"数学课堂的方案;英语组则把握了学生在英语学习中的畏难情绪,结合后"茶馆式"的高自由度教学方法,创造性地提出了各种别具一格的课堂呈现形式,以极具趣味的课堂提升学生的积极性与主动性。

(三)创生:促成果迭代,助推成果创新

优质成果的推广势必会引起理论创新与产品迭代,而新的成果通过实践考验后则会再一次进入"落地—转化"的发展历程,由此实现成果推广的螺旋发展,这也是"创生"环节的内涵与意义。这种创新可能会出现在成果持有方,在对优质教学成果的深度挖掘后实现全新质变,从而提出更加崭新的教学理念与成果,例如提出后"茶馆式"教学的静教院附校在原有的项目理念基础上,结合新课标要求,深研跨学科领域与学校德育,形成了"深度整合教学:国家综合类课程统整实施新样态",并获得 2022 年上海市基础教育优秀成果评选特等奖;这种创新也可能出现在成果应用方,通过对优质成果与自身特点的结合,生成全新的教学理念与产品,例如静安区大宁国际幼儿园在吸纳了"低结构活动"的基础上,结合学校特点,研发了新的课程理念与架构,助推幼儿园获得上海市示范性幼儿园称号。

二、探索"三条路径"并机制化运作

成果推广是一项系统性工程,需要以全局思维来统筹宏观工作,构建合理的制度体系保障工作开展,搭建平台以实现信息整合与资源集成。但在现实的教育一线,缺乏成体系的工作机制恰恰是推广工作的第二大难关。[5]对此,静安区在实际推广工作中总结经验,充分调动行政部门、成果推广双方、专业机构等各大主体发挥作用,摸索出三条能够有效推动教育成果推广且环环相扣的实现路径。

(一)以"三维立体互动"为总体工作架构

"三维立体互动"是指"三个结合""三个同步""三个保障"的有机结合。

"三个结合"是成果推广的主体思路,是指锚定与开放相结合、专项与日常相结合、阶段工作与长远谋划相结合。该理念既是为了实现应用工作的全面铺开,也是为了实现推广工作的常态化发展。

"三个同步"是成果推广的运行机制,是指教学成果与教育改革的同步推广、优质项目与推广途径的同步研究、不同群体与不同需求课程的同步培训。"三个同步"的目的是让推广工作的成效对学生素质改善、教师生涯提升和区域教育发展形成助益,同时让推广工作能够在体系化的工作模式中实现螺旋发展。

"三个保障"是成果推广的立体保障,包括人员保障、研究保障和经费保障。人员上,推广工作整体呈现由教育局中教科、教育学院副院长主抓,区教研室、区科研室、院进修部、院发展室,以及相关教研员深度参与,市教科院、高校专家亲自指导的局面,确保推广工作的人才梯队;研究上,区教育科研中常设"优秀教学成果推广应用领域"专项;区重点课题"优秀研究成果推广转化的特征与实施路径研究"等,以提高全体教师对推广工作的重视程度;经费上,设立专项经费,并将成果应用推广工作列入有关人员绩效评价考核内容,最大限度地激励了教师参与成果推广应用的研究和实践之中。

通过"3+3+3"的立体互动模型,静安区的成果推广工作形成了"主体思路""运行机制""立体保障"三位一体的总体工作架构,并在该框架下充分调动人力物力资源,实现对推广工作的宏观把控。

(二)以"共性个性结合"为核心推广理念

"落地—转化—创生"的三大关键环节明确了成果推广过程的发展规律,而在三个环节的实践过程中,静安区进一步总结了转化经验,提炼了"共性与个性结合"的核心推广理念。这不仅揭示了成果推广双方需要考虑彼此的异同,进而因地制宜地实现应用方的成果吸纳;而且体现了不同项目在推广方式上需要考虑普遍性与一般性,从而实现各个项目的有效推进。例如,静安区在三大项目的总体落地方案上都采取了可视化载体的策略,但具体到每一个项目则运用了不同的可视化方案,"幼儿园低结构活动"本身具有产品研发特色,因此可视化载体很自然地定为低结构教玩具。但"后'茶馆式'教学"作为一种自由度极高的教学模式,不具备具体可感的教学产品,因此其可视化载体是持有方静教院附校通过根据已有的教学材料和实际案例整合构建的"后'茶馆式'教学应用资源平台",以供实验校老师共同参与资源共建、资源共享。MOORS作为研究性学习平台,网站本身就是可视的载体,因此在落地环节较为顺利,实际推广中更注重在不同学校的"转化"与"创生"过程，形成一校一方案的个性化推广路径。"共性个性结合"理念是静安区在区域性教育成果推广工作中总结出的极其重要的指导思想，不仅体现在校与校、项目与项目之间的共性个性考量，而且在未来更长远的推广工作中，更要考虑区与区乃至市与市之间的普适性与特异性。

（三）以"整合资源载体"为辅助推进手段

为了实现教育成果推广工作在区域范围内全面展开，使优秀成果与先进经验在各校之间流动，形成教研合作、资源共享，静安区构建了诸如教育学术季、教育教学研究所、科研流动站、区级共享课程等一系列区域学习共享载体，通过搭建平台的方式，实现各校、各项目之间的互通有无、相互学习。

以静安教育学术季为例，该活动秉持着"让教育激发每一位学生生命活力"的教育理念，以"校校可展示，人人可分享"的活动宗旨，充分展示并推广各个学校的优秀教育教学、科研成果。该活动每季均围绕一个主题开展区级主题论坛、区级专题活动、校级学术研讨、展示活动，着眼于优秀教学成果的孵化、孕育、推广。静安区诸多国家级、市级优秀教学成果均在学术季平台得以充分展示推广，全区所有教育单位、教师和专家学者都以不同形式主办或参与了各类成果推广活动，成果推广的辐射面和影响力持续扩大。

三、运用"四类证据"反哺模式优化

成果推广工作的第三个难题：缺乏评估机制。[6]教育本身是极具主观性的活动，而教育成果的推广成效更是碍于项目各异、学校不同等问题，很难构建一个放之四海皆准的评估标准。针对这一现实问题，静安区提出了"聚焦教学成果推广应用中的证据因素"的观点，以循证实践的方式，评估成果推广的有效性，形成对现有工作模式的实时反馈。

经验证据

作为教育实践中最容易获取也最常见的证据，经验证据常常被用作循证评估的重要依据之一。经验性的证据本身具有沉默性与散在性的特点，但通过大量证据的堆叠和合理的质性分析方法，经验证据依然可以被总结提炼出教育实践中的普适规律与典型情况。

经验的获取方法主要是访谈,例如静安区的三个项目持有方通过定期对应用实验校展开访谈的方式了解项目推广过程中的做法与成效,由此总结经验。

该证据的优点在于直接易获取,是最为快捷有效的证据之一,对教学成果的评估过程中是最常用的证据。缺点则是较为主观,评估的客观性不足,其结果的普适性有待考证。

量化证据

作为更加宏观的数据,量化证据在成果推广工作的循证评估工作中主要反映了应用情况的广度分析。

以区级培训课程的开展情况为例,截至目前,"后'茶馆式'教学"课程共有1 319人次报名学习,涵盖学校100多所;"走进研究型学习"课程共有277人次报名学习,涵盖学校30多所;"以幼儿自主学习为核心的幼儿园低结构活动探索"课程共有491人次报名学习,涵盖49所幼儿园。从较高的报名率与广阔的覆盖面可知,静安区三大项目的培训课程有着相当高的受欢迎度,从侧面反映了推广应用工作在培训环节取得了较好的成效。

量化证据是更加客观的评估方式,且量化证据能够覆盖更大的评估范围。相对来说,量化证据是更加高效的评估手段,但在教育领域的使用还相当有限,究其原因是缺乏相关的机制建设导致量化证据的获取困难,以及缺乏高效又客观的数据分析途径。

理论证据

优秀教学成果具有重大的理论意义和实际应用价值,其最终价值体现在向更广范围的教育教学实践转化。相较于前两者,理论证据无论是在评估力度还是现实作用上都具有更为深远的意义。

但理论证据的产生是一个复杂且漫长的过程,因为理论的产生本身就是对实践不断反思的过程。如何有效提升优秀研究成果推广转化的成效,需要寻求专业引领与实施路径的创新突破,需要理性思考与理论支持。静安区建立研究机制,在区级课题申报管理中,常设了"优秀教学成果转化应用领域"专项,鼓励学校和教师开展相关研究,通过对一线教学工作的反思总结,凝练升华成相关教学模式或理论机制,再经由新一轮的落地实践进行验证,从而考察理论的信效度与普适性。

理论证据不仅是评价教学成果的重要依据,还是教学成果推广工作的目标产物。理论的构建有助于更好地推广优质教学成果,实现教育的高质量发展。

但理论证据的获取难度之大、周期之长是该证据匮乏的主要原因,如何高效且系统地实现理论证据的获取与评估仍然是各示范区需要深入钻研的课题。

典型案例

典型案例是对大量经验证据反复筛选提炼后的结果,是更具有价值的质性证据。其中蕴含的主体、问题、情境、经验、意义等证据信息,对相关工作的推进具有重要价值,需要去挖掘、提炼和解读。静安区结合区域优秀研究成果推广应用的实践,通过质性观察、深度访谈、实物采集等方式,挖掘成果推广应用中的典型案例,剖析成果转化的关键环节和要素。目前积累的案例涉及推广载体设计、学校应用机制设计、教师行为转变等。

典型案例作为更具代表性的主观证据,在成果推广的评价工作中有助于提供更加直观的反馈,配合成熟的宣传机制可以实现教育成果的进一步推广。

四、继续深化提升成果推广的实效

优秀教学成果的推广应用是一项长周期的持续性工作。作为成果推广应用示范区,静安区将在已有积淀的基础上,不断探索、深化、拓展,形成更加成熟的可资借鉴的经验。

一是促进成果推广与培训工作的结合。

在教学成果的推广领域,静安区目前已经形成了较为完善的运作体系,下一步的工作重点需要聚焦于推广工作与教师培训的融合。通过建立更加完善的培训体系,组织专题培训、教学研讨、经验交流等活动,帮助教师理解和掌握国家级教学成果的核心内容和精髓,了解并熟悉区域性推广工作模式的理念与机制,提高教师的教学水平和推广能力。

二是加强校际合作与资源共享。

在现有的各类推广载体的基础上,探索全新资源共享途径,搭建更多校际交流平台,建立校际合作机制,实现资源共享和优势互补。通过合作举办教学研讨、观摩活动、经验分享等形式,促进校际的教学成果交流与推广,共同提升区域内的教学质量和水平,构筑良好的区域性教育发展共同体。

三是注重社会参与与家校合作。

积极引入社会资源和力量,加强与社会各界的合作,进一步调动区域内的教育资源,在教学成果推广领域形成合力。同时,加强与家长的沟通和合作,建立有效的家校合作机制,让家长适当参与到成效评估、成果展示等环节中,共同促进学生发展与成果推广。

参考文献

[1] 安军,汪海军,宋秋颖.边疆城市推广应用基础教育国家级优秀教学成果奖的探索实践——以基础教育国家级优秀教学成果推广应用示范区黑龙江省鸡西市为例[J].中国教育学刊,2022(S1).

[2] 叶冠毅,苏立阳.打造基础教育高质量发展样本——福建南安示范区成果推广应用的行与思[J].中国教育学刊,2022(S1).

[3] 宋辉,黄琦.基础教育国家级教学成果区域性推广应用的实践探索——以石家庄市为例[J].中国教育学刊,2022(S1).

[4] 罗清红,李沿知,高瑜等.三类三层四步六环:成果推广应用的创新机理——"大数据背景下的远程教育模式"成果推广应用总结[J].中国教育学刊,2022(S1).

[5] 程宏.中小学教育科研成果推广与应用研究述评[J].教育科学论坛,2023(16).

[6] 吕玉刚.大力推广应用优秀教学成果　助力基础教育高质量发展[J].中国教育学刊,2022(S1).

抓住关键环节　聚焦证据因素
——优秀教学成果推广应用的路径探索

上海市静安区教育局　邱中宁

作为基础教育国家级优秀教学成果推广应用示范区，自2020年起，静安在全区推广应用上海市电教馆"MOORS平台"、静教院附校"后'茶馆式'教学"和静安区芷江中路幼儿园"低结构活动"三项成果，制订了三年工作计划。2022年是教学成果推广应用工作承上启下关键的一年，在中国教育学会项目组的引领指导下，静安示范区克服困难，总结前期经验，反思不足，攻坚克难，从全局高度持续深入组织实施与推进推广应用工作，探索成果推广应用的关键环节和核心要素，取得了一定成效。

一、持续优化优秀教学成果推广应用的区域路径

静安示范区从优秀教学成果及其推广应用的规律性认识出发，前期明确了"促进成果赋能增值，激活优质教育资源，优化区域教育生态"的总体目标，提出了推广应用工作"基于共性、尊重个性，注重优化、互动创生"的基本原则。在此基础上，静安示范区进一步优化区域推广应用路径，深化价值认同和行动共识，形成了静安示范区推广应用路径图（见图1）。

在推广应用的主体上，我们强调行政部门、推广应用双方和专业机构的共同参与，尤其注重发挥持有方和实验校的主体作用，使之具有高度自主性。静安示范区深入分析了本区学校情况和需求特点，与三项成果持有方定期开展研讨、不断实践，结合成果类型，注重推广应用双方的共性与个性，提炼了各具成果特色的推广应用路径（见表1）。不同成果明晰的推广路径，为成果在不同实验校的落地打下了扎实的根基。

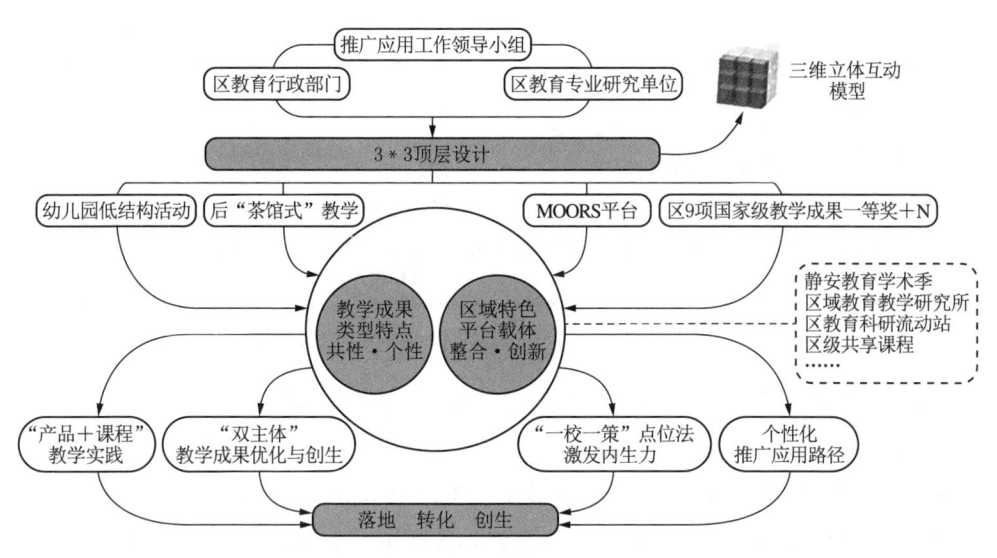

图 1　上海市静安区"基础教育国家级优秀教学成果推广应用"工作路径图

表 1　持有方在静安示范区形成的推广应用特色路径

成果名称	持有方	在本示范区的推广应用特色路径
后"茶馆式"教学	上海市静安区教育学院附属学校	指向教学成果优化与创生的"双主体"推广应用路径
幼儿园低结构活动	上海市静安区芷江中路幼儿园	基于教学实践的"产品＋课程"推广应用路径
MOORS平台	上海市电教馆	激发内生力的"一校一策"点位法推广应用路径

在运作方式上,构建合作的、协同的、专业化、互促的运作机制,使之具有深度专业性。不同主体之间的合作广度与深度是确保推广工作持续深入进行和成果落地的重要保障,静安示范区通过建立定期研讨、调研访谈、展示、学术论坛等举措,提升推广应用工作的专业性(见表2)。

表 2　静安示范区成果推广应用工作运作情况

举　措	目　　的	2022 年开展情况
定期研讨	了解持有方推广进程和需求,探讨有效方式	形成第 22—31 期工作简报
调研访谈	把握实验校成果应用落地、转化情况和需求	调研 3 所实验校,观察、挖掘、发现成果应用中的证据因素

续表

举措	目的	2022年开展情况
展示汇报	展示汇报示范区整体推进情况，征询专家意见和建议	5月13日，面向全国展示汇报
学术论坛	提炼成果推广关键环节和证据要素	在"静安教育学术季·第七季"上开展四方主体论坛，探讨成果推广应用关键环节和核心要素

在资源集成上，静安示范区既强调遴选的推广应用资源的作用发挥，又充分发挥区域拥有的国家级优秀成果的示范辐射作用，形成广泛的集群效应。静安区拥有9项基础教育国家级优秀教学成果一等奖和一批高水平教学成果，如何使之与本示范区推广的3项成果形成优质资源集群效应，引领区域教育整体水平不断提高，是示范区在本项工作启发和推动下一直在探索的重要内容。为此，静安示范区构建了"3＋N"优质资源集群，搭建各种平台进行推广，如在连续七季的静安教育学术季中，本区市级以上优秀教学成果均面向全区举办展示研讨交流活动，发挥其示范辐射作用。

在载体建设上，整合静安区已有的成熟的区域特色学习共享平台，使经验发生流动、理解、合作与共享，使之具有内在衔接整合。静安区在持续深耕素质教育的过程中形成了一系列独具特色的区域学习共享载体，如静安教育学术季、区教育教学研究所、区教育科研流动站、区级共享课程等，成果推广应用工作不仅面向实验校，而且在全区范围内发挥作用，极大增加了受众面（见表3）。

表3 静安示范区推进成果推广应用的特色载体

特色载体	对象		成果推广相关活动情况
静安教育学术季	七季	全区教师	近二十场次
区教育教学研究所	七个	全区教师	持续常态开展
区教育科研流动站	三个	全区遴选学员	持续常态开展
区级共享课程		全区教师自选	持有方研发三门区共享课程正在开展培训

经过两年探索，静安示范区成果推广应用路径不断明晰和优化，成果推广应用与区域教育整体发展思路与特色路径的契合性、整合度不断提高，厚植于静安推进教育变革的土壤之中，既从中汲取了养分，又为催生孕育新的成果打

下了扎实的根基。

二、不断完善成果推广应用的"三维立体互动"区域模型

静安示范区在前期逐步形成的"三个结合""三个同步""三个保障"的成果推广思路基础上，不断完善具体实施架构，形成主导思路—运作机制—立体保障互为支撑的三维立体互动模型（见图2）。

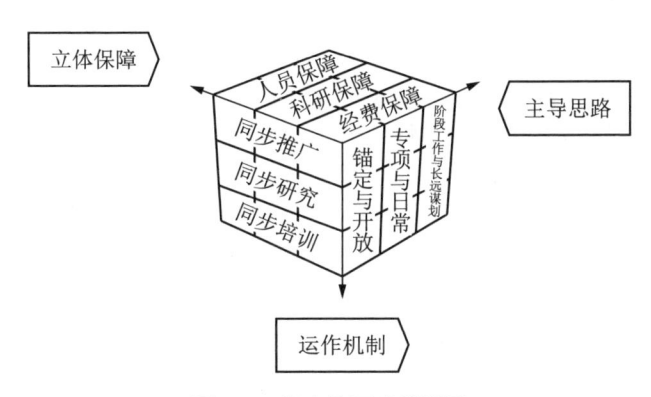

图 2　三维立体互动模型图

"三个结合"是成果推广应用工作的主导思路，是指锚定与开放相结合、专项与日常相结合、阶段工作与长远谋划相结合。静安区既拥有一批国家级、市级优秀教学成果，又以三项成果为重点推广一批优质资源。这样的设计，是立足于本区教育事业发展与改革"十四五"规划、区域教育综合改革的长远发展目标，使得成果推广这项具体工作的开展根植于静安深化教育个性化、激发学生创造力的实践土壤之中，根植于区域教师日常教育教学活动的情境脉络之中。这样的思路，不会因项目结束而终止，使推广应用工作由点及面、由表及里、厚积而薄发，最终会在课堂上、在教师教育教学行为优化上、在整体教育水平的提升上得以体现。

"三个同步"是成果推广应用工作的运作机制，是指同步推广、同步研究、同步培训。同步推广指将成果推广融入区域整体教育教学改革之中，促进区域教育优质发展；同步研究指不断探索优化推广途径，逐步积淀成果推广成效显著的做法和经验；同步培训指积极开发实施针对不同群体、不同需求的培训课程，

丰富教师成长土壤。

"三个保障"是形成区域成果推广应用工作的立体保障，即人员保障、研究保障和经费保障。静安示范区的教育研究与培训专业机构的专业人员及高校、市级专家深度投入，为成果推广、转化与应用进行理论与实践指导；在区教育科研申报中常设"优秀教学成果推广应用领域"专项，支持各学校、教师开展研究；成果应用推广工作列入有关人员绩效评价考核内容，最大限度地激励了教师参与到成果推广应用的研究和实践之中（见表4）。

表4　静安示范区成果推广应用工作的"三个保障"

人员保障	教育局中教科、教育学院副院长主抓；区教研室、科研室、院进修部、发展室、教研员深度参与；市教科院、高校专家指导
研究保障	区教育科研中常设"优秀教学成果推广应用领域"专项；区重点课题"优秀研究成果推广转化的特征与实施路径研究"
经费保障	设专项经费，激励机制

这一立体架构形成了互为支持的三维立体互动模型，之所以称之为三维立体互动，不仅指其包括三个方面，还因为这一模型既体现了主导思路、立体保障、运作机制三者之间的相互影响，也反映了两两之间的多种组合及其功能发挥，还揭示了成果推广诸因素之间的复杂性和推广路径的多元化。

三、抓住教学成果推广应用过程中的关键环节

"社会科学具有复杂性、依赖性、主观性和难验证性。"基础教育教学类成果更因其对象是未成年人和依赖于教师实践智慧，而表现出对实际情境的依赖和高复杂度，其推广应用过程是多系统、多领域的复杂工程，要考虑多方面因素，但依然具有某些共性和稳定性。静安示范区在推广三项成果的过程中，深入分析优秀研究成果的特点、持有方及应用方的特点，发现优秀成果推广应用基本要经历"落地—转化—创生"的三个关键环节，三个环节指向不同的目标和重点任务，但呈现递进关联、螺旋上升的过程和特点。

环节一：落地。优秀教学成果在应用方落地，不可能一蹴而就，需要经过相互识别、经验关联、深度交互的基本过程，而这个过程的发生需要载体。有文章指出，"科研成果转化为教学资源的实施形式主要有转化为课堂教学资源、转化

为实验教学课程资源、转化为创新实践项目以及转化为学术专题讲座等"。静安示范区推广的三项成果,除上述载体外,主要通过成果可视化载体的设计与运用(见表5),使实验校教师产生了以兴趣激发、深度思维、问题解决等为特征的深度学习活动,为教师在课堂上、教学中应用成果打下了基础。可视化载体指依据推广应用双方特点而共同设计的产品、工具、平台等。

表5　三个成果持有方设计的推广可视化载体

成果名称	可视化载体	实验校
幼儿园低结构活动	产品(万物镜,视力+)+培训课程	全区所有公办幼儿园
后"茶馆式"教学	后"茶馆式"教学推广应用资源平台	本区5所基地校
MOORS平台	MOORS研究性学习平台	本区50所初高中

如,在学习后"茶馆式"教学成果时,"学生自己学得会的老师不讲,要充分暴露学生的相异构想"等核心思想深深触动了实验校彭浦初级中学傅静嫣老师,引发了她的思考:"我真的讲得太多了吗?""我暴露学生的相异构想了吗?"思考引发行动,一堂堂课的PPT页数逐步减少,最多的从三十多页减到十页! PPT页数的减少说明老师课堂讲得更精练了,相异构想的暴露帮助老师更加了解学情,老师把更加宝贵的学习时空还给了学生。

环节二:转化。促进成果在实验校落地转化是2022年度示范区工作的重点。这里的转化是指优秀教学成果在应用方的转化,指应用方根据本校、教师和学生的特点,形成符合校情学情的成果应用路径和方式。转化环节是实验校从单纯学用到自主创生的中间环节,具有承上启下的链接作用。这个环节里,实验校将成果重新情境化,不断从自身的机制设计上促使成果应用形成良性循环,进而产生再学习—再实践—再改进的递进循环。有老师发出疑问:我们的学生跟静教院附校的学生不一样,怎么应用静教院附校的成果?还有老师发出疑问:MOORS平台解决了学校起始阶段大规模开展综合实践活动的难题,但是过程中如何把握质量? 一个个疑问凝练成成果推广应用中面临的一个重要问题——成果本土化问题。问题引发思考,思考产生行动,我们鼓励应用学校和教师带着问题、带着思考将成果重新情境化,形成校本的应用路径图,架构校本的推广机制,观察收集成果应用过程中的证据,不断实践、反思、调整,开展循证实践,提升成果应用的质量。

如,彭浦初级中学在应用后"茶馆式"教学成果时,架构了自己的应用路径,形成了本校的研究课题、教研组研修主题的应用机制,阶段特征明晰,使教师的教学理念和行为都发生了根本的变化(见图3)。

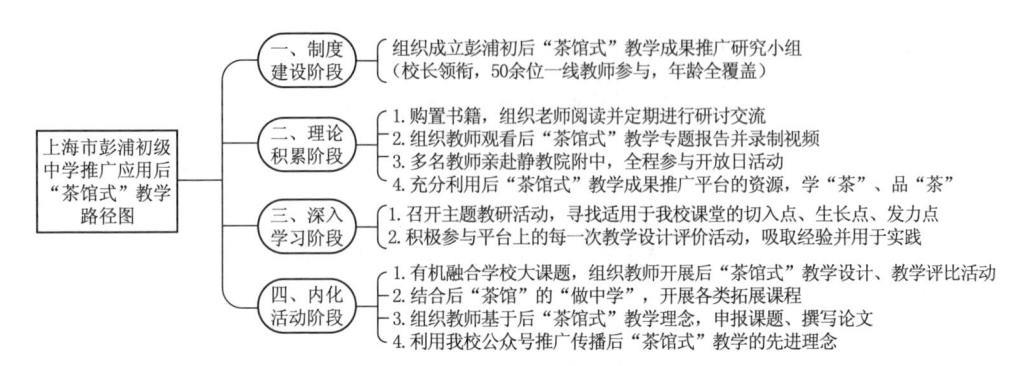

```
                          ┌─ 一、制度   组织成立彭浦初后"茶馆式"教学成果推广研究小组
                          │  建设阶段   (校长领衔,50余位一线教师参与,年龄全覆盖)
                          │
                          │             1. 购置书籍,组织老师阅读并定期进行研讨交流
上海市彭浦初级             │  二、理论   2. 组织教师观看后"茶馆式"教学专题报告并录制视频
中学推广应用后 ───────────┤  积累阶段   3. 多名教师亲赴静教院附中,全程参与开放日活动
"茶馆式"教学               │             4. 充分利用后"茶馆式"教学成果推广平台的资源,学"茶"、品"茶"
路径图                    │
                          │  三、深入   1. 召开主题教研活动,寻找适用于我校课堂的切入点、生长点、发力点
                          │  学习阶段   2. 积极参与平台上的每一次教学设计评价活动,吸取经验并用于实践
                          │
                          │             1. 有机融合学校大课题,组织教师开展后"茶馆式"教学设计、教学评比活动
                          │  四、内化   2. 结合后"茶馆"的"做中学",开展各类拓展课程
                          └─ 活动阶段   3. 组织教师基于后"茶馆式"教学理念,申报课题、撰写论文
                                        4. 利用我校公众号推广传播后"茶馆式"教学的先进理念
```

图 3　实验校彭浦初级中学推广应用后"茶馆式"教学成果的校本路径图

环节三:创生。这里的创生包含两个方面,即优秀教学成果自身的迭代创生和应用方实验校新经验的创生,成果的理论引领力和实践影响力不断提升,区域教育教学新经验和新品牌不断形成。这需要较长的过程,但孕育也是一种美丽。

如,静安区大宁国际幼儿园在推广应用"幼儿园低结构活动"成果时,经历了从用产品到催生新的课程理念和课程架构的过程,正是这样的学习成为幼儿园自身蜕变的催化剂,2021年它被评为市示范性幼儿园。

静教院附校在推广自身的优秀成果时,从未停留在功劳簿上,而是深研新课程新课标要求,在跨学科课程、学校德育等方面持续深入攻坚克难,最新成果"深度整合教学:国家综合类课程统整实施新样态"获得2022上海市基础教育优秀成果评选特等奖。

安庆幼儿园是2018年基础教育国家级优秀教学成果一等奖获得单位,静安示范区在安庆幼儿园设立了教育科研流动站,推广其关于幼儿评价的获奖成果。幼儿园最新的探索成果"玩学相伴、趣思同行——幼儿数趣活动30年实践研究"获得2022上海市基础教育优秀成果评选特等奖。

成果推广应用的三个关键环节,不是单纯的线性关系,而是环环相扣,呈现螺旋递进性。

四、聚焦教学成果推广应用中的证据因素

推广应用工作进展到中期阶段,我们在思考如何判断成果落地了,如何判断教师真正理解了,如何判断推广应用质量提高了等重要问题。随着工作的开展,我们将思考逐渐聚焦在证据这一因素上,用证据因素引导持有方和实验校循证开展工作。

(一)证据是教学成果推广应用中的关键因素

上文提出教学成果推广应用的三个关键环节,每个环节是否产生实效,需要有证据来体现和证明。在落地环节,持有方主要将成果转化为教学案例、教学资源、学术性等显性的资源,与应用方的前期经验建立关联。对于应用方而言,获得的这些资源,我们称之为前端证据。应用方获得的前端证据越充分,获得证据过程中互动得越充分,那么对这些证据的理解掌握和运用也就会越到位。三个持有方均有充分的成果资源,如静教院附校的后"茶馆式"教学推广应用资源平台、芷江中路幼儿园的"产品+课程"以及MOORS研究性学习平台,以及与实验校的深度互动,为实验校理解运用成果提供了切实的可操作的行动指引。

在转化和创生环节,应用方需要不断积累应用前端证据开展教育教学活动的过程资料,这些过程性资料构成了过程证据,指导教师不断改进循证改进自己的教学,也指导实验校不断改进应用成果的路径、机制、方式方法的设计。对教师而言,过程证据可以是不断修改的一节课的 PPT,对比从中发现前后的教学设计理念、行为的变化;可以是一段质性的关于某一教玩具应用的描述,与之前的前期证据比较看看有什么不同;可以是一个新的教学设计,比较一下与之前自己的和持有方的成果有何异曲同工之妙;可以是学生的作业质量分析,从中发现可以改进之处,等等。这些过程性证据经过收集、筛选、积累、评估、解释,既可以反映成果推广应用过程的真实性、深度和存在度问题,也可以慢慢显示出推广应用的效果,因而也具有了效果证据的特性。

示范区和持有方应该指导并同应用方一起,关注证据的多样性、充分性和互证性,积累过程证据和效果证据。比如静教院附校后"茶馆式"成果推广应用平台上,不但有持有方的各类资源,还专门设计了窗口供实验校教师上传教学

设计、课件等，使平台具备了主体多样性、资源丰富性，具备了厚度和广度。三方主体共同循证改进成果推广应用实践，共同提升推广应用成效。

（二）静安具有循证实践的深厚积淀

循证实践发端于循证医学，从强化证据、探索实证这一视角来审视，静安示范区学校和教师循证意识和能力的提升并非始发之事，静安推动教师循证实践的历程大致可以分为四个阶段（见表6）。

表6 静安区探索循证实践的基本历程

阶 段	时 段	项 目	推进方式	成果标志
第一阶段	"十一五"	提高中小学生学业效能："轻负担、高质量"的实证研究	举办质性研究专题培训班	学做质性研究：质性研究中的经验与故事
第二阶段	"十二五"	走向个性化：发达城区教育内涵提升的实证研究	举办实证研究专题培训班	系列实证研究案例
第三阶段	"十三五"	深化教育个性化：发达城区提升学生核心素养的实践性循证研究	举办实证培训班、实践性循证专题研修班和专项行动	实践性循证研修案例 反思行动案例
第四阶段	"十三五"至"十四五"	中小学教师循证实践的现状调查与优化路径研究	核心小组攻关＋基地校合作推进	教师循证实践的现状与路径优化

在深入推进素质教育的过程中，从"九五"到"十四五"，静安区连续承担了六个教育部重点课题，全区学校均立项了子课题，形成以重大项目研究推动全区教育改革向纵深发展的特色路径。从研究方法视角看，经历了从以质性研究为主、量化与质性研究并重的实证研究到渗透着循证思想的实践性循证和循证实践专题攻关研究的过程，每个阶段均开展了对教师的专题培训、伴随式课题研究指导和教师专项行动，突出证据的收集与分析、强调循环实践历程、分析评估效果证据等，教师循证实践意识和能力得到了培养和提高，为利用证据因素提升推广应用教学成果成效奠定了坚实的基础。

（三）关注教学成果推广应用中的四类证据

在成果推广应用过程中，静安示范区强调以证据指导实验校实践，以证据支持推广应用工作的循环改进，我们注重四类证据的收集与分析。

一是经验证据。经验证据是教育实践领域的一类重要证据，比较普遍地存在于学校和教师个体之中,具有散在性、沉默性,但一旦挖掘也可以呈现出典型性和普遍性。关于成果的推广应用,实验校和持有方都有一些好的做法,也可能存在一定的困难或困惑。静安示范区通过深入实验校访谈和与持有方定期研讨,发现成功的经验证据,以及存在的不足和需求,以提供针对性支持和帮助。我们发现,实验校积极引领教师结合学校的特点和实际,不断提升参与成果应用的主动性与自觉性,不仅把优秀教学成果的理念体现在教学实践当中,还在突破自我方面有了更深入的思考。我们还发现,实验校对成果的整体把握和路径设计对推广工作十分重要,学校自身的深度研修、结合学校实际开展的课题研究和与行为改进,是推动成果落地转化的重要举措。

表7 静安示范区2022年调研访谈实验校情况

时 间	实验校	持有方	主要内容
9月29日	上海市彭浦初级中学	静教院附校	学校推广后"茶馆式"教学的机制策略、教师应用后"茶馆式"教学成果的方式方法和成效,典型案例
9月29日	静安区大宁国际幼儿园	芷江中路幼儿园	幼儿园推广低结构活动产品的经验、典型案例
9月30日	市西初级中学	MOORS平台	学校运用MOORS平台的做法和需求

二是量化证据。如果说经验证据和案例证据反映了推广应用工作的深度,量化数据可以在一定程度上反映推广应用工作的广度。静安示范区成果推广应用工作是以实验校为重点面向全区开展的工作,区级共享课程和逐步扩大实验校范围是一条独具特色的推广路径。

在静安示范区推广应用的三项国家级优秀教学成果经过多方研磨,研发了"后'茶馆式'教学""以幼儿自主学习为核心的幼儿园低结构活动探索""走进研究型学习"三门区级专题培训课程。

2022年上半年,虽受疫情影响,但三门课程作为区级专题培训课程顺利开班。截至目前,"后'茶馆式'教学"课程共有1 319人次报名学习,涵盖学校100多所;"以幼儿自主学习为核心的幼儿园低结构活动探索"课程共有491人次报名学习,涵盖49所幼儿园;"走进研究型学习"课程共有277人次报名学习,涵盖学校30多所。

教师们高昂的报名学习热情是优秀教学成果的最好佐证,目前学习平台上有200余人次正在学习进行中,报名平台上的人数仍在逐步攀升。在接下来的成果推广应用中，我们将认真听取参培教师的学习反馈，积极与三项成果持有方协商沟通，进一步打磨出三门高品质的精品课程。

MOORS平台在静安示范区推广形成了"一校一策"的推广应用路径，结合调研分析制定适合学校的个性化方案，实验校数量持续增加。2022年静安区共有50所初高中校将MOORS平台结合至学校日常的综合实践活动中，全区总用户数量已达2 240人；高中累计生成课题1 664个，初中累计生成课题2 015个；高中同步课题数量344个，初中同步课题数量1 826个。后续MOORS项目推广小组将会继续深入调研，辅助各校结合MOORS平台更好地完成学生综合实践活动的组织与实施。

三是理论证据。优秀教学成果具有重大的理论意义和实际应用价值，其最终价值体现在向更广范围的教育教学实践转化。如何有效提升优秀研究成果推广转化的成效，需要寻求专业引领与实施路径的创新突破，需要理性思考与理论支持。静安示范区建立研究机制，在区级课题申报管理中，常设了"优秀教学成果转化应用领域"专项，鼓励学校和教师开展相关研究。区教育学院副院长领衔立项了区级重点课题"优秀研究成果推广转化的特征与实施路径研究"，以区域三项优秀研究成果为研究对象，力求为成果推广转化这一难题的破解提供区域层面的思考与实践，目前正在研究之中。同时，在2022"静安教育学术季·第七季"上举办主题论坛"成果推广应用中的证据因素"，邀请了成果推广应用双方以及相关理论和实践领域专家、行政部门和专业机构人员共同展开探讨。

四是典型案例。案例是质性证据的一种，其中蕴含的主体、问题、情境、经验、意义等证据信息，对相关工作的推进具有重要价值，需要去挖掘、提炼和解读。静安示范区结合区域优秀研究成果推广转化的实践，通过质性观察、深度访谈、实物采集等方式，挖掘成果推广应用中的典型案例，剖析成果转化的关键环节和要素。目前积累的案例涉及推广载体设计、学校应用机制设计、教师行为转变等。

五、静安示范区教学成果推广应用的展望

静安示范区以国家级优秀教学成果的推广应用促进区域成果迭代创生，以

优质资源集群的集成创新推动全域教育创新发展,推广应用工作呈现多元创新的良好局面。应用校教师的循证改进意识和能力得到增强;实验校教育教学质量得到了提升,学校发展的新思考新实践新经验得以沉淀、凝练和凸显。国家级优秀教学成果在静安的推广应用进一步滋养了区域教育学术文化,推动区域教学成果的大批涌现。为了进一步提高成果推广应用工作的成效,下一阶段我们将重点做好以下几个方面的工作。

一是更加关注不同形态证据的互证、分析与运用。静安示范区注重收集了四类证据,虽然证据指向了成效的显现和提升,但是还需要对这些证据进行深入的分析,以取得实质性解释,从中发现具有普适性的规律性认识或实践样态。同时,要更加关注不同形态证据之间的互证,使对推广应用成效的解释更加接近于事实的本质。

二是更加关注实验校教师循证改进日常教学的实践。成果推广应用的最终成效应体现在课堂上,体现在教师的行为优化上。我们将基于循证实践核心特征和中小学教育主要特点,通过针对性的调查研究和扎根性的探索研究,去发现中小学教师循证改进应用成果的实践案例,不断完善相应的支持系统,包括指导策略、培训优化和制度机制设计等,提升教师的专业素养。

三是更加关注教学成果推广应用创生环节的证据积累。创生是成果推广应用的最高境界,应用方不仅用成果还能产生新的经验。我们将深入调查分析实验校教师从用成果到自主生发新经验的内在过程,提炼其内在机理,提高推广应用的成效。

静"养"推广成果之风 安"燃"久久为功之行

上海市静安区教育局 陈佳彦

积极推广应用国家级优秀教学成果,助力教育高质量发展迈上新台阶,是静安一以贯之的坚定信念,也是静安持之以恒的扎实行动。按照教育部、中国教育学会、上海市教委的要求和部署,静安积极推广应用芷江中路幼儿园"以幼儿自主学习为核心的幼儿园低结构活动探索"、静教院附校"后'茶馆式'教学——走向'轻负担、高质量'的实践研究"和上海市电教馆"研究型课程大规模实施智能支持平台研发及实施模式探索"等三项国家级优秀教学成果,致力于将优秀成果的星星火种点燃区域基础教育综合改革原野,促进区域教育教学改革不断深化,创新教育方法,全面提升教育质量。

一、明确定位:优化与创生

基于基础教育教学成果有别于一般意义的研究成果,静安从研究教学成果本身的内涵特点和普适特性出发,遵循教育教学规律,将成果推广工作定位为:基于共性、尊重个性;注重优化、互动创生。

一是促进成果赋能增值。教学成果推广应用是在科学理论指导下,从实践中来,又回到更大范围、更深层次、更高水平的实践中去,由一校到多校、由点到面、由典型性到普遍性,使得成果得到反复验证和修正,进而实现成果因地制宜对接、赋能增值与迭代升级。

二是激活优质教育资源。教学成果推广应用是将前沿的教育理念、有效的教学模式、科学的管理方式系统化地予以推广与实践,有效发挥优质资源的示范带动作用,不断激活创生新资源,培育壮大成果持有方、应用方,尤其是实验校的发展新动能。

三是优化区域教育生态。作为示范区,教学成果推广应用以成果持有方为依托,以成果实验校为核心,辐射带动区域内更广泛的学校,形成变革、改进的长效工作机制,促进区域教育在已有基础上更加优质均衡发展,着力构建促进区域教育高质量发展的良好教育生态。

二、谋划思路:实效与长效

为了促进示范区的成果推广应用工作,静安区确立了"三个三"的工作思路。

(一) 三个结合

一是锚定与开放相结合。静安在全区推广的三项优秀成果,其中两项是本区学校的成果,一项是上海市电教馆的成果。作为持有方和应用方双重身份的静安区,在重点做好这三项成果推广应用的同时,对本区、外区、外省市的优秀成果均持开放态度,鼓励各校借鉴应用。

二是专项与日常相结合。区教育局、教育学院、成果持有方、成果应用方、教育教学研究所、实验校等组成专项工作小组,将这一专项工作融入日常教育教学管理工作之中。

三是阶段工作与长远谋划相结合。成果推广应用是一项阶段性的工作,但是,优秀教学成果要真正落地生根,形成长远价值和意义,又必定是一项长周期工作。所以,静安区对成果推广应用的追求目标是"计划三年,着眼长远"。

(二) 三个同步

"三个同步"即同步推广、同步研究、同步培训。"同步推广"指将成果推广融入区域整体教育教学改革之中,促进区域教育优质发展;"同步研究"指不断探索优化推广途径,逐步积淀成果推广成效显著的做法和经验;"同步培训"指积极开发实施针对不同群体、不同需求的培训课程,丰富教师成长土壤。

(三) 三个保障

"三个保障"即人员保障、研究保障、经费保障。教育局牵头成立了教育行政人员、专业研训机构、成果持有方和实验校相融合的项目组,并整合上海市教委、上海市教育学会、华东师范大学和上海师范大学的专家力量,为成果的推广、转化与应用进行理论与实践指导。从"十四五"开始,我们在区级课题申报指南中设立了"优秀教学成果推广应用领域"专项,鼓励教师申报研究教学成果推广应用课题。教育局设立专项经费,下达给成果持有方和专业研修机构,同时,将成果应用推广工作列入有关人员年终绩效考评项目,充分调动成果持有方、应用方、实验校的积极性。

三、行动落实:内驱与转化

为充分发挥优秀教学成果的示范引领作用,推动加快教育教学改革步伐,静安区结合成果特点、区域定位和实验校需求,在成果推广过程中采用激发教育自觉、研训一体项目推进、创新平台拓展路径等举措,推动成果落地转化。

(一)教育自觉,在协同互补中点燃内驱力

在"三个三"的推广思路指引下,形成教育"自觉"是静安推广工作最大的外显之一。区教育局、教育学院、成果持有方及成果应用方之间形成"协同和互补""统筹和自选"并存的工作方式,通过灵活运用、个性组合,各部门的内驱力被点燃:教育局发挥领导、组织功能,将推广工作作为每学年区域工作之一;教育学院发挥专业支持功能,推进推广研究的同时,自觉精进业务水平;成果持有方发挥示范引领作用,在实践中得到项目内生并且产生自觉提升的意识和行动;成果应用方、实验校发挥自身的主体性、能动性,让教学成果服务学生全面而有个性地成长。

(二)研训一体,在专项设计中整体推进

静安区着眼于将成果推广应用工作专项推进的同时,分解到日常的教育教学管理工作之中,主要从教研、科研、培训、管理等方面一体化推进。

1. 教研有主题

成果推广应用,教研是主场。为了落实成果推广,静安区域教研以"主题式研修、项目化推进、浸润型实践、实证性反思"为工作要点,将成果推广与教研主题相结合,通过项目运作保障推广工作有序运行,通过教师的实践探索和反思改进,默会成果内涵,使推广落地生根、开花结果。成果推广既是教研中的样例示范也是在研教中的经验转化,教研以"三分之一"主题研修为时空,以课堂教学的研究为主阵地。由成果持有方所在校的名师(骨干教师)、学科实训基地为点,以点引线带动实验校和相关学科;再由实验校、相关学科为线,形成多线铸面的区域推广路径。强调"三分之一"主题研修,就是保证推广时间为全年研修时间的三分之一,主题研修则是聚焦成果推广过程中的真情境运用和真问题解决。例如针对"后'茶馆式'教学——走向'轻负担、高质量'的实践研究"成果,初中数学学科通过读议讲练突破"字母代数式"的难点,物理学科利用学生相异构想进行方案设计,并通过交流合作,变差异为资源。

2. 科研有专题

从"十四五"开始,静安区在区级课题申报指南中设立了"优秀教学成果推广应用领域"专项,鼓励教师申报成果推广应用的课题,鼓励在区域内形成"在推广中研究、在研究中推广"的氛围。同时,区教育局、教育学院、成果持有方及部分实验校联合立项——"优秀研究成果推广应用转化的特征与实施路径研究"的区重点课题,着力探索区域教学成果推广转化的一般特征和关键要素;芷江中路幼儿园立项了"区域活动中低结构材料投放策略的研究",着力探索优秀成果转化过程中二次迭代、优化创生的可行路径。

3. 培训有专班

教育学院师训部专业支持成果持有方开发区级共享课程,经过多方研磨,项目持有方形成了"后'茶馆式'教学"课程、"以幼儿自主学习为核心的幼儿园低结构活动探索"课程、"走进研究型学习"等专题培训课程。课程采用线上网络课程与线下面授课程相结合的推广方式,面向全区教师开放,鼓励有兴趣的教师选修,赋予区级研修学分,鼓励成果应用方开发校级研修课程,赋予校本研修学分。尝试开设校长培训、教师培训成果推广应用专题研修班。潜移默化中,也推动形成教师"学习自觉"的良好风气。

4. 管理有专径

静安区鼓励成果持有方以可视化的形式进行教学成果设计、课堂实录、学习评价等不可见数据的多维度管理,初步形成了各具特色的管理载体。静教院附校开发了后"茶馆式"教学成果推广信息化平台,将教学设计、报告视频、课堂实录、论文专著、应用展示等资源上传该网站,方便各地区学校老师开展自主学习;上海电化教育馆 MOORS 平台构建了"一校一策"的智能支持系统;芷江中路幼儿园则是将成果设计成可视化的低结构材料、玩具等,推出了可触摸的具化推广载体。

(三)创新平台,拓宽成果推广应用路径

静安区不仅充分发挥已有平台的功能,而且个性化设计了具有开创意义的新路径。

1. 教科研流动站

为了更好地满足教师个性化的专业发展需求,形成有效的学习和研究共同体,促使已有成果在多情境的实践推广中进一步深化发展,静安区试行了教科研流动站制度。目前三家试点运作流动站均是国家级优秀教学成果单位,包括静教院附校、静安区安庆幼儿园、静安区教育学院。进站教师可以选择加入流动站学习教学成果,同时,流动站也派出教师到区域内的其他学校进行成果分享,用"走进来""派出去"相结合的方式,实现教学成果推广最大化。

2. 教育教学研究所

为了促进各项成果的理论发展和教学实践研究,使其成为引领教育发展的龙头品牌,静安区成立了上海静安低结构教育研究院、创造教育研究院、静安区"做中学"研究所;上海市在静安区设立了上海愉快教育研究所、上海成功教育研究所、上海幼儿游戏研究所、上海"后茶馆教学"研究所。各个研究所充分发挥组织协调和服务管理职能,积极提供资源或理论支持,促使成果对教育发展发挥更大的效益。这些研究所,在静安、在上海,有的甚至在全国都产生了广泛的影响。

3. 静安教育学术季

静安区自2016年开始,在全区范围内持续开展了以"学术精进,专业卓越"为指导思想的静安教育学术季活动。一季持续三个月左右,已连续举办了六季。每季活动围绕一个主题,开展区级主题论坛、区级专题活动、校级学术研讨、展示活动,着眼于优秀教学成果的孵化、孕育、推广。2016年第一届学术季就在全区推广了6项静安获得的国家级基础教育一等奖教学成果,后续几届也持续开展成果推广系列活动,全区所有教育单位,教师和专家学者以不同形式主办或参与了各级各类成果推广活动,极大地扩大了成果推广的辐射面和影响力。

四、成效与展望

自第一届国家级教学成果奖评选以来,静安区就基于对教学成果性质认识的推广应用理论支持,开创性地形成了系列教学成果推广举措,并取得了一定成效。

(一) 成果引领:激活教师教学主张的动能

静安区丰硕的成果来自教书育人实践沃土的孕育滋养,精选良种又将回馈静安教育的广袤天地。静安广大教师共同构建生命成长、专业发展共同体,积极担当实验主角,教学主张不断涌现,教学活力不断迸发。调研数据显示,通过学术季等活动,96.21%的教师认为教育教学主张得到了很好的激发,96.9%的教师认为区域、学校学术研究氛围得到了进一步提升,97.08%的教师认为教育教学经验得到了深入的交流分享。

(二) 成果辐射:推动新的教学成果的涌现

静安区通过优秀成果的推广应用,努力使原有的教学成果保值增值,并不断培育新的教学成果,使教育发展在高原的基础上不断创造高峰。静安区原来积淀了"三自"教育、愉快教育、成功教育、游戏教育、创造教育等在全市及全国有影响力的教育成果,后来又涌现了学程改革、后"茶馆式"教学、生涯教育、思维广场、幼儿发展性评价、社会情绪能力、活力300分等新的成果。在新时期,各项成果又在传承创新中注入新活力,焕发新生机。通过优秀教学成果的有效推广,促进了成果的转化与创生,实现了教育整体效能的增值。

(三) 成果滋养:实现区域教育生态的优化

近年来,静安区中小幼学校不断聚焦教育改革发展的重点难点问题,积极推进提升教学质量的实践研究,教学研究氛围呈现出蓬勃发展的良好态势。2021年,上海市对静安区进行了课程与教学调研,调研结果对静安区的课程与教学给出了很高的评价,报告指出:静安区在学校课程思想力、课程设计力、课程执行力等方面表现良好,能够以教与学方式变革为突破,促进课堂教学有质量实施;以立体教研为载体,助力教师专业新成长。此外,国家义务教育质量监测结果也表明,静安区学生在科学学习上表现优异(达9星级或10星级),学业均衡度高;学生行为规范的日常表现水平、对中华优秀传统文化的了解均处于高位(达10星级)。可见,静安区教师文化系统不断完善,学生学业质量保持稳定高位,学生成长空间不断拓展,教育生态不断优化。

(四) 展望未来:成果推广应用工作的深化

教育科学研究成果的推广应用,整体实施区域实验行动,无疑是一次理论与实践深度融合的全新尝试。优秀教学成果的推广应用是一个需要长期推进的系统性过程,静安区仍存在一些困惑和难点需要去突破,比如,如何完善成果推广的长效机制,形成更大范围的教学成果推广共识;如何避免指标单一化、结果功利化的评价，建立科学合理的评价督导机制，我们将继续探索。

在当前中国基础教育进入高质量发展的新阶段，作为成果推广应用示范区，静安有责任为广大中小学教师和学校在了解、学习、借鉴、应用优秀教学成果中尽一些力，静"养"推广成果之风，安"燃"久久为功之行。希望我们携手同心、行而不辍，在中国教育学会搭建的成果分享平台上"共享成果盛宴，共书奋进华章"，为建设基础教育强国做出贡献。

优秀成果推广应用区域化实践探讨

上海市静安区教育学院　汪振兵

教育科研成果推广是教育科研的重要环节，也是实现成果转化为教育教学生产力，促进教育改革实践的重要路径。虽然成果推广转化的整体环境持续得到优化改善，但如何真正将优秀科研成果"从校长办公室落实到教师办公室"，再"从教师办公室落地到课堂教学"等关键环节仍有待创新突破。为此，静安积极探索成果推广应用的区域路径、关键环节和核心证据，努力打通成果推广应用的"最后 100 米"。

一、确立成果推广应用的基本理念

优秀科研成果推广应用工作是促进区域教育优质发展的一个重要契机，不仅有利于促进本区已有优秀成果的迭代升级、集成创新，还能孵化、催生新的优秀成果。基于这样的认识，静安在成果推广应用中明确了"促进成果赋能增值，激活优质教育资源，优化区域教育生态"的总体目标，提出了"基于共性、尊重个性、注重优化、互动创生"的基本原则，确立了成果推广应用的三个基本理念：一是在成果推广应用中促进成果自身的迭代升级，二是在推广应用中增强成果的二次转化与集成创新，三是通过优秀成果的推广应用，进一步孵化催化新的优秀成果。

二、优化成果推广应用的典型路径

静安深化成果推广应用的价值认同和行动共识，结合成果类型，谋划了本区推广应用的典型路径，为成果在不同实验学校的落地打下了扎实的根基。

一是形成了"三维立体互动"的工作模型。这一模型不仅包括主导思路、运作机制、立体保障等互为支撑、相互影响的三个方面,而且反映两两之间的多重组合及其功能发挥,还揭示了成果推广诸因素之间的复杂性和推广路径的多元化。

二是提炼了融合"共性+个性"、体现成果特色的推广应用路径。我们深入分析了本区学校情况和需求特点,与成果持有方定期开展研讨、不断实践,分析成果特点,注重推广应用双方的共性与个性,提炼了各具成果特色的推广应用路径。

三是整合创新具有区域特色的推广应用载体和资源。静安区在持续深耕素质教育的过程中形成了一系列独具特色的区域学习共享载体,如静安教育学术季、教育教学研究所、教育科研流动站、区级共享课程等。目前,静安区拥有9项基础教育国家级教学成果一等奖等一批高水平教学成果,形成了"9+N"优质资源集群,这里的N不仅指本区的优质成果,还包括市内外所有优质成果。我们充分利用多元载体在全区推广展示这些优质成果,如八季静安教育学术季,每季持续3个月,每季都举办专题成果推广研讨交流活动,使成果推广应用呈现多元开放的良好局面。

三、锚定成果推广应用的关键环节

成果推广应用要经历"落地—转化—创生"三个关键环节,三个环节指向不同的目标和重点任务,呈现递进关联、螺旋上升的过程。

环节一:落地。优秀成果在应用方落地,需要经过相互识别、经验关联、深度交互的基本过程,而这个过程的发生需要载体。我们主要通过成果可视化来实现,如产品、工具、平台、资源等载体的设计与运用,使实验校师生基于成果应用的深度学习活动真实、顺畅发生。如在推广"幼儿园低结构活动"过程中,静安投入专项资金促使成果持有方开发了"万物镜"和"视力+"等玩教具,使其成果产品化、具象化,产品和配套的培训课程投放到全区所有公办幼儿园。

环节二:转化。实验校立足成果本土化思考,带着问题,将成果重新情境化,设计校本的推广转化机制,形成校本应用路径图,进而产生"再学习—再实践—再改进"的递进循环,提升成果应用的质量。

如彭浦初级中学在应用后"茶馆式"教学成果时,架构了校本应用路径,设计了专项研究课题群和系列教研组研修主题,阶段特征明晰,教师的教学理念和课堂教学行为发生了深刻变化。

环节三:创生。这里的创生,一是指实验校新经验的创生。如静安区大宁国际幼儿园积极推广应用"幼儿园低结构活动"成果,经历了从用产品到催生新的课程理念和课程架构的过程,2021年被评为上海市示范性幼儿园。二是指优秀成果自身的迭代创生。如静教院附校、安庆幼儿园均是基础教育国家级优秀教学成果一等奖获得单位,我们在两校设立了区级教育科研流动站,推广其优秀成果。两家单位持续的探索成果获得2022年上海市基础教育优秀成果评选特等奖。

四、聚焦成果推广应用的证据因素

我们认为,证据是教学成果推广应用中的关键因素,它既可以反映成果推广应用过程的真实性、转化深度和存在的问题,也可以逐步显示出推广应用的效果。静安区具有重视证据应用的深厚积淀,从强化证据、探索实证这一视角来审视,静安区推动研究证据应用的历程大致经历了四个阶段。

在成果推广应用工作中,我们主要关注四类证据,以证据的多样性、充分性和互证性,指导实验校实践,支持推广应用工作循环改进。

一是经验证据。经验证据比较普遍地存在于学校和教师个体之中,我们深入实验校访谈,与成果持有方定期开展研讨,发现成功的经验并互动提炼,进行证据化。

二是典型案例。我们通过质性观察、深度访谈、实物采集等方式,挖掘成果推广应用中的典型案例,目前积累的案例涉及推广载体设计、学校应用机制设计、教师行为转变等。

三是量化证据。如果说经验证据和案例证据反映了推广应用工作的深度,量化数据可以在一定程度上反映推广应用工作的广度与精度。如我们支持三项推广成果研发了区级共享课程,学员人数不断增加,不仅有实验校教师,还有许多非实验校的教师积极参加。

四是理论证据。我们建立研究机制,聚焦推广应用工作的关键环节和证据因素，成立专项研究小组进行专题研究。并在区级课题申报指南中设立了"优秀教学成果推广应用领域"专项，鼓励教师申报成果推广应用的课题，形成"在推广中研究，在研究中推广"的氛围。

五、优秀成果推广应用的成效

静安区以优秀成果的推广应用促进区域成果迭代创生，以优质资源集群的集成创新推动全域教育创新发展，区域教育改革呈现出蓬勃发展的良好态势，教育生态不断优化。

第一，成果滋养：不断丰润区域师生的成长。

静安区在推广应用优秀成果的过程中，各校师生积极参与，影响辐射面广泛。如静教院附校的成果面向区内5所初中学校，上海市后"茶馆式"教学研究所48所中小学，静安区后"茶馆式"科研流动站8所中小学，聚势而行，以点带面推进区域教育高质量发展；芷江中路幼儿园的成果，由点及面从区内18个基地幼儿园逐级向面上的35个幼儿园共计390个班级进行芷江低结构玩教具的配送，共计投放1 950套，让区域10 920名幼儿操作受益；上海市电化教育馆的成果，区内共有50所初高中校将MOORS平台结合至学校日常的综合实践活动中，累计形成了29 360条学生综合数据，使用平台的学生总数为30 361人，形成课题13 825个。

第二，成果辐射：促进专题课程的全域共享。

静安区推广应用的三项国家级优秀教学成果经过多方研磨，研发了"后'茶馆式'教学""以幼儿自主学习为核心的幼儿园低结构活动探索""走进研究型学习"三门区级专题培训课程。三门课程作为区级专题培训课程，面向全区所有教师。如今"后'茶馆式'教学"课程共有1 319人次报名学习，涵盖学校100多所；"走进研究型学习"课程共有277人次报名学习，涵盖学校30多所；"以幼儿自主学习为核心的幼儿园低结构活动探索"课程共有491人次报名学习，涵盖49所幼儿园。目前报名平台上的人数仍在逐步攀升，教师们高昂的报名学习热情是优秀成果推广应用成效的最好佐证。

第三，成果引领：推动优秀成果的迭代创生。

静安区通过优秀成果的推广应用，努力使原有的成果保值增值，并不断培育新的成果,使教育发展在高原的基础上不断创造高峰。已有的教育品牌(如三自教育、愉快教育、成功教育等)不断推陈出新,新的教育品牌不断生发(如后"茶馆式"教学、幼儿低结构活动、社会情绪能力等),构成了区域独有的优质教育资源集群。在全国三届基础教育教学成果奖评选中,静安区共获得9项一等奖,11项二等奖,在上海市乃至全国名列前茅。

静安区优秀成果的推广应用进一步滋养了区域教育学术文化,"谋划一片森林,让每棵树自由生长",是静安教育始终如一的生态追求。

浸润式推广　成就学术生态

上海市静安区教育学院　张　琼

在每年的下半年，静安区都有一个学术盛会，从10月持续到12月，在这三个月里，区域、学校甚至教师个体，都会把自己最新的成果进行展示，或者就某些有价值的问题进行深层研讨，这盛会就是静安教育学术季。从2016年到2023年，静安教育学术季已经连续举办八季，至今依然规格不降、规模不减，已经成为静安区成果展示、推广、深化的重要平台。在每年的上半年，学校都会关注，今年的学术季是什么主题？我们今年展示什么成果？这已经成为一种常态。静安教育学术季为什么有这么大的影响力？怎样取得了成果推广的显著效果？我想从三个方面进行分享。

一、背景与意义

静安教育学术季创立于2016年。当时原静安、闸北两区"撤二建一"，面临着融合发展的新情况、新问题，教育局领导聚焦思考与谋划以学术促发展、以改革促创新的思路，希望能够建立一种机制，充分发挥两区教育的传统优势和品牌效应，更好促进两区学校彼此之间的认识了解。经过构想、酝酿、调研，2016年8月，确立了以建立学术交流平台实现两区快速融合、成果交流、创生发展的基本共识。9月初，正式明确了这一学术平台的名称——静安教育学术季，并形成了学术季的草案。此后对学术季方案不断完善，前后共修改6稿，其间还讨论形成了学术季开幕式的基本框架，并决定首届学术季开幕式于2016年10月19日召开。

静安教育学术季的创建，承载着多种功能，在学术季方案中，明确指出，"静安教育学术季"旨在实现多方面学术价值：一是加快区内学校的交流融合，促进优秀教育成果展示、交流和推广,增强优质教育品牌的辐射力度;二是营造良好的区域教育改革氛围,培育研究文化;三是发现一批具有发展潜力的教育项目和教师,为推进改革做好储备;四是创新和优化区域教师专业发展制度和机制,保障区域教育质量提升与内涵发展。

在所列的四条功能价值中,进行成果的展示、交流、推广是第一位的,也是最实质性的。进一步讲,静安教育学术季的创立初衷,就是有效调动既有教育成果的辐射带动作用,实现区域教育的强强联合,以达成一加一大于二的发展目标。静安区积淀了愉快教育、成功教育、创造教育等品牌在全国享有较高知名度,在第一届基础教育国家教学成果奖评选中,有6项成果获一等奖,还有一批获得全国教育科研成果奖的高水平研究成果,覆盖各学段,这是区域宝贵的优质教育资源,也是学术季活动中成果推广的重要内容。

静安教育学术季既是为不同学校搭建的一个成果展示交流的平台,也是孕育、孵化、催化新成果的重要平台。学术季活动以优秀经验传承和成果展示推广为旨归,充分彰显"专业为本、学术至上"的价值取向,增强区域学术氛围,在全区形成以专业力量引领区域教育发展的新风尚,形成潜心研究、科学总结、热情传播的良好局面。

二、过程与特点

静安教育学术季每年一季,八年下来,保持了旺盛的生命力和强大的吸引力。经过多年的实践探索,我们形成了以智慧共享创生为核心,以实践问题解决为目标,以主体权利共享为激励,以区域协同联动为保障的运作机制。这一运作机制,体现了高结构设计、低结构实施的指导思想。

高结构设计主要体现在主题的确立、框架的建构以及重大活动的策划上。静安教育学术季由区教育局、教育学院、学校为主体,联合区民办教育协会、青年教师联谊会、教育工会等多方教育机构协同参与。静安教育学术季启动之初,教育局和教育学院即成立了静安教育学术季领导小组和工作小组,并形成了"协商研讨—方案制定—活动实施—全面总结"的实施流程。

低结构实施主要体现在具体活动的开展上。按照"上下结合、动态生成"的工作思路,学术季充分发挥各机构、各部门、各学校以及广大教职员工的能动性、创造性，各类主体均可以主办承办成果推广活动，秉承"校校可展示、人人可分享"的宗旨，提供成果展示、智慧分享的平台和机会。

静安教育学术季在成果推广功能的彰显与发挥上，体现出三个特点：

一是主题化。学术季每季具有一个主题，全区围绕这一主题开展各级各类成果展示交流活动，过去八季的主题和重点的成果推广活动都已开展。

二是浸润式。成果的展示推广一方面聚焦教育教学的关键领域、关键环节，回应教育教学改革的热点问题，譬如双新实施、素养培育、循证实践等；另一方面沉入实践，强化现场展示、现场分析、现场研讨，进行充分的体验与互动。在学术季召开期间，教师犹如巡回在科研成果的博览会上，感受成果的激荡与启迪。

三是弥散性。静安教育学术季拓展活动时空，让"季"这一形式的价值充分地体现，形成了时间长、空间广、领域宽的活动场域。这一机制有利于学校、教师等主体更广泛地参与，形成同商共话的学术氛围，就像人的心境一样，达至弥漫、浸润的效果。静安教育学术季对于成果的展示推广没有行政命令，没有强制约束，创设的是一种宽松但有活力的状态，为成果的展示推广孕育创造一种基调和底色。

三、功效与启示

静安教育学术季举办八年来，全区170多所学校和教育单位，1万多名教师和专家学者以不同形式主办或参与了各类成果推广活动，极大地促进优秀教育成果的展示、交流和推广，实现了以下三个方面的功效：

一是卷入度。静安教育学术季并不是少数人的舞台秀，而是全区所有学校、教师共同参与、相互分享的成果博览会。以第一季为例，共有205场学术盛宴，6场国家级成果展示、15场区域重点成果展示、80场学校成果展示、104场教师学科或学段层面的成果展示。13 800余人次参与观摩，展示主体之多元、影响范围之广、分享内容之丰富，堪称一场区域基础教育领域内的学术交流嘉年华。

二是认可度。我们对参与活动的教师进行问卷调查，数据显示，60.87%的教师认为获得国家级和上海市教学成果奖的现场展示活动非常有成效，67.39%

的教师认为区域专题项目展示具有较多成效,76.09%的教师认为学校特色项目公开展示活动成效显著。这些优秀成果的现场展示、学校特色项目成果公开展示、区域专题项目成果展示都体现了区域高位引领、示范辐射的价值取向。

三是生长度。静安区不仅实现了优秀教育研究成果自身的迭代,而且促进了成果应用方实验校新经验的创生。如静安区大宁国际幼儿园在推广应用"幼儿园低结构活动"成果时,经历了从用产品到催生新的课程理念和课程架构的过程,正是这样的学习成为幼儿园自身蜕变的催化剂,2021年被评为市示范性幼儿园。

静安教育学术季不仅成为一个成果推广的有效机制,还成为静安区的一个学术品牌,成为区域研究文化营建的重要抓手。这一平台机制有三个启示:

一是注重学术引领。这是科研思维的体现,从学术季的创立背景与运作机制,从指导思想上的"学术精进、专业卓越"到成果推广中的"百花齐放、百家争鸣"可以看出对学术至上、学术引领的重视,这体现了用科研方式解决实践问题、在解决问题中遵循科研规律的思路,彰显了教育科研的价值与功效。

二是聚焦内涵发展。这是整体提升的考量,静安教育学术季以成果推广为主要内容和任务,但成果推广的深层价值和终极目标是什么,从区域整体考量,那就是促使全区内涵发展不断提升,通过对成果的展示、推广,推动全区各类主体更加重视成果的孕育与创生,更加重视对核心领域和深层次问题的研究。

三是强化优势传承。这是创新共生的追求,原静安和闸北在教育科研上都有许多优势,也积淀了一些知名的教育品牌,通过学术季这一平台,把这些优势和品牌都得以传承和发展,这不但实现了一加一大于二的功效,而且促使成果进一步创新深化,使成果的推广成为内源式生长和螺旋式上升的过程。

静安教育学术季走过了八年,还将继续走下去,它将为成果推广孵化持续做出贡献,也将成为推进区域教育高质量发展的重要抓手。

基于静安教育学术季的成果推广应用路径

上海市静安区教育学院 何海铃

一、背景与问题

秉持"让教育激发每一位学生生命活力"的教育理想,静安教育发展取得了一定的成绩,成功教育、愉快教育、创造教育等品牌在全国享有较高知名度,拥有9项"国家级教学成果(基础教育)一等奖",覆盖各学段。如何使之与本示范区推广的3项成果形成优质资源集群效应,引领区域教育整体水平不断提高,是示范区在本项工作启发和推动下一直在探索的重要内容。静安示范区构建了"3+N"优质资源集群,搭建各种平台进行推广,如静安教育学术季、科研流动站、教育研究所等。静安教育学术季作为成果推广应用的重要路径之一,本区市级以上优秀教学成果均面向全区举办展示研讨交流活动,发挥着示范辐射作用。

二、创新举措

(一)活动实施

静安区自2016年开始,在全区范围内持续开展了以"学术精进,专业卓越"为指导思想的静安教育学术季活动,已连续举办多季。每季活动围绕一个主题开展区级主题论坛、区级专题活动、校级学术研讨、展示活动,着眼于优秀教学成果的孵化、孕育、推广。静安示范区内"3+N"项优秀教学成果均在学术季平台得以充分展示推广,全区所有教育单位,教师和专家学者都以不同形式主办或参与了各类成果推广活动,成果推广的辐射面和影响力持续扩大。

表1 "静安教育学术季"成果推广活动主题

主题		成果推广活动主题(部分)
第一季	融合·研究·提升	6项国家级教学成果一等奖展示研讨
第二季	迎接教师的时代	上海市教委教研室教育综合改革基地校成果汇报等
第三季	拥抱每一位学生的发展	3项国家级教学成果一等奖展示研讨等
第四季	思·悟·行——在教育变革中成长	"指向个性化教育支持的幼儿发展评价研究"成果展示等
第五季	务实·突破·创新	"'双新'驱动,教育与技术融合中的深度学习"成果展示
第六季	聚焦真问题 营建新生态	本区申报本届市教育教学成果奖的成果推介会
第七季	激活创造力 开启新变革	主题论坛:成果推广应用中的证据因素
第八季	新样态·新常态·新状态	教育部重点课题子课题成果报告会、青年课题成果展示等
第九季	定力·活力·创造力	教育部重点课题中期成果报告会、学段子课题成果展示、青年课题成果展示等

(二) 运行机制

一是注重顶层设计,加强落实执行。"静安教育学术季"启动之初,教育局和教育学院即成立了"静安教育学术季"领导小组和工作小组。经过工作小组数次的集体讨论,形成了包括活动背景、活动主题、活动时间、活动范围及申报方式、活动安排、内容要求与活动形式等在内的顶层设计方案。

二是多元主体参与,区域联动共治。"静安教育学术季"坚持"百花齐放、百家争鸣"的方针,按照"上下结合、动态生成"的工作思路,在做好区域发动和顶层设计的基础上,充分发挥各机构、各部门、各学校以及广大教职员工的能动性、创造性,秉承"校校可展示、人人可分享"的宗旨,为每一所学校、每一位教师搭建实践展示、智慧分享、问题研讨的平台和机会。

三是项目化推进,精细化落实。除了成立工作小组,在活动过程中,教育局、教育学院、学校还为教师专业发展活动提供了各种保障措施,形成了较为完善的项目运作制度。学术季工作小组统筹安排各级各类活动,充分利用静安教育官网、静安教育学院微信公众号、电视台、报纸等媒体进行活动宣传。

四是拓延交流时空,孕育学术活力。在行动实施步骤的设计上,不同于学术周、学术月等活动,静安教育力避昙花一现式的"运动式"活动,将活动设置为三个月时间，形成了"学术季"这一全新模式。学术季活动不仅有利于学校、教师、家长等主体更广泛地参与，形成同商共话的学术氛围，而且能够让学术活动走向更深层次，让一线教师更好、更深刻地认识实践经验和发展需求。

三、成效与反思

通过静安教育学术季活动，静安示范区基础教育国家级教学成果推广应用工作取得了多方面成效。

一是促进了优秀教学成果展示、交流和推广，增强了优质教育品牌的辐射力度。静安拥有一批在上海乃至全国、全世界有影响的教育研究成果，这些成果在学术季活动中得到充分展示和深化。调研数据显示，60.87%的教师认为获得国家级和上海市教学成果奖的现场展示活动非常有成效，67.39%的教师认为区域专题项目展示与论坛具有较多成效，76.09%的教师认为学校特色项目公开展示活动成效显著。这些获得国家级和上海市教学成果奖的现场展示、学校特色项目公开展示、区域专题项目展示与论坛都体现了区域高位引领、示范辐射的价值取向。

二是发现和培育了一批具有发展潜力的教育教学成果和项目，为推进区域重大项目和教育综合改革提供人力资源。第六届学术季活动曾开设专场，集中推介了30项教育教学成果，随后，这些教学成果在2022年国家级教学成果奖评选中斩获5项二等奖，在2022年上海市教学成果奖评选中斩获5项特等奖、8项一等奖、9项二等奖。学术季平台已经成为区域发现教学成果的新摇篮，孕育教学成果的新平台，以及创生教学成果的新力量。

三是通过教学成果的推广应用，激发了教师个体的专业活力，启迪了教师主动追求学术精进。调研数据显示，96.21%的教师认为教育教学主张得到了很好的激发，97.08%的教师认为同行教育教学经验得到了深入的交流分享，97.07%的教师认为教育理念得到了进一步弘扬和提升。全区88.11%的教师在学术季活动中观摩过他人的展示活动，学术季活动满意率高达90.18%。由此可见，区域整体参与学术季的热情较高，学术氛围较为浓厚，有效促进了教师的智慧共享。

科研流动站:激发创新活力的区域教育科研机制探索

上海市静安区教育学院 王俊山

教育科研是教育事业的重要组成部分,在推动教育改革和发展中扮演着关键的支撑、驱动和引领角色。《教育部关于加强新时代教育科学研究工作的意见》明确强调教育科研成果转化的重要性,提出成果应转化为具体的教案、决策、制度和舆论,以形成推动教育现代化的强大动能。区域教育科研机构在研究、指导、服务基层学校,开展教育教学研究与改革,以及促进教师专业发展上肩负着重大的责任和使命。如何依托教育科研更好地探索教育规律、破解区域难题、引领实践创新,如何基于当前教育改革的新要求,创新教育科研的管理机制,如何建立一个全面、有效的区域教育科研支持保障体系,为基层教育科研提供必要的资源和条件等,这些问题亟待区域教育科研机构去关注和解决。

一、区域教育科研创新活力激发的背景分析

(一)国家对教育科研创新的持续关注与支持

教育科研既是教育改革的重要前奏,也是推进教育改革的重要手段。特别是自改革开放以来,我国持续进行教育改革,教育科研为促进教育发展贡献了智慧和力量。《教育部关于加强新时代教育科学研究工作的意见》是教育部专门就教育科研工作印发的指导性文件,明确提出了教育科研在教育发展中的核心地位。《中共中央关于全面深化改革若干重大问题的决定》中关于深化教育领域综合改革的战略部署,强调了依靠教育科研深化教育改革作为我国加快推进教育现代化,办好公平而有质量的教育,落实立德树人根本任务的关键举措。《中共中央国务院关于全面深化新时代教师队伍建设改革的意见》《中共中央国

务院关于深化教学改革全面提高义务教育质量》等文件的出台也迫切需要区域教育科研机构顺应高质量学校教育科研的要求,与时俱进、开拓创新。

(二)教育科研成果具有广阔的推广转化空间

教育科研成果推广是教育科研的重要环节,是实现成果转化为教育教学生产力,也是促进实践改进的重要途径。《教育部关于加强新时代教育科学研究工作的意见》要求增强科研成果转化意识,引导鼓励开展政策咨询、舆论引导、实践应用等研究。虽然成果推广转化的整体环境持续得到优化改善,但束缚成果转化的困难依然普遍存在。优秀成果自身的适用性及局限性、推动成果转化的政策措施落实不到位、成果应用方承载转化实施优秀成果的能力不强、成果持有方与成果应用方的对接渠道不畅、成果转化制度及成果转化后的评价体系等因素都影响着成果的转化。如何有效提升优秀科研成果的推广和转化效率,关键在于探索专业指导与实施策略的革新与突破。

(三)教育科研管理正迈向创新提升的新阶段

当前基础教育科研领域普遍采用的自上而下的条线管理模式,即科层制管理,虽然在提高绩效和发挥科研指导部门作用方面有其优势,能够有效地指导基层学校的科研工作,提升一线教师的科研素养。但同时,这种模式也存在一些问题,容易抑制基层的科研创新活力,表现出过度的控制倾向,同时可能导致基层科研工作出现条块分割的现象,不利于学校和教师之间的交流合作、优势互补和特色发展。为了解决这些问题,我们需要创新区域科研管理机制和模式,探索更灵活、更开放的管理方式,以激发基层学校的科研潜力,促进学校和教师之间的互动与合作,推动形成具有区域特色的科研品牌。

二、教育科研流动站创建的意义价值

(一)科研流动站是区域教育科研制度创新的有益探索

静安区历来重视教育科研文化的积淀,从"九五"的"素质教育行动"开始,历经"十五"的"课程教学改革"、"十一五"的"轻负担高质量"、"十二五"的"教育走向个性化"、"十三五"的"深化教育个性化",以及"十四五"的"激活学生创造力",每个五年都有一个区域层面的重大教育科研项目,逐步形成了以重大教育科研项目引领凝聚区域教育发展的机制。科研流动站的创建和运作依托教育行政部门人财物的资源保障,教育业务部门的专业支持以及区内学校不断探索的实践改革,正日渐走向成熟和完善,成为区域教育科研机制创新的又一项重要举措。

(二)科研流动站是区域科研成果推广应用的典型路径

静安区在多轮教育部课题研究的基础上,产生了一大批教学成果和科研成果,愉快教育、成功教育、创造教育等品牌在全国享有较高知名度,是区域宝贵的优质教育资源。为了推动本区学校主动学习、借鉴、应用基础教育优秀成果,进一步深化教育教学改革,促进区域教育质量整体提升,静安区开展了"优秀教育教学成果三年推广应用行动"。科研流动站作为实施这项行动的重要载体,在成果推广、研讨分享、交流展示的过程中发挥着不可或缺的作用。

(三)科研流动站是区域教育科研人才培养的有效方式

科研流动站是区域教育科研人才培养的有效路径,它通过促进学术交流、提供专业培训、促进科研合作、提升科研影响力、支持专业发展等方式,为学员提供一个充满活力和机遇的平台。科研流动站的环境鼓励学员不断探索未知领域,激发他们的创新精神和探索欲望,形成具有学校特色的研究方向和研究团队,推动区域教育科研的多样化和深入发展。同时,科研流动站还有助于打破人才流动的壁垒,促进人才的合理流动和优化配置,提高科研资源的共享和优化配置,提高科研效率。

三、教育科研流动站的内涵与功能定位

(一)科研流动站的内涵

"流动站"一词借鉴了高校"博士后流动站"的概念,但相比之下,科研流动站更加注重促进"科研人员流动""科研成果流动""科研经验流动"。具体而言,静安区教育科研流动站是由在教育科研工作、教育教学改革及成果推广应用等方面具有先导性、引领性、示范性的学校或教育单位自主申报并创建,以区级重点及以上科研课题成果引领与科研指导为机制,以教育科研事业更高层次发展与学校教育科研质量提升为宗旨,协同打造的教育科研工作的典型示范基地、教育科研骨干队伍的培养基地、教育科研成果与课改成果的推广与应用基地。

科研流动站的构建和发展体现了现代教育科研的理念和实践,主要呈现三

个方面特点：一是分布式。目前启动的10个流动站分布在学前、小学、初中和高中等不同学段，使得每个学段都能获得专业支持和资源，确保了教育科研的全面性和连贯性。二是多样态。每个流动站都具有鲜明的个性和特点，在研究方向和特色上各有千秋。如教育学院流动中心以科研人才培育、成果推广应用为主要工作目标；静教院附校流动站以后"茶馆式"教学成果的推广应用为研究内容；安庆幼儿园立足幼儿发展评价研究成果开展活动等。三是注重过程性。与传统的以成果为导向的科研模式不同，科研流动站更加关注科研过程中的探索、实践和反思，鼓励教师积极参与科研活动，通过不断的实验、讨论和修正，逐步构建起对教育现象的深入理解。同时，流动站还提供了丰富的过程性评价工具和方法，帮助参与者及时获得反馈，调整研究方向和策略，确保科研活动的有效性和针对性。

（二）科研流动站的功能定位

第一，科研流动站是教育科研工作的典型示范基地。科研流动站为教师提供开展教育科研的一切条件和支持，鼓励教师全身心投入教育教学的改革与创新中，深入探索并总结有效的改革路径和先进经验。科研流动站以课题研究或特色项目为纽带，不仅发挥着指导、管理和服务的作用，还积极整合各种资源，助力教师个人的专业发展，并推动其所在学校向理念先进、特色鲜明、科研驱动的学校迈进。

第二，科研流动站是教育科研骨干队伍的培养基地。科研流动站致力于构建一个全面的培育体系，通过多种方式激发教师参与教育科研的积极性和自主性。首先，通过实施有效的激励机制，鼓励教师投身于课题研究和专业培训，以提升其科研能力和专业素养。其次，注重选拔和培养具有潜力的教育科研人才，通过赋予其重要的研究任务和责任，打造一支高素质、专业化、创新型的教育科研骨干队伍，进而提升学校科研工作的整体水平。

第三，科研流动站是教育科研成果孵化与推广的基地。科研流动站的申报对象为区内已结题的区级重点及以上科研课题成果，具有较大实践应用性及在校际推广的意义，并有较高的学术价值和社会影响，特别鼓励区域内满足条件且具有相似研究方向的成果所在的学校联合组站。科研流动站致力于将这些成果从理论层面转化为易于应用的校本化或区域性实践，充分发挥其在教育教学改革中的示范与引领功能。

四、教育科研流动站的构建与实施

静安区教育科研流动站的建立,旨在通过一种新型的科研管理模式,激发教育科研的活力,促进教育科研成果的转化与应用,从而为区域教育的持续发展提供强有力的支持和保障。科研流动站的构建与实施,涉及从政策制定、组织架构设计、人才选拔与培养、科研成果转化等多个方面的系统工程。

(一)科研流动站的策略性构建

静安在推进科研流动站的建设与运行过程中,经历了四个关键阶段:

第一阶段:概念构想阶段。科研流动站的酝酿可以追溯到2016年,最初的构想由时任的陈宇卿局长提出,随后经过多轮研讨,确定最终命名,并明确以推动区内优秀教育科研成果的应用和实践转化为核心的工作目标。

第二阶段:制度设计阶段。2017年初,拟定了科研流动站建立有关制度,形成了管理办法,包括科研流动站申报对象、审批与运行办法、相关权利与义务、三方协议、年度考核等一系列具体操作要则。

第三阶段:试点启动阶段。2019年1月,作为新制度的推出,区教育局以2019年1号文件的形式,在静安区教育学术季闭幕式上,颁布了《静安区教育科研流动站管理办法》,正式启动了静安区科研流动站制度的行动探索,并在静安区教育学院、静教院附校、安庆幼儿园进行首批试点运行。

第四阶段:深化试点阶段。2024年3月,静安区教育科研流动站第一轮试点工作圆满完成,取得了阶段性进展。为了持续扩大辐射面,在第一轮3个试点流动站的基础上,第二轮又新增了7个流动站,包括市西中学、闸北八中、风华初级中学、一师附小、和田路小学、南西幼儿园、区教育结算中心等。

(二)科研流动站的系统性实施

科研流动站在首个五年探索期中,遵循区域指导性文件,实施以站长负责制为核心的高度自主化运作模式,展现了其在教育科研领域的创新力与高效能。

1. 依循框架:构建科研流动站的基础

科研流动站是由教育局行政支持、教育学院专业引领负责、学员教师自主参与、合作学校支持保障,签订三方协议共同约定的科研制度。在流动站的具体运行过程中涉及四方的行动者，第一方是以站长为代表的流动站；第二方是进站学员教师；第三方是合作学校，即学员教师所在的工作单位；第四方是区教育管理部门，即教育局、区科研室等。四方主体联动协作，履行相应的权利与义务，保证科研流动站的顺畅运作。

第一方：流动站站长。站长在流动站的科研方向、团队建设、项目规划和资源配置等方面拥有绝对的决策权。与此同时，站长要对相关科研成果最终转化的效果负责，要对学习、研究的过程进行记录和管理，并接受教育局的评估。

第二方：学员教师。学员教师需要与站长共同制定个性化的学习、实践和研究计划，积极参与课题申报和流动站成果的延伸研究，并以进站和出站履历作为专业发展的重要考核依据。

第三方：合作学校。学校可以根据学校发展的方向与相关流动站达成的结对意向，推荐有专业发展需求的教师进站学习，并创设各类机会，鼓励进站教师在本校介绍所学所得，充分发挥成果的示范和辐射作用。

第四方：区教育管理部门。区教育局为流动站拨付5万元的启动费用，用于流动站的日常运作及活动开展，并鼓励学校为流动站提供办公条件等支持。

2. 站长负责：激发科研流动站的活力

科研流动站实行站长负责制，站长根据申请时设计的方案全面负责运行和管理流动站，与前来学习的合作学校达成校际自愿结对意向，流动站、合作学校及进站学员教师三方之间须订立具体、可行的方案，达成科研成果的实践转化协议。此外，站长还需确保流动站的运作与区域教育发展目标相一致，通过定期的评估和反馈机制，不断优化流动站的工作流程和科研环境。这种自主性运作模式，既保证了流动站在遵循区域指导性框架的基础上，发挥其引领作用，又能够根据实际情况灵活调整，以适应不断变化的教育科研需求。

以第一轮试点运行的3个科研流动站为例，他们在学段、研究主题、运作方式、招收学员、学员人数等方面实行高度自主运作（见表1）。通过站长负责制的实施，既能够快速响应教育科研的新趋势和需求，也确保科研工作的灵活性和创新性。这一模式能够更加高效地推动教育科研创新，培养教育科研人才，促进科研成果的转化与应用，为区域教育改革和发展做出积极贡献。

表1　第一轮3个科研流动站运作情况

	教育学院科研流动中心	静教院附校流动站	安庆幼儿园流动站
学段	全学段	初中	幼儿园
研究主题	成果孵化与推广、科研方法研修、科研管理方法研修	后"茶馆式"教学成果的推广应用和实践转化	指向个性化教育支持的幼儿发展评价成果推广
运作方式	理论学习、实践问诊、研学走访、专家对话、自研自悟、展示分享、集中研讨、分散指导	自我修炼、多维对话、个性诊断、专题讲座、实践观察、成果推广交流平台	自我学习、聆听分享、趣味互动、走进实践
招收学员	全学段	初中、小学学段	幼教学段
学员人数	21人	9人	22人

五、教育科研流动站的实践成效

（一）创建了高效的科研管理制度

科研流动站正式启动之后，就开始积极探索各项运作机制，对有关制度进行了设计和拟定，通过五年的试点运作，目前已经形成了一套具体、较为完善的制度，规范了流动站的科研工作。例如，教育学院科研流动中心形成了学员招录、在站学习、学员发展、出站评估等一系列基本制度，并通过两批学员的入站学习，不断检验、优化这些制度；静教院附校流动站设计了四重学习循环递进机制，开发了五种培训模式，构建了后"茶馆式"教学成果推广数字交流平台等；安庆幼儿园流动站建立了月交流汇报制度、问题收集制度、主题培训制度、过程性研究使用手册制度等。

（二）推动了科研成果的转化应用

科研流动站通过研讨、交流、展示等渠道，促进区域、学校不同层面的教育科研成果得到培育和发现，并充分发挥学员的主动性和创造性，促进成果的高品质流动。例如，教育学院科研流动中心两期学员在站期间，累计取得成果及获奖共有84项，主持或参与课题及项目72项，参加学术研讨和成果转化102场；静教院附校流动站学员通过后"茶馆式"教学成果推广数字交流平台，累计推送了76篇后"茶馆式"教学设计，展示了50余节中小学后"茶馆式"教学观摩课;安庆幼儿园流动站以"指向个性化教育支持的幼儿发展评价研究"成果为重点,形成了一套较为完整的研训体系涵盖了总计24次的方案,同时汇编了一本经验总结、优秀案例成果集,举办了两次区域性成果展示活动等。

（三）培养了高素质教育科研人才

为了促进学员的能力提升和实践改进,科研流动站创造一切条件,为学员提供人员、经费、制度等方面的支持和保障。第一轮试点的3个流动站共培养了52名学员,在站期间,学员的专业素养得到了全面提升。

首先,学员的科研视域更加宽广。流动站指导学员申报各类科研项目,有效地提高了教师的理论思辨能力、文献整合能力、文字表达能力,在质上推动教师教研水平提高。同时,流动站致力于促进学员"教学"与"研究"的有机结合,通过将科研成果有效融入日常教学实践,不断丰富和深化课堂教学内容,从而实质性地提升教学质量。

学员A:在站学习期间,我在学段科研员老师的指导下,完成上海市中小幼的情报综述征文的撰写,并获得三等奖;顺利申报并成功结项自身的青年课题,且获得一等奖。

学员B:我是初中化学教师,面对初三学生学习时间紧、任务重、个性差异大的情况,我在教学时,总是在琢磨一个问题:如何充分利用课堂时间,在不增加学生课后负担的情况下,让不同学习起点和思维水平的学生都得到发展,从而进一步提升自己的核心素养和创新思维呢？于是,我结合流动中心学术活动,阅读文献,梳理课标,最终找到了"项目化"学习的途径,并顺利立项2022年区级课题。

其次,学员的关键能力显著提升。学员在学习研修期间,不仅科研视域更加开阔,而且关键能力也有了长足发展。例如,教育学院科研流动中心有几位学员通过在流动站的学习,已经升任学校科研室主任或是校级领导;安庆幼儿园流动站68%的学员职务都得到晋升。这些科研骨干在学校都承担着管理职责,发挥着榜样力量,通过发挥个体的辐射作用,带动科研团队进行深入研究或者开展重点攻关,进而推动了学校整体学术水平的提升。

学员C:在流动站学习的两年,我成功申报了一项市级课题,一项区级课题顺利结题;协助园长顺利申报了"十四五"区重点课题和规划课题各一项;帮助学校三位教师顺利立项区一般课题;七位老师顺利立项区青年课题,其中两人获三等奖;参与园长主持的家教课题,并获成果三等奖。

学员 D:进入流动站以来,学校高度配合科研流动站的工作,连续三年让我承担学校科研员的职务。在作为科研员的三年中,我参与了选题申报、申请书的审核、开题报告审核、课题上传、中期审核、结题结项等相关工作。很高兴的是,我们学校在各级教师共同努力下,每年申报成功课题和课题获奖达到新高度,成果位列静安区高中学校的前列。

六、教育科研流动站的反思与展望

经过 5 年的试点探索,3 个首批试点科研流动站圆满完成了工作,形成了总体的制度框架和系列制度文本,确立了活动开展的内容框架并具体组织了丰富多彩的活动。为了第二轮试点流动站能够更好地运作,下一阶段还需加强以下三个方面的工作:

一是进一步聚焦于科研人才的培养。科研流动站需要持续打造一支具有科研知识、科研能力、科研情怀的高素质人才队伍。其一是高端研究人才,具有较强的研究能力,为区校重大课题的设计实施提供支撑;其二是高端传播人才,具有较强的指导能力,带动促进成果、方法的传播、辐射;其三是科研高端管理人才,具有较强的科研组织能力,为学校科研发展和功能发挥做出更大贡献。

二是进一步完善流动站制度建设。在新一轮的运作过程中,对招生办法、录取条件、在站任务等方面进行修订,对流动中心的运作方式进行调整优化,对具体的活动设计进行完善更新,更加关注学员的个性化发展需求。通过新一轮的试点工作,为流动站的运作实施提供更多的经验与建议,推进这一特色制度不断完善与发展。

三是进一步提升流动站运作的效能。梳理每个科研流动站的独特优势,充分发挥其核心功能,塑造在培养学员方面的显著成效和鲜明特色,推动流动站向特色化和多样化的方向发展。在运作过程中,更好地搭建载体、配置资源,以及与学员所在单位加强联动,共同助推其目标的实现,等等。

推进学校科研智慧分享和成果推广的实践与思考

上海市静安区教育学院　盛影莹

《教育部关于加强新时代教育科学研究工作的意见》提出了新时代科研使命:"进入新时代,加快推进教育现代化,建设教育强国,办好人民满意的教育,迫切需要教育科研更好地探索规律、破解难题、引领创新。"作为一个有着良好教育科研基础的区域,静安区教育科研管理部门始终在探寻学校科研优质均衡发展的方略,提升学校科研发展水平和成果推广效应,不断寻求突破。

为帮助学校分析科研工作现状,规范学校教育科研行为,提升科研管理效能,引领学校寻找正确的发展方向,为区域提供针对有效的提质策略,我们建立了科研年度报告制度。每年12月,学校以提交科研年度报告的形式呈现本年度科研工作情况,包括成果提炼与推广的经验,存在的问题与反思等;区域科研管理部门则要针对学校报告中反映的现状、问题及需求,进行数据汇集、精准诊断、个性服务、优化指导。以下从背景、实施、效度三个方面进行阐述。

一、基于科研年度报告推进智慧分享和成果推广的背景

作为区域层面的教育科研工作创新,一方面要与区域教育发展特点及要求相适应,另一方面要覆盖和观照学校的共性问题与难点问题,以便能够更好地发挥科研引领与凝聚作用。

很多学校一直以来坚持开展教育科研,积累了不少研究成果。然而学校科研成果的宣传推广力度不够,导致许多在做的或已完成的研究工作并未为校外人员所知晓。比如,多项活动仅在教师朋友圈中呈现,学校公众号中也仅有一次宣传。此外,成果自身的适用性及局限性、成果持有方与成果应用方的对接

渠道不畅等因素都影响着研究成果向教育资源的转化。如何有效提升科研成果推广的成效,需要寻求专业引领与实施路径的创新突破。

此外,区域内各校的科研工作发展还存在一些短板和差距,成为制约新时代教育科研高质量发展的瓶颈。由于各校校情不同,科研指导工作呈现出复杂性叠加的特征。如何根据这种复杂性采用恰当的工作机制来推进学校科研发展,做好学校教育科研的指导与服务工作,应成为区域科研管理部门持续、深入探究的课题。科研年度报告作为区域创新教育科研工作机制之一,能够更好地指导优化学校科研工作发展,同时将提高区域科研管理部门自身的专业引领地位。

二、基于科研年度报告推进智慧分享和成果推广的实施

学校科研工作及成果和学校的教育教学息息相关,良性的科研应该是有机地渗透在教育教学中。科研年度报告在设计上注重规范、精细,从细节入手、从实践起步,直观、便捷,突出多样信息的共性与个性呈现。

(一)构建半结构式框架,保障科研智慧挖掘的全面性

学校科研年度报告是对学校科研工作现状的描摹,其内容涉及方方面面,比如各级各类科研管理文件的学习运用、项目申报及过程管理、科研平台及团队建设、科研成果转化等。在内容设计的初期,我们对学校科研工作、区域推进等相关文献进行搜集、学习与讨论,把握科研年度报告的内涵与作用,为报告内容的制定奠定理论基石。基于理性的认识,我们制定了学校科研年度报告表,如图1所示。从内容模块上看,主要包括数据汇总、自我评价以及总结反思三个方面。

(二)基于三结合原则,实现科研智慧挖掘的深刻性

1. 量化与质性相结合

通过科研年度报告搜集一些基本数据,可以了解学校当年的科研工作情况,包括各级各类课题的立项数、校内课题交流研讨活动次数、学校科研动态篇数、成果获奖名称及等第、征文评选获奖名称及等第、论文发表篇数、学术季交流展示活动情况等。在此基础上,通过学校在报告中撰写的总结反思文本,可以深度挖掘学校科研工作亮点和经验、学校科研工作中存在的问题以及学校科

数据汇总		
课题立项	市级及以上课题	（　）项
	区级重点	（　）项
	区级一般	（　）项
	区级规划	（　）项
	青年课题	（　）项
管理指导	学校科研工作计划和总结	有（　）无（　）
	组织专题科研培训	线上（　）次 线下（　）次
	开展校内课题交流研讨活动	（　）次
	撰写学校科研动态	（　）篇
研究成果	2014—2020年上海市教育科学研究优秀成果奖(规划办)	（　）等奖　成果名称
	上海市第七届学校教育科研成果奖	（　）等奖　成果名称 先进个人 有（　）无（　）
	上海市长三角征文评选	（　）等奖　（　）项 成果名称
	上海市中小学幼儿园运用调查方法优秀成果评选	（　）等奖　（　）项 成果名称
	上海市课题情报综述评选	（　）等奖　（　）项 成果名称
	青年教师获奖成果（论文发表等）	（　）等奖　（　）项 区级以上论文发表（　）篇
	学术季参与区、校交流展示活动	区（　）次　主题 校（　）次　主题
	青年教师成果报告会发言	有（　）无（　）

评价内容	自我评价	
组织建设	规划、计划 优秀（　）良好（　） 合格（　）须努力（　）	组织、制度 优秀（　）良好（　） 合格（　）须努力（　）
教科结合	项目、课题 优秀（　）良好（　） 合格（　）须努力（　）	研训一体 优秀（　）良好（　） 合格（　）须努力（　）
项目研究	队伍建设 优秀（　）良好（　） 合格（　）须努力（　）	过程效果 优秀（　）良好（　） 合格（　）须努力（　）
成果积累	档案资料 优秀（　）良好（　） 合格（　）须努力（　）	成果运用 优秀（　）良好（　） 合格（　）须努力（　）
总结反思		
一、举措与经验		
二、问题与反思		
三、思考与展望		
四、所在单位意见 单位盖章 单位负责人签章 年　月　日		
五、区教育局科研室意义 年　月　日		

图1　学校科研年度报告表示意图(以2021年度为例)

研工作的后续思考。

2. 固定与调整相结合

学校科研年度报告中有一些相对固定的栏目，例如通过设置优秀、良好、合格、须努力四个等级，明确学校在规划计划、组织制度、项目课题、研训一体、队伍建设、过程效果、档案资料以及成果运用等方面的自评结果。同时，我们根据形势变化对部分内容做出相应调整，例如增加对于线上科研培训次数的统计。

3. 规范与特色相结合

《人民教育》总编辑傅国亮先生认为："特色学校是优化了个性的学校，每一所学校都是潜在的特色学校。"在科研年度报告内容设计中，既考虑到学校一般性的常规工作的体现，又要聚焦于某一点的学校特色和亮点经验的呈现。例如,科研常规工作的开展情况可以通过真实数据一目了然,而在科研年度报告的总结反思栏目中,则更多地体现出"人无我有、人有我优"的学校特色和可复制推广的核心经验。

三、基于科研年度报告提升成果推广和专业指导的效度

科研年度报告制度不是一个形式,而是实实在在的工作。科研年度报告制度的实施与深入,提供了区域基于证据的学校科研指导的行动思路,对推动区域内学校的科研发展和成果推广发挥了积极的作用。

（一）深度分析,把握区域学校教育科研发展现状

结合科研年度报告中呈现的相关数据及潜在的信息,我们对学校科研工作规范、科研管理指导、科研工作成效等方面的情况进行深入解读,不仅了解到区域每个学校教育科研发展的整体状况,如学校的课题立项率、学校教师科研参与度、学校最常用的科研推动方式等,更重要的还是明晰每个学校纵向的发展趋势图,也呈现了整个区域的横向发展差异。

在举措与经验的梳理过程中,我们发现,各校坚持以教育科研为引领,逐渐形成了"教育科研普及化、科研措施制度化、科研活动日常化、科研队伍层次化"的学校教育科研特色。为便于分析,我们还借助质性研究工具(NVivo 软件)进行词频查询,并利用词语云进行了转化,发现小学学段科研工作举措与经验的高频词包括教研组、个性化、带头人、工作室等。

以上述高频词做参考、归类、分析后发现,小学科研工作举措与经验主要体现在课题研究设计、科研团队打造、网络力量发挥、青年教师培养、保障机制探索等方面。以科研团队打造为例,有学校聚焦学科教研团队整体研修,开展各学科的校内展示交流,通过教师研修团队的打造,打破专业发展的个人主义文化影响,实现教师成长的合作共赢;也有学校创建专题项目研修团队,由班主任、学科带头人工作室领衔专题研究,通过专题性项目化的团队研修,基于实践、发现问题、共同解决问题,从而实现团队每个成员专业化发展质的飞跃;还有学校建立以研究生教师和科研骨干教师为主要群体的科研小助手团队,共同就项目的有序、高品质的推进献计献策,同时为学校科研后备骨干力量蓄能。

例1：一所有着近200名专职教师的某小学，众多青年教师的科研能力成为他们关注的重点内容。学校课题立项率从5年前的仅40％，逐年增长到如今的90％，且年年都有课题获得一等奖，得奖率也在逐年上升。追根溯源，是因为学校从"盘家底"出发，找到了学校教师开展科研工作的最大障碍，并通过牵手式培训，分解科研相关能力的实践技能到教育教学中，通过多样性的介入式操作项目活动，提高教师的参与度，增强培训的实效性，提升教师的实践技能。

围绕"解读现状""寻求突破"两个关键词，我们对学校科研年度报告进一步梳理和分析，形成了小学学段科研年度报告，尽可能全面、细致、客观地呈现各校的科研工作情况、优势与特色。学段科研年度报告也为区层面下一年度工作计划制订和未来工作发展调整提供了重要依据。

（二）精准回应，锚定区域学校科研发展真实需求

学校的科研发展需要和发展水平既有共性，又有差异性。因此，对学校科研工作指导的内容和途径要尽可能多样化，既要符合多数学校的共同要求，又应满足个别学校的不同需要。学校科研年度报告文本中反映的问题，有助于我们及时准确地把握到不同学校的不同需求，并深入学校实施精准的专业指导，包括传统讲座式、培训辅导式、沙龙研讨式、交流分享式等，让科研指导"以校为本、以人为本"。同时，以实地现场调研、个别访谈等方式，借助区域个性化教育调查、循证实践调查等途径，收集量化数据的、质性案例的基本信息，深度了解区域学校科研现状、问题及需求，加强对学校科研工作指导的有效性。

不少学校在科研年度报告中表达了希望得到专业指导和帮助，以及通过培训提升教师科研能力的迫切期待。根据教育部颁布的《关于加强新时代教育科学研究工作的意见》和上海市教委颁布的《上海市教育科学研究项目管理办法》等文件精神，结合区域教育发展的现状特点及任务要求，我们面向各学段教师开设了"学校教育科研课题的设计与实施"培训课程。通过线上线下相结合的教学方式，做到理论和实践相结合，学以致用，切实提高参训教师的教育科研能力。

为响应学校和教师对研究方法学习进阶的愿望，进一步提高研究的品质，我们结合全区科研主任会议以及循证实践试点校项目，围绕"实践性循证"相关知识及其操作路径和要点，分层次、有针对性地提供培训指导。此外，在举办中

学、小学、幼儿园实证培训班的基础上,我们又推出了"实践性循证研修班",尝试以"工作坊"模式引入四个学段的研修活动中,以实际问题解决为导向,边实践边摸索,有序开展各类研讨学习活动,推进研究范式的不断优化。

(三)联动分享,展示区域学校教育科研实践智慧

为促进学校优秀教育成果展示、交流和推广,增强优质教育品牌的辐射力度,我们面向全区各中小学、幼儿园,连续多年开展"教育学术季"活动。学校可以基于特定主题,围绕课程、教学、管理等方面发展进行全方位展示,也能以学校特色项目或学科、教研组、名师工作室等某一方面为内容进行重点展示。

区域同行的科研管理工作经验,单单依靠搭建分享平台还不够,还要不断提升分享的内容效能。2021年,结合学校提交的科研年度报告,我们举办了基于年度报告的学术沙龙,精选了6所学校,讲述了6个基于不同基础、选择不同方式来开展科研的实践故事。

在研读年度报告的过程中,我们发现"阶梯"这个词在报告中的"上榜率"很高,但怎么分阶梯、针对每一层阶梯提供怎样的支持是需要经过精心设计的,某小学给出了比较有借鉴的做法。

> 例2:学校对五十岁以下的教师合理分为四个发展梯度,再建立五级分层的学校科研研究的"局域网",对学校不同类型、不同层次的科研课题设置分层导航路径,每个人都可以在这里打开Wi-Fi,开始自己的科研冲浪。学校还在教师科研发展的一些关键事件、关键节点上深度干预。科研支持的针对性、个性化和多元化让不同学科、不同发展阶段的教师在不同的领域、不同的课题中能触摸到具体的研究任务和研究问题,也能及时地找到前行的支持与辅助。

6所学校分享了行之有效的、可供参考借鉴的举措与经验,为一些学校搭建富有实效的校本科研支持系统提供了新的行动思路,在促进区域学校科研发展的均衡性上发挥切实的推进价值。

学校科研发展是一个慢慢孵化、精心培育的过程。科研年度报告以校为本、直面问题、动态优化、注重长效,通过不断探索与实践形成了"现状描摹—数据挖掘—专业分析—交流反馈—需求回应"的工作机制。科研年度报告为学校提供了进行自审的驱动任务,督促学校通过数据分析和对比,面向不同发展周

期进行监测并及时改进,提升了区域学校自我评估、自主优化的意识和能力。

科研年度报告全方位集中呈现了区域学校科研发展的基本状况与程度差异,有助于丰富科研培训的素材和资源,共同破解学校科研工作发展中的一些共性难题,也及时传递学校的个性智慧,助力科研成果的推广,同时为区域层面科学评估学校科研工作发展提供了一些新的视角和新的方法,为区域提供学校针对性的服务支持创设了适宜载体。

第二编

持有方研究:成果的凝练与转化

一项全新的教育实践研究

——以后"茶馆式"教学成果推广为例

上海市静安区教育学院附属学校

"后'茶馆式'教学——走向'轻负担、高质量'的实践研究"荣获首届国家级教学成果一等奖,并由上海市教委授牌成立上海市后"茶馆式"教学研究所。2020年,入选教育部基础教育国家级优秀教学成果推广名录,在教育部的统一部署规划下,面向全国开展了一项全新的教育实践研究,不但使成果推广示范区学校得益,而且锻炼了成果持有方的教师队伍,同时提升了教学成果自身的实践价值和学术价值。

一、研究追问形成教学成果推广的基本理念

(一)教学成果是复制推广还是移植创新?

基础教育的教学成果推广是一种社会科学的成果推广,与自然科学的成果推广相比存在以下两个基本特征:其一,它既有普适性又有差异性,所以不适合简单的复制推广;其二,它也不同于自然科学的成果推广,自然科学的成果推广往往是给使用者带来方便,而社会科学的成果推广,往往给使用者带来麻烦,带来更多的精力投入,需要有充分的思想准备。

成果推广需要引导被培训者主动学习,暴露培训者原有的教学认知,创设多种情境逐步引入深度学习的境界当中,才能够帮助各地区的老师真正掌握后"茶馆式"教学的核心技术,进而创新移植到各地区的教学实践中。此类成果推广一定不是一种简单的单向输出,而是一种双向互动。

(二)后"茶馆式"教学理念如何让教师自己学会?

后"茶馆式"教学是遵循学生的认知规律,在教师的帮助下,让学生自己学

习的一种教学。它与以往教学改革的区别在于，从根本上改变了课堂的逻辑结构，从过去授课老师认为的以学科体系为线索进行讲解，转变为在教师帮助下，让学生自己建构知识。其科学性和先进性已得到了普适性的验证，适用不同地区、不同基础、不同学科、不同学段、不同课型的课堂教学。然而，面向全国推广的过程中，教师并非一张白纸，都带有各地课堂教学改革的烙印，即使是后"茶馆式"教学理念本身也可能存在认识上的偏差。成果推广需要充分暴露教师对于后"茶馆式"教学的相异构想，实现教育理念的自我重构，形成普遍的文化认同，进而达成文化自觉，改变日常的课堂教学。

二、研究实践确立教学成果推广"三四五"常态化模式

（一）三方联动协同管理

1. 架构三级推广管理网络

三级推广管理网络的支持方是成果持有学校即静教院附校，及上海市教委批文成立的后"茶馆式"教学研究所，实现后"茶馆式"教学成果推广工作的顶层设计和整体管理。

一级核心管理网络：静教院附校和四个区域教育局负责人为核心管理团队，顶层设计成果推广的路径，及时汇总各地区在推进中的需求和问题。

二级实践管理网络：各地区的教育主管部门根据各地成果推广工作的需要，选择实验校，建立示范区，以及基于区域、学校的自身需求自愿报名参加的校长，组成与后"茶馆式"教学研究所直接联系的管理网。

三级校本管理网络：各地区的校长结合学校的实际，组建起教师研究团队和技术支持团队，为成果推广提供技术支持和信息保障。

2. 组织三项成果推广工作群

以腾讯、钉钉等信息平台为支撑，建立三项成果推广工作群：组织方和推广学校管理者群，学校分管领导和对应学校老师群，组织方信息技术团队和各校信息技术人员群。三个群分别对应三级管理网，各司其职，保障各项工作、各级培训工作的开展，实现第一级服务，一杆到底管理。

（二）四重学习循环递进

1. 融合教学理念

各地区的教育主管部门、实验校的校长和教师普遍知晓后"茶馆式"教学这

一优秀的国家级教学成果的内涵和内容,对后"茶馆式"教学理念形成普遍的文化认同,教师能够用先进的教育理念审视课堂教学,明确教学改革的方向,了解后"茶馆式"教学的操作体系。

2. 研磨教学设计

各地区的教育主管部门、实验校的校长和教师通过"学—研—评"的方式开展多轮后"茶馆式"教学设计的学习,学习静教院附校教师的教学设计,理解并结合各地实际开展后"茶馆式"教学设计互动交流和评比展示,提升教师的理解力和设计力。

3. 深耕课堂实践

各地区的教育主管部门、实验校的校长和教师基于文化认同走向文化自觉,愿意将后"茶馆式"教学付诸课堂教学实践之中。静教院附校相关学科老师运用循环实证的方法开展听课评课的教研活动,多次循环,多校循环,帮助各地、各类学校依据校情和学情灵活运用后"茶馆式"教学开展课堂教学。

4. 聚力专题研讨

紧跟新时代教育的发展需求,聚焦"双减""五项管理"等热点问题,建立成果推广与当下教育教学工作的关联,开发系列培训课程,如《"控制学生作业量,提高学生作业质"——双减背景下的科研视角》等。组成相关讲师团队,以推广学校自主选择和成果持有方针对性推送的方式,推进不同层次、不同水平学校的后"茶馆式"教学成果的运用和实践。

(三)五种策略持续发力

1. 线上研修和线下研修相结合

为了克服疫情和地理差异,研发了线上线下相结合的混合式教师培训策略,将信息技术融入全国优秀成果的推广之中,运用网络直播、腾讯会议、校本信息化教学管理平台等多技术支撑的方式,为全国各地的与会教师提供了高质量的线上培训体验。对于有条件有时间的地区提供线下参观考察、课堂观摩、对话交流等培训体验。

2. 文本研修和实践研修相结合

各地区参与成果推广的示范校、实验校都带有各地区课程改革的烙印,都有着多样化的课程改革实践经验。在成果推广的初期,需要各地区的学校先开展自主学习,通过书中学的方式,初步了解后"茶馆式"教学,与书本对话、与自我对话,在理念上形成共识。之后再逐步进入课堂教学设计,进入课堂教学实践。

3. 接受研修和研究研修相结合

以成果讲师团"问题导向"的培训方式检测各地区教师是否真正理解并学会了后"茶馆式"教学,成果持有方创设问题情境,各地教师开展研究性学习,组织专题研讨,暴露相异构想。在此基础上以个性化诊断的方式给出培训处方,定制主题报告,进一步完善各地区对后"茶馆式"教学的理论学习。

4. 集中研修和分散研修相结合

为实现成果推广服务于各地区教育改革发展的功能定位,在成果推广的过程中赋予各地区教育局较大的主动权,采用主报告集体学、小论坛分散学、汇总疑惑集体议的组合式培训方式,充分调动各地区教育部门和基层学校的积极性,将后"茶馆式"教学成果融入各地区教育教学改革的大背景下,展现教学成果的实践价值。

5. 全国推广和本地推广相结合

将全国的成果推进和本地区的项目推进相结合,培训资源向上海市强校工程项目、上海市城乡结对互助项目、上海市见习教师培训项目、上海市德育实训基地培训项目公开共享,实现成果推广活动的增值效应。

三、研究创新实现教学成果推广的共享发展

(一)深度对话,厚植后"茶馆式"教学理念

1. 聚焦"不同起点",开展专著阅读,进行文本对话

各地区参与成果推广的学校对于后"茶馆式"教学的了解程度存在差异,有的学校早有耳闻,已经亲临静教院附校取经寻宝;有的学校刚刚接触,对这一成果知之甚少。但是,各地的学校都有强烈的学习热情,期待这个国家优秀教学成果能够帮助学校获取新的发展。基于以上的现状分析,静教院附校的专家团队给各地学校布置的第一份任务就是自主阅读《后"茶馆式"教学》一书。

2. 聚焦"理解思考",组织专题论坛,进行同伴对话

在老师们自主阅读的基础上,结合各地区的特点,由各地教育局组织论坛交流。让老师们将自己理解的后"茶馆式"教学用自己的语言说出来,各地区以校本研修、主题论坛、知识考察、区域展示等方式与后"茶馆式"教学展开深度对话,在合作学习中答疑解惑,形成共识,记录自己学不会的内容,反馈给静教院

附校的专家团队。

3. 聚焦"问题疑惑",开展专家报告,进行互动对话

汇总各地教师自己学不会的问题,加以归纳整理,形成后"茶馆式"教学专题解读,运用网络直播的方式精细化解读后"茶馆式"教学的成果阐释、实践过程及效果分析。同时,与各地区学校的校长和教师展开互动对话,明晰后"茶馆式"教学与各地课程与教学改革典型成果的异同,帮助各地区的教师确立正确的教育改革理念,建立教学成果与一线教育教学工作的关联,明确成果推广的方向和目标。

4. 聚焦"区域特点",组织实地考察,进行诊断对话

为了进一步判断各地区的教师掌握后"茶馆式"教学核心技术的程度,以及创新移植到各地区教学实践中的生成性问题,双向互动的实地考察之后的诊断对话是一种有效的途径。如贵州金沙县教育科技局常务副局长彭洪祥带队到上海亲自拜访张人利校长,共同商议如何推动后"茶馆式"教学在金沙县生根落地。2022 年 7 月,张人利校长带着学校专家团队远赴金沙县,与当地的校长、教师直接对话,把脉问诊,探索实现后"茶馆式"教学本土化移植的新路径,推广和应用后"茶馆式"教学成果。

为更好地推广后"茶馆式"教学成果,山东省淄博市周村区新建路小学赵洪燕校长带着学习中的困惑问题赴上海深入了解学习,就后"茶馆式"教学的一些疑问进行交流。赵校长的体验式学习,更加深刻地勾勒出新建路小学要追求的有效课堂的轮廓:高效课堂必须是能促进学生深度思考的课堂,是让孩子真正"心动"的课堂。

(二) 智慧推广,自主研发成果推广交流平台

秉承构建后"茶馆式"教学成果推广学习共同体的理念,与信息公司合作开发了后"茶馆式"教学成果推广交流平台,实现共建、共享、共发展,平台资源的使用者与创造者融为一体,即资源的建设方和使用方都是资源的创造者。

1. 成果推广平台的运作机制

平台资源包括"教学设计、教学实录、命题试卷、作业设计"等多项成果推广内容。平台由信息公司负责软件开发和日常维护,有意向加盟的学校与计算机公司签订合同,交付一年的维护费。定期将成果推广过程中的讲座、教学设计、课堂实录等资源上传该平台,方便各地区学校教师开展自主学习。建设初期,静教院附校推送了学校各发展水平教师的 48 份教学设计,各地区教师开展自主学习,参照后"茶馆式"教学设计评价表开展评价,以此来检测各地区教师对

后"茶馆式"教学设计的理解程度。评分越接近教学设计评分常模带的教师,其对后"茶馆式"教学设计的理解度越高。之后要求各试点校上传 5 份学校认为最好的后"茶馆式"教学设计,各地区的教师互相学习,互相评价,共同成为信息平台的维护者。平台运作还设定了流出机制,如果某学校只想享用平台资源,不上传自己学校的资源,来年将被自动流出。

2. 成果推广平台的优势显现

互动性强。成果持有方和使用方可以依托平台开展多种方式的互动。如教学设计的循环改进,就是使用方和后"茶馆式"教学设计学科专家团队的线上互动对话。持有方还在平台上发起了学科命题研究,提供 A/B 两个不同年级不同水平的学科命题试卷,平台使用方在学习后也需要提供相应的命题试卷,逐步建立起全国各年级各学科命题常模数据。

便捷性强。平台使用不受时间、地点的限制,可以根据使用者自身的情况灵活操作,随时随地就能展开研修学习。这种学习,可以是教师个体的研修,也可以是学校群体的研修,具有极大的便捷性。

再现性强。所有资源汇总并留存在平台资源库中,可供使用者无限次使用与研究。现实工作中,纸质的学习材料已经慢慢弱化,信息资源的可永久、可循环、可重复的优势已被广大教师所青睐。平台上的资源,不仅可以便捷地取用,其取用次数不受限制,优质的资源更是会被长久地留存,使用者还可以在需要使用时进行重复提取。

归纳性强。平台上传的资源,能在平台上分类分栏设置,以便平台使用者快速查阅、调取,充分体现信息技术的优点。目前,平台上分设"教学设计、报告视频、课堂实录、论文专著、应用展示、谈·议·论"五个类别栏目,呈现的资源不仅根据文本、视频等文件类型分类,还可根据各个学段、学科、年级分层呈现。同时,平台提供的检索窗口也突出分类的有序性,使用者能在最短的时间内找到需要的资源并研究学习,从而带来更多的学习效益。

丰富性强。平台资源涵盖教育各个领域的研究,如专题论文、主题报告、各学科教学设计、各学科课堂实录等,不受篇幅、容量的影响。在现今多学科融合的研究环境下,主题性、项目式、探究式、跨学科式的综合课程是需要我们去探索的,平台资源的丰富性,恰好提供了这样一个多元的学科资源环境。使用者不仅可在这个平台里就自己的学科内容进行探讨、学习、研究,而且可以去了解、学习其他学科的内容,这样的丰富性,是其他平台所不具备的。

创建数字化交流平台
助力教学成果的推广研究

上海市静安区教育学院附属学校

后"茶馆式"教学是一项聚焦课堂教学的改革,其成果推广的价值在于实践的广度与深度,效果体现为教师教学行为的改变。张人利校长携上海市静安区教育学院附属学校(简称静教院附校)推广团队成员秉持着教学成果"双主体"推广的理念,将互动对话贯穿推广全过程,形成持续对话、平等互惠的发展共同体,创建后"茶馆式"教学成果推广交流平台,使教育资源的消费者和创造者融为一体,营建教学成果推广共享、共建、共生的新生态。

一、背景与问题

(一)教学成果推广的时代新要求

我国于 2014 年和 2018 年开展了两届基础教育国家级优秀教学成果奖评选,在基础教育界乃至全社会产生了极大影响。为了进一步发挥这些国家级优秀教学成果奖对于我国教育发展的推动作用,教育部基础教育司开展了国家级优秀教学成果推广工作,面向全国遴选产生成果推广示范区和国家级优秀成果推广项目学校,将成果推广视为科研领域中非常重要的一个环节展开深度研究。《教育部2022 年的工作要点》明确提出:"要持续推进基础教育优秀教学成果的推广应用工作。"这将成为常态化的工作,服务全国各地推进教育的高质量发展。同时,国家将教学成果推广用于"双减"等教育热点、难点问题的攻关之中,呼唤学校形成研究、推广、应用的循环式科研生态,将优秀教学成果转化为学校校本化发展的新动能。

(二)教学成果推广的现实困境

教学成果的推广研究是教育科研的一个必不可少的研究环节,但是现实的教学成果推广工作，存在以下问题：

1. 区域推广研究多，学校、教师推广研究少

教学成果推广工作的主体大多以国家及各级教育主管部门组织并开展，学校和教师大多是成果推广的被动参与者，被要求参与培训学习活动。很少有学校、教师作为主体，主动开展教学成果推广。

2. 单向输出推广多，双向互动推广少

学校基于长期的教育改革实践，形成了独具特色的优秀教育成果，面向各地开展宣讲活动比较多的是单向的成果输出，较少开展基于参培学校的不同基础、不同环境、不同文化且有策略、有方法的优秀教学成果推广的实践研究。

3. 推广过程设计多，推广效果审视少

对于教学成果推广的效果评估往往聚焦于开展了多少成果推广的活动，做了多少报告，开展了多少课堂展示活动等过程性的描述，较少以数字化视角评估推广活动对参与成果推广研究活动的学校和教师产生的效果。教学成果的推广研究需要探索出满足基层不同发展水平教师专业发展的途径和载体。

（三）教学成果的数字化推广可以成为赋能教师发展的新路径

面对全国不同区域、不同校情基础的学校，教学成果持有方必须开发多样化的培训路径，帮助各地学校教师快速接受并掌握后"茶馆式"教学的成果核心要点。成果推广的数字化转型成为必然的选择。成果持有方将成果以数字化形式加以再开发，吸引更多的教师主动参加推广实践，在实践中接受优秀教育成果的理念，掌握操作方法和策略，然后通过自身的感悟和体会，审视自己的实际教学工作，解决教育教学中的问题。针对不同年龄段的教师，对于教学成果的理解力和执行力会存在较大差异的问题，也可以依托成果的数字化推广，实现非同质、不同步的差异化学习，进一步激励学校教师在理解的基础上将优秀教学成果转化为自身日常的教育行为，真正赋能教师的专业发展。

二、创新举措

（一）共育成果推广的"双主体"理念

后"茶馆式"教学成果要让更多教师学会，需要将互动对话贯穿培训全过程，形成持续对话、平等互惠的发展共同体，即教学成果的"双主体"推广。教学

成果的持有方和教学成果的应用方互为主体,享有平等的权利,共同研究教学成果在不同示范区的推广路径和策略,激活各地示范区对于成果推广的主动性和自主性,弥补成果持有方对于各示范区实验校推广基础和教育改革突破点把握的不足。各地示范区实验校与成果持有方积极互动,开展了多样性的对话活动。

1. 研究教学设计,与文本对话

在基本掌握后"茶馆式"教学理念和后"茶馆式"教学设计要素的基础上,各实验校结合学校的推进进度,分学科、分年级开展了后"茶馆式"教学设计的撰写、研讨、交流、评优的活动。借鉴以静教院附校为主体开展的后"茶馆式"教学的循环改进的基本流程图,在参与全国推广的各教育局和各实验校开展自循环,将之前学习的收获运用到自己学校教师的培训和发展之中。

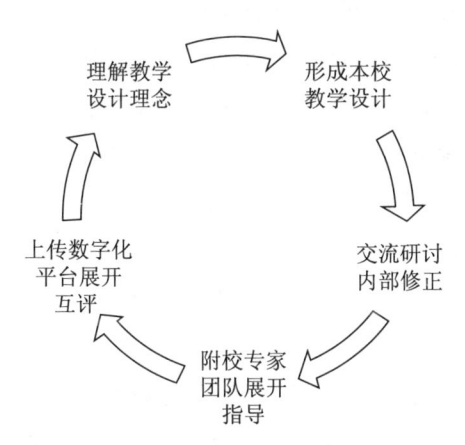

图 1 上海市静教院附校后"茶馆式"教学循环改进的基本流程图

各地教师以个人或教研组为单位理解后"茶馆式"教学设计评价的基本要素:学情分析、内容分析、教学目标、教学过程、设计与实践反思,掌握各要素的评分要求。开展了两轮自主学习与独立评审。实验校的教师们开展自主学习,并运用推广学校下发自主研发的教学设计评价工具,对后"茶馆式"教学设计开展评价,进行独立评审。以评价为任务驱动的培训方式,更真实地呈现了教师们对教学设计的理念定位和技能水平。

贵州金沙地区和山东淄博地区都开展了专场后"茶馆式"教学设计的评选活动,金沙县中小学 8 位教师线上进行教学设计交流发言,静教院附校专家团队进行一对一点评精准指导,反馈良好。山东淄博地区将后"茶馆式"教学展示列入每学年的工作计划，在各区各实验校范围内开展后"茶馆式"教学主题教研活动和教学设计评比活动，以"课"促"推"，以"比"促"推"，实现以评比促进教师形成赶帮超的学习氛围，进而促进后"茶馆式"教学成果在该地区的全面推广。2022年6月组织的专场后"茶馆式"优秀教学设计展示活动中，中小学6位教师分别表达了实践一年后"茶馆式"教学之后对教学设计的理解。该地区实验校还在学习后"茶馆式"教学设计评价量表的基础上结合各自学校的特点，研发出适合自己学校教师使用的教学设计评价表。

2. 研究课堂教学，与同行对话

对于课堂教学的研究，我们采用双向推送、互相学习的方式开展。出于疫情的原因，静教院附校的课堂都转为线上开展，学校开展了40余次线上研讨课+学科云教研的活动，我们邀请各地的教师一起观摩线上后"茶馆式"课堂，参与学科的教研活动。与此同时，各地也开展了后"茶馆式"教学的课堂教学展示活动。将活动评选出的各地优秀课堂教学录像课推送给成果持有方，我们安排相关学校学科的教师观摩各地的课堂教学课之后，与各地教师开展诊断对话，围绕后"茶馆式"教学的基本特征开展评课议课活动，既帮助实验校教师进一步理解后"茶馆式"课堂教学的基本特征，明晰课堂教学行为改进的方向，又促进了成果持有方教师对于后"茶馆式"课堂教学的诊断力和指导力，在这样的合作学习中收获了成果持有方学校教师和实验校教师的双向共赢发展。

3. 研究教育热点，与专家对话

2022年恰逢教育改革的变革之年，全国教育同人都要面对"双减落地""5项管理""5+2课后服务""新课标出台"等诸多教育改革的热点问题。成果持有方工作团队秉持着基于又不限于后"茶馆式"教学成果的理念，延展成果推广工作的内容，开发出《"双减"背景下课堂教学与作业设计的深度思考》《控制学生作业的量提高学生的质》《两种教学样态支撑课堂教学质量的提高》《课堂教学改革的教学方式视角》等专题报告，将成果持有方最新的研究成果与全国各地的教师共同分享，帮助各地教师进一步理解国家教育政策的新发展、新动向。同时，与各地区学校的校长和教师展开互动对话，厘清后"茶馆式"教学与教育改革的关联，指导各地区的教师确立正确的教育改革理念，融入新一轮教学改革的发展之中。

（二）共研成果推广的"数字化"资源

结合教学成果推广的实践积累，我们对推广过程中与各示范区实验校联动形成的资源加以分类,初步构建起"论文专著""专题辅导报告""课堂教学实录""共享培训课程"等维度的后"茶馆式"教学成果推广的数字资源库。

1. 教师自主阅读的论文专著资源

各地区参与成果推广的学校对于《后"茶馆式"教学》的了解程度存在较大的差异,有的学校早有耳闻,已经亲临静教院附校取经寻宝;有的学校刚刚接触,对这一成果知之甚少。但是,各地学校都有强烈的学习热情,期待这个国家优秀教学成果能够帮助学校获取新的发展。基于以上的现状分析,静教院附校的专家团队汇编了后"茶馆式"教学的12篇论文、69篇各学科的教学设计、4本《后"茶馆式"教学》相关的专著,转化为电子版本学习资源包。

2. 答疑解惑的专题辅导报告资源

汇总各地教师的问题,加以归纳整理,形成后"茶馆式"教学专题解读,运用网络直播的方式精细化解读后"茶馆式"教学的成果阐释、实践过程及效果分析。同时,与各地区学校的校长和教师展开互动对话,明晰后"茶馆式"教学与各地课程和教学改革典型成果的异同,帮助各地区的教师树立正确的教育改革理念,建立教学成果与一线教育教学工作的关联,明确成果推广的方向和目标。

3. 关键技术解析的课堂教学实录资源

一线课堂教学是各地教师比较感兴趣的培训内容,结合学校每月的校园开放日活动,我们向各示范区的实验校教师开放我们的后"茶馆式"教学的中小学课堂教学现场。根据各区域的情况可以选择线上观摩、线下观摩或是录像回放的方法,走进静教院附校的后"茶馆式"教学的课堂,理解"如何暴露学生的相异构想""如何开展问题群、问题链的设计"等关键性核心技术在不同学科教学中的运用。

4. 建设教师共享培训课程资源

在静安示范区成果推广工作中,我们开发了十讲的区级共享课程——《后"茶馆式"教学》。共享课程以张人利校长为主讲教师,同时吸纳中学语文李英娥教师和小学体育汤亮教师共同参与,实现共享课程既有理论解读又有实践现场的多样化呈现,共享课程以线上培训课程的形式实施。于2021年10月28日顺利完成共享课程研发工作,福泽全区教师。课程一上线就受到了广大教师的热捧,目前已经开展三期的培训,参训人员接近一千人。

5. 区域共享跨校成果推广校本资源

随着成果推广工作的不断发展,各示范区也积累了一些比较优秀的后"茶馆式"教学设计、教师教育教学的论文和案例,优质的后"茶馆式"教学课堂实录,还有与后"茶馆式"教学相关的命题试卷等。

（三）共建成果推广的数字化平台

我们秉持构建后"茶馆式"教学成果推广学习共同体的理念,借鉴学校信息化教育平台建设的经验,与信息公司合作开发了后"茶馆式"教学成果推广交流数字化平台,实现平台资源的使用者与创造者融为一体,即所有资源的建设方和使用方都是资源的创造者。

平台资源包括"教学设计、教学实录、命题试卷、作业设计"等多项成果推广内容。平台由信息公司负责软件开发和日常维护,有意向加盟的学校和计算机公司签订合同,交付一年的维护费。定期将成果推广过程中的讲座、教学设计、课堂实录等资源上传该网站,方便各地区学校教师开展自主学习。以后"茶馆式"教学设计为例,数字化平台记录了各地实验校参与成果推广的学习轨迹。

平台最初推送28份静教院附校青年教师的教学设计,各地自主学习,之后推送41份静教院附校全学科的教学设计,各地区教师参照后"茶馆式"教学设计评价表开展评价,以此来检测各地区教师对后"茶馆式"教学设计的理解程度,评分越接近教学设计评分常模带的教师,其对后"茶馆式"教学设计的理解度越高。之后,要求各实验校上传1—3份学校认为最好的后"茶馆式"教学设计,各地区的教师互相学习,互相评价,累积了109份来自全国各地多学科教师的后"茶馆式"教学设计,以上合力成为信息平台的共同维护者。

平台运作还设定了流出机制,如果某学校只想享用平台资源,不上传自己学校的资源,来年将被自动流出。

三、成效与反思

（一）创建数字化平台,助力教学成果个性化迁移

教育教学研究的成果绝大部分都是社会科学成果,它有别于自然科学成果。其一,自然科学的研究成果不存在推广问题,使用其成果只需支付一定费用,无须把精力花在推广研究上。其二,自然科学成果只有普适性没有差异性,但是社会科学的成果既有普适性又有差异性。创建数字化教师教育平台有利于解决不同基础,不同教育内部、外部环境和不同地方文化背景教师在职泛在

的专业供学矛盾,数字化平台多样性资源满足教师差异需求,有利于成果的个性化迁移。如上海市实验西校沈老师在听了张人利校长的报告后,在后"茶馆式"教学理念指导下开展英语学科合作学习的实践,以英语课语法教学为切入点,在课堂教学中研究促进学生合作学习的微技术,撰写了《一项"合作学习"提高教育效能的实证研究》一文,关注课堂教育社会性和艺术性功能的运用,大大提升了学生英语学习的效能,实现了教学成果的个性化迁移。

(二)创建数字化平台,助力教师提升数字素养

教师是教学成果推广的主体,既是教师教育资源的消费者也是创造者。依托"数字化"教学成果交流平台,教师既可以共享丰富多样的教学成果推广的资源,也可以将自己对于教学成果的典型学习作品,上传到数字化教育教学平台上,成为资源的创造者,生成更大样本的数据。对于教学成果推广者和接受者都可以对数据开展精细化的分析,提升教师的数字化教学素养,以数据支撑教学成果推广研究的效果评估。

(三)创建数字化平台,助力学校走向优质均衡发展

后"茶馆式"教学研究成果与上海市重大研究项目进行整合,如上海市德育实训基地、上海市名师名校长培训基地、上海市城乡互助项目、上海市强校工程项目、上海市课程领导力项目等,这些学校都参与了"数字化"成果推广交流平台的共建与共享。其中,崇明的裕安中学、静安的五四中学、奉贤的弘文中学在办学质量方面都取得了突破性的发展。以上海市静安区五四中学为例,在上海市教委综合评价"绿色指标"检测中显现是上海市所有检测指标均有提升的学校之一,尤为突出的指标是"家长满意度明显提升","非常满意"的比率分别高于市、区11个百分点和15个百分点;"学生学业质量明显提升",教师的"教学理念""教学方式""学业评价能力"3个二级指标全部达到或超过市区指标,尤其是"学业评价能力"这一指标超过市区3个等级。

"产品+课程"助推高质量成果推广的转化与升级

上海市静安区芷江中路幼儿园

芷江中路幼儿园历时二十多年扎根低结构研究,历经三次转变与突破,为幼教实践者提供了一种开放、自主、凸显以游戏为基本活动精髓的课程实践新样态。我园"以幼儿自主学习为核心的幼儿园低结构活动探索"荣获首届国家级教学成果一等奖,有幸成为全国范围内推广应用的成果之一。作为成果持有方,深刻认识到所肩负的使命和职责,要充分发挥基础教育国家级优秀教学成果的示范引领作用。

我们发现让研究成果真正得以推广,对教育改革产生直接效益,转化成果是关键。在实施成果推广时,基于一线教师和管理者的需求,我们整理研究成果,将其转化为可操作的产品。重点以"产品+课程"的形式助推高质量成果推广的转化与升级,打造成果推广与运用的芷江特色。

一、落实特色推广路径和方法,双主体协同发力促成果产品化

第一阶段:成果物化,提供同玩共研支架。静安区教育局领导关心指导,深入基层实地调研,指出芷江中路幼儿园所积累的低结构活动内容、大量经典玩教具,具有可复制、可推广的特点,可供幼儿园教师学习与借鉴。在教育局的统筹安排和经费支持保障下,本园深入研发的玩教具"视力+"和"万物镜"完成了专利申请,为后续示范区幼儿园的同玩共研互生打下扎实基础。

第二阶段:成果产品化,创新推广载体。本园开创、设计的低结构材料、玩具等,35个玩具获上海乃至全国一等奖、二等奖和全国青少年科技创新成果一等奖,有的获奖玩具已被上海市教委委托装备处产品化。经芷江中路幼儿园成

果推广应用组与上海市静安区教育局双主体的协同发力,顺利推出了以经典自制玩教具"视力+""万物镜"为代表的"产品+课程"系列。

第三阶段:产品普及化。以点及面组合式打包派送,为扎实推进"游戏中的学习"探索有益路向。在教育局"一支持四保障"(专家智囊团的支持,人力、物力、经费和技术的保障)下,以示范区18家基地园为基点,进行"产品+课程"的组合式打包派送,并逐渐扩大覆盖面,对整个示范区公办幼儿园完成芷江低结构玩教具的配送,使该成果以"产品+课程"的形式辐射,使更广大的幼儿和教师受惠。

二、理念引领实践落地,"两个结合"实现基地园创生发展

(一)课程培训"内核推动",全面学习与重点应用相结合助理解把握成果内涵

1. 区域推介培训会——"扩大影响力"

2021年4月6日、4月16日上海静安示范区和北京朝阳示范区两地,以线上线下相融合的方式召开国家级教学成果"以幼儿自主学习为核心的幼儿园低结构活动探索"推广应用项目启动暨培训会。300多人在线同时观看直播,平台访问总量达848次,共计1 000人左右参与培训。上海市静安区教育局局长充分肯定,华东师范大学教授专家高度认可,认为这是实现国家学前教育全面高质量发展的典范,是优质学前教育的高度体现,是促进幼儿发展、教师专业成长的有效载体和抓手。基地园成员广泛称赞,认同这一项目具有高度一致的教育情怀,高度契合的教育观、儿童观。

2. 分层网络课程自学共培——"根植教育力"

把研究成果进行系统整理,开发成系列讲座和相应的网络共享课程。在局领导的高度重视和顶层设计下,区教育学院研修部的技术支持和指导帮助下,本园已将研究成果的课程内容转化为静安区"十四五"区级共享课程重要内容之一。全区幼儿园可根据需要选择系列化的培训内容进行园本培训,教师也可通过平台进行自主学习。在落实全区分层分片推广的基础上,借用成果推广的力量根植教育力。

(二)教师研修"同频共振",实践操作与教学研究相结合建立信念与方法同步共进

2022年是成果推广应用的第二阶段,侧重孩子及其与材料的关系。观察孩

子主动作用于材料的创造性行为,以及行为背后的意义,理解、走近、支持孩子发展。

基于一线教师的问题和需求,推广应用项目工作坊研修以"儿童与玩具"为主题,以芷江特色的玩中研制度为机制保障,以工作坊的形式互动交流,使更多对低结构活动理念感兴趣的教师能够从中受益。从探索低结构材料出发,教师发现了:材料是教师理解儿童学习与发展的中介。材料更是在成果推广迁移过程中,让教师学习和理解课改理念最能直接见效的教材。

培训以"产品+课程"为活动载体,引发以儿童视角的区域教研联动的变革与创新,提升基地幼儿园种子教师的专业素养与能力,为成果推广第三阶段培养一支优秀培训师队伍打下扎实基础,同时形成区域内更广泛联结的研究共同体,营造浓厚的低结构学术研究氛围。

三、讲好芷江推广应用的新故事——培养一支种子教师队伍

(一)搭建教师了解儿童的脚手架,聚焦教师核心素养的培养

观察、理解、分析低结构活动中的幼儿,获得观察分析幼儿三部曲的操作要点方法,研制相关操作文本,为教师了解儿童建构脚手架。

(二)芷江特色机制运用,提升教师团队的专业发展

通过玩中研、讲孩子的故事等机制运用,深入基于指南、基于标准等评估方式,解决教师普遍关注的如何科学观察分析评价幼儿的关键问题,促进教师从根本上转变儿童观、教育观,并在行为上将关注儿童的主张落地,思行合一,提升教师团队的专业发展。

国家级教学成果在推广应用过程中,静安教育局和成果持有方芷江中路幼儿园作为双主体将持续发力,不遗余力地进行思考和探索,让示范区的幼儿园在成果推广中受益,让教师有所收获,让每一个孩子玩出精彩,朝着"十四五"高质量教育迈进。

孵化教育新品牌
促进静安学前教育新时期高质量发展

上海市静安区芷江中路幼儿园

静安区经济发达、历史文化悠久、教育底蕴深厚，历来重视学术研究，注重成果培育，积淀了许多在上海乃至全国有影响力的研究成果。

根据成果推广应用示范区申报方案，静安区在 2020—2023 年，积极推广应用"以幼儿自主学习为核心的幼儿园低结构活动探索"等三项基础教育国家级优秀教学成果。上海市静安区教育局领导认为芷江中路幼儿园的教学成果是 20 年研究历程低结构探索的长期积淀，是对当前学前教育核心任务和关键问题持续攻坚的重要成果。芷江中路幼儿园的成果引领了新时代的教育改革。站在"十四五"时期建设高质量教育体系的大旗下，静安区按照教育部、中国教育学会、上海市教委的要求和部署，先行先试、攻坚克难，扎实做好示范区的推广应用工作，以成果推广为契机，立足本园，通过落地、转化、创生，不断孕育孵化静安学前教育新品牌，促进静安学前教育新时期高质量全面发展。

一、引领与服务——明晰成果推广应用的定位

（一）成果应用中实现自我完善与迭代升级相结合

在实际推广应用过程中，静安区鼓励 18 家基地幼儿园借鉴应用，鼓励成果持有方对已有成果进行迭代升级。芷江中路幼儿园"以幼儿自主学习为核心的幼儿园低结构活动探索"研究成果作为静安区重点项目输出，充分发挥优秀教学成果的示范引领作用，坚持以游戏为基本活动，破解儿童被动学习的难题。以重点试验与面上引领，第一阶段，由 18 家实验基地幼儿园联系实际寻找成果转化的结合点，在材料投放的多元化、运动环境低结构化、活动过程开放可选择

等方面进行了推广与转化试验；第二阶段，逐级推广全区不同层级幼儿园，推动区域内幼儿园主动学习借鉴，积极推广应用，助力幼儿园教育改革创新和课程质量提升。

进入"十四五"学前教育高质量发展新时期，芷江中路幼儿园发展共同体成果推广应用工作组从国家高质量的教育前景出发，深入贯彻落实上海教育综改目标等要求，践行"幼儿发展优先"理念，坚持以游戏为基本活动，在"静安玩+"的项目引领下，聚焦"创造力"激活幼儿园不同结构化游戏活动样态的深化与创生，定期开展同玩共研活动，积累创新做法的典型案例故事与突破性研究的"三个一"预研究成果。

（二）专项工作与日常实践相结合

成果推广应用作为一项专项工作，教育局、教育学院、成果持有方、成果应用方均配备了一定的力量保障，如 2022 年初召开年度基础教育国家级优秀教学成果推广应用工作组相关工作会议，加强成果推广应用各主体间的学习交流，分享典型经验和做法，围绕如何进一步推进年度成果推广应用工作的有序开展进行了深入的交流与分享；在 2022 年末搭建各种平台如一年一度的学术交流季、2022 年基础教育国家级优秀教学成果推广应用第九期线上交流研讨活动、成果推广应用工作圆桌主题论坛、区专家调研、访谈与实地考察，邀请中国教育学会成果推广应用工作组专家指导咨询会议等。同时，将这一专项工作与教育教学日常工作有机结合，融入日常教育教学管理工作之中，以区重大课题、区综改项目"静安玩+"引领，积极结合各幼儿园自己的课程实践进行局部的成果试验吸收，在理性地分析成果应用的条件性和特殊性，与本园课程实际结合过程中逐步优化，形成新的创生与发展，助力学前教育改革创新和课程质量提升。

（三）阶段工作与长远谋划相结合

从工作方案看，推广应用工作是有时间节点的，可以理解为是一项阶段性的工作，但是，优秀教学成果的推广应用要出实效，又必定是一项长周期工作。计划三年、着眼长远是静安对成果推广应用的追求。静安示范区制订了成果推广应用工作三年发展规划，与成果持有方制订了个性化的协同推广应用方案，每年有年度工作计划、过程记录（如成果推广应用工作简报）和年度工作总结。

二、转化与驱动——探索静安推广应用的特色机制与路径

在多方协同发力的成果推广应用工作中,以拥有让更多孩子受益的高度责任心和教育情怀的幼教人,聚焦成果本土化、园本化,使成果在吸收、转化中创生,共同探索有效的成果推广方式与协作机制。

(一) 多方协同,激发各方主体内生动力

教育行政(区教育局)、教育业务(区教育学院)、成果持有方及成果应用方之间的多方协同,形成了全区统筹、上下联动、各方协调的工作推进机制。

教育行政部门不失时机找到以上各项成果的闪光点、突破点,发挥领导、组织、协调功能,如2021年,在静安区教育局领导关心指导、深入基层实地调研和统筹安排下,由教育局下拨经费支持保障,芷江中路幼儿园国家级教学成果推广应用组研发的玩教具"视力+"和"万物镜"完成了专利申请。2022年,以静安示范区18家基地园为基点进行"产品+课程"的组合式打包派送,并逐渐扩大覆盖面,向涵盖公办示范园、公办一级二级园的35个幼儿园共计390个班级辐射推广,总计投放1950套芷江低结构玩具,让静安示范区万余名幼儿操作受益,物化成果得到了基地园与公办幼儿园的一致认可和积极反馈。

教育业务部门敏锐找到成果推广应用的堵点、断点、难点,发挥专业支持功能。在成果推广应用工作中,认识到教师的理解孩子的专业核心素养的提升是关键。这就需要根据基地园实际情况,提升教师观察、分析、理解孩子的能力,探索教师培养的策略方法和路径。如何从根本上转变教师的儿童观、教育观、课程观,建立信念,提升专业综合能力成为亟须解决的关键问题。在局领导的顶层设计,区教育学院研修部的技术支持和指导帮助下,我园将研究成果转化为"十四五"区级共享课程的重要内容之一。全区幼儿园可根据需要选择培训内容进行园本培训,教师也可通过平台进行自主学习。在落实全区分层分片推广的基础上,借用成果推广的力量根植教育力。

成果持有方精准找到成果在应用方的链接点、操作点,发挥示范引领功能。芷江中路幼儿园成果推广应用工作组借助国家级教学成果推广应用工作的契机,以区"静安玩+"综改项目深入实施为引领,玩研共同体以园所特色为切入点,深入园本化实践。以发展优先,指向幼儿核心素养孕育。尊重幼儿游戏权

利,让游戏陪伴幼儿的童年,凸显并达到有指导的低结构游戏样态的区域性共同体研究的核心与宗旨,为幼儿的当前幸福与未来发展奠基。充分发挥学习共同体在游戏活动样态在实践、研究、改革中的引领与辐射作用,形成教育质量增长力。积极运用点面结合、循序渐进、逐步扩大等方式,形成游戏课程资源库、游戏案例集、编写教师问答手册、操作指引等,让低结构活动的教育价值得到更大彰显。

成果应用方基于对成果的充分了解和本园实际,理性务实地找到生长点、发力点。对推广成果既要学习继承,又要有所发展,有所创新,不断形成园本化的特色与风格。

(二)研训一体,在专项设计中整体推进

在顶层设计过程中,静安着眼于将成果推广应用工作专项推进的同时,分解到日常的教育教学管理工作之中,主要从以下几个方面着手。

一是教研有主题。区级教研活动要设计教学成果推广应用的专题,通过"三分之一"主题研修的途径予以落实。作为成果应用的18家实验基地园,在申报园所校本研修的方案中,将成果推广应用的相关内容作为研修内容模块之一,作为校本研修方案报审的必备条件之一。

二是科研有专题。自2021年起在区级课题申报指南中设立"优秀成果推广应用领域",鼓励成果应用方、成果持有方等有关专业人员、管理人员申报有关课题。引发实验基地幼儿园先行先试课程改革,助推课程建设树立儿童主体权利意识,加强从公平的高度寻找适合每一个孩子的需要、适合未来发展的需要。

三是培训有专班。区域层面鼓励并以支持研究成果转化为区级共享课程之一,以18家实验基地园必选+其他园所根据兴趣需求自选的方式,鼓励有兴趣的老师选修,赋予区级研修学分。鼓励18家实验基地幼儿园开发园级研修课程,赋予校本研修学分。推进低结构成果的课程转化,提高课程化的水平,丰富课程化的形式,形成长课程与短课程、主题课程与专门课程、园长课程与教师课程等不同类别与样式。

四是推进有保障。教育局、教育学院从财力、人力上予以保障,在经费预算中单列有关经费,在人力配备上将成果应用推广工作列入有关人员绩效评价考核内容。同时,整合上海市教委、华东师范大学和上海师范大学的专家力量,为成果的推广、转化与应用进行理论与实践指导。

三、学习、领悟、实践、创生,探索园所特色游戏活动新样态

作为成果应用方、实验基地幼儿园代表、大宁国际第四幼儿园园长深刻感受到作为基地幼儿园,对于国家级优秀教学成果既要学习继承,又要有所发展,有所创新,不断形成园本化的特色与风格。2022年,当低结构物化成果"产品+课程"辐射到大宁国际第四幼儿园,园所就尝试将低结构的理念与其童蒙探究课程进行有机融合,形成具有其园所特色的游戏活动新样态。为"静安玩+"游戏提供个性化的游戏典型,生成"静安玩+"区域游戏生态。

在静安区教育局幼教科和教育学院相关负责老师的陪同下,西北师范大学教育科学学院副教授、重庆江北区教师进修学院院长、研究员等先后观摩了上海市静安区大宁国际第四幼儿园的游戏活动现场,与孩子们共玩,与教师们共研,他们对静安区基础教育国家级优秀教学成果推广应用工作给予充分肯定。

普及高质量学前教育　多点协同持续发力

上海市静安区芷江中路幼儿园

上海市静安区芷江中路幼儿园的研究成果"以幼儿自主学习为核心的幼儿园低结构活动探索"荣获首届国家级基础教育教学成果一等奖,于2020年被教育部遴选为74项优秀成果之一,并在全国范围内进行为期三年的推广应用。该成果面向上海市静安区18所基地实验幼儿园为代表的区示范园、一级园、二级园,北京朝阳区15所基地幼儿园为代表的395所幼儿园及80所社区办园点进行辐射。

一、凸显儿童本位,协同贯彻新发展理念,走向新发展局面

(一)寻找出发点:借力国家级优秀教学成果的典型经验,同向同行,共谋学前教育普及普惠、安全优质高质量新发展

在多次线上与北京朝阳示范区、线下与上海静安示范区推广应用工作组核心团队对接时,发现彼此对学前教育的价值取向和理念是高度一致的,都是站在儿童的立场,从为了幼儿发展,走向基于幼儿的发展,实现儿童主动学习与教师引导支持的统一。一致认为在深度学习与理解成果完整体系的基础上,形成协同发展共生共赢,形成新发展理念,构建新发展样态,实现新发展变革,走向高质量新发展局面。

(二)调研发现症结:寻求共性需求的满足与个性化、多样化的发展,需要兼顾的破解之法

1. 问卷调研找到推广应用落实的难点:教师专业条件和教育环境的制约因素

前期,通过对北京朝阳区与静安示范区进行调研,汇总示范区的幼儿园园长、教师的调研及访谈的结果,发现大家普遍认为:低结构活动相对于高结构活

动及无结构活动对教师的专业要求比较高。一方面低结构活动要将目标隐性体现在环境与材料玩具中体现，另一方面在活动中要充分体现儿童立场。

我们在成果推广应用的过程中，认识到教师是实现成果转化的关键因素，转变教师的教与学的视角，提升教师的专业能力与素养是关键。但是教师的专业素养与能力的培养不是一蹴而就之事，要在实践中经过漫长的历练，包括教师自身和幼儿园管理层多方的努力。

2. 双向沟通实地走访了解个性化应用需求：整体提升普及普惠与品牌打造个性化、多样态发展

上海静安示范区幼儿园以游戏为基本活动的实践探索在上海市非常有特点，研究实力雄厚。基于发展水平高的区域推广，更注重的是强强联手，合作发展，在转化、融合中创生，在示范区领导的指导下打造了"静安玩＋"多样态游戏的品牌，提质增效。

二、寻找生长点——深化成果研用之道，注重社会效益，成果课程化、产品化

上海市教育学会相关领导曾高度赞誉芷江中路幼儿园的国家级教学成果，认为从如何降低活动的结构化程度着手，探索以游戏为载体的开放的幼儿园活动教学实践范式，并从活动样态中找到新的生长点的这一研究，体现了优秀教学成果的独特价值。

我们发现让研究成果真正得以推广，对教育改革产生直接效益，转化成果是关键，即在实施成果推广时，基于一线教师和管理者的需求，整理研究成果，将其转化为可操作的产品。

成果的第一次转化：开发系列玩教具，成果课程化。

一是把研究成果进行系统整理，开发成系列讲座和相应的课程，通过系列讲座培训幼儿园教师。在静安区教育局领导的高度重视和顶层设计和区教育学院研修部的技术支持和指导帮助下，已将研究成果的课程内容转化为静安区"十四五"区级共享课程内容之一。二是把科研成果转化为教师培训教材。目前已形成推广培训课程 1.0 和深化应用 2.0 版本，基于两个示范区的实际情况，选择不同的版本。

成果的第二次转化：形成"产品+课程"系列，成果产品化。

2021年7月，在上海市静安区教育局领导的关心指导、深入基层实地调研和统筹安排下，由教育局下拨经费支持保障，研发的玩教具"视力+""万物镜"完成专利申请。2021年10月18日，经上海市静安区芷江中路幼儿园成果推广应用组与上海市静安区教育局双主体的协同发力，顺利推出了以经典自制玩教具"视力+""万物镜"为代表的"产品+课程"系列。

三、以"玩研：视力+"为例，明晰"产品+课程"的推广要义

（一）证据分析：厘清关键点

一是建立常态化沟通交流机制。项目组以芷江特色的玩中研制度为机制保障，通过"儿童与玩具"工作坊的形式互动交流，采取线上线下相融合的方式，静安示范区18家基地幼儿园教师代表参与现场互动，并通过网络向北京朝阳示范区15家基地幼儿园直播，使更多对低结构活动理念感兴趣的教师能够从中受益。

二是沉浸式体验分析比较不同立场。成果持有方教师与实验园教师共同研究孩子的玩。成人立场即教师赋予意义：对眼睛的认知，视力保护。教学工具——教具，教的立场。儿童立场即儿童赋予的意义：好玩，变戏法。对视力表基本图形E的想象创造，教学工具——玩具游戏，玩的立场。玩研过程中渗透着两个策略可以解决视角转化并将教学融合。

（二）总结分析：聚焦策略点

首先，提供策略搭建观察理解儿童的脚手架。策略一是教师有目的观察幼儿在玩中如何呈现经验，解读理解儿童行为。策略二是教师预设假设性的目标（蕴含在玩具材料中），观察幼儿不断接近目标的过程，并验证目标的适宜性。

为教师提供"玩研"的要义是儿童在游戏体验中习得经验，这是幼儿的需要。教师在材料的提供赋予假设性目标，这是幼儿该学的。只有将玩与教融合，才能解决学前教育的永恒的两难问题：既要顺应儿童的自然发展，又要将儿童的发展纳入教育轨道。

其次，将学习共同体与成长共同体深度融合。其一，"教"与"学"的视角转变与融合。从探索低结构材料出发，教师发现材料是教师理解儿童学习与发展

的中介,材料更是在成果推广迁移过程中,让老师学习和理解课改理念最能直接见效的教材。其二,获得建立儿童立场的一种创新方法。培训引发以儿童视角的区域教研联动的变革与创新,同时形成区域内更广泛联结的研究共同体,营造浓厚的低结构学术研究氛围。其三,实现"幼儿游戏中的学习"探索出有益的路向。工作坊以问题为导向,鼓励基地幼儿园教师带着问题在自己的岗位中去思考,去实践,使"幼儿游戏中的学习"行思合一的理念在上海静安、北京朝阳两地的基地幼儿园园所的土壤里生根发芽。

四、理念引领实践落地,"两个结合"实现基地园创生发展

(一)整体把握与重点应用相结合

低结构物化成果"产品＋课程"辐射到基地园之一的大宁国际幼儿园,基于前期通过成果宣介会、"儿童与玩具"研修工作坊的同玩共研、深入园所点对点的个性化指导,对低结构理念的深度学习与内涵的领悟,教师们对材料实践应用提出了一致的观点,即发挥材料作用,注重对幼儿的观察,强调教师的支持,引发幼儿探究的乐趣和主动学习行为。但是,教师对如何实践应用,产生不同的思考。基于对教师差异的尊重,尝试开展两种模式的实践,其一,尝试启发式推进,其二,尝试项目式推进。

(二)实践操作与教学研究相结合

在启发式推进的过程中,教师学习参考"产品＋课程"说明书玩法推进材料探究。在这个过程中,教师观察孩子的学习行为,捕捉孩子的生成问题,支持孩子持续探究的乐趣。入职三年的杨老师在实践尝试后说:"我发现这个材料很有挑战。通过对孩子学习过程的观察,我觉得老师很需要先研究好材料,对说明书推荐的玩法,要结合班级幼儿实际情况进行分析和阶段分解。"教师对材料的分析解读是理解支持孩子学习与发展的前提。

在项目式推进的过程中,教师认同给予孩子更开放的材料探究空间,用项目式学习的思路去观察孩子对新材料的兴趣,引发主动学习与探究,鼓励孩子创生出多样化的"玩中学",完成一次探究之旅。

本园大五班是最早投放万物镜材料的班级。于老师尝试运用"项目式玩法",记录了孩子主动探究"万物镜"的镜头:从"单筒"研究到"多筒"研究,从平

面探究到立体构建,从"单筒望远"到"多筒折射望远",从发现声音会转弯到发现光的折射……案例中的于老师对每一个镜头下的行为都进行了记录、分析与思考,通过启发、设疑、追问、鼓励,发现了孩子们探究的步步升级,主动学习能力的不断深入,看到了孩子会发现、会质疑、会推测、会反思、会调整、会表达的能力。

于老师在实践尝试后说:"'万物镜'让孩子产生很多好奇,也带来很多发现和惊喜。我认为教师先不要对材料有很多设计和干预,也就意味着引发孩子主动学习的过程不是先决定教什么,而是先观察孩子发现了什么,孩子的经验和需求是什么,让孩子在一次次的探究活动中自主建构学习经验。"

正如大宁国际幼儿园园长所介绍,作为第一批基地园,在申报的上海市示范园办园质量评审中,运用低结构理念创设的课程环境、开展的课程研究,以及"视力+""万物镜"材料的园本化使用,都获得评审专家的一致好评。

2022年5月,该园长作为基地幼儿园代表,参与由中国教育学会主办,静安区教育局、静安区教育学院承办基础教育国家级优秀教学成果推广应用第九期线上交流研讨活动时,曾经表示"非常幸运得到低结构成果和产品的辐射,让我们站稳儿童立场,并站在巨人的肩膀上实现教育的理想和幼儿园发展的梦想"。

每一个实验园和实验班的老师园长都有获得感,用园长的话:这种实打实的项目研究,我们不仅明确如何将"一日活动以游戏为基本活动"落地可见,而且伴随教师的课程领导力提升,课程质量提升了,办园水平也随之提升了。

作为静安区一所老小区公建配套二级园和高质量幼儿园的创建园,广中新村幼儿园作为基地代表园于2023年6月29日,参加了静安区教育局学前教育科组织的"静安玩+"项目交流会,广中新村幼儿园思考尝试寻找园所品牌的突破点,寻找教师柔性支持的生长点,寻找激活幼儿创造力的创新点,使得棋类游戏特色得到延续和发展。园长表示在与姐妹园同玩共研中,深化我园课程理念"广交好友,乐在其中",进一步诠释"其"内涵,于棋见"其",看见每一个孩子;与"其"共棋,让不同发展水平、不同学习方式的幼儿都能感受棋的乐趣。

青年骨干教师代表茅老师深刻感受到,从一个人的研究到大家的共同研究,互为共友;从一个人的玩研,到一群人的同玩共研,实现教与学共相长。玩家既是孩子,也是教师。她无比认同玩研共同体的理念——"让孩子表现自己,让教师发现孩子",同时"让教师发现自己",让创造力在互动中相互生长。

在欣赏、悦纳的理念下为幼儿的创造力表现提供支持,满足幼儿的探索,激发新问题的诞生。幼儿每一次的探索过程和结果充满未知,这对教师来说是很大的挑战。但也是在这样的过程中,教师和幼儿共同探索、一起成长、一起成为乐玩、慧玩、创玩的游戏玩家。

打造"无界"多样态游戏活动生态圈。玩研共同体探索激活创造力的游戏活动跨界联动,打造基于园所文化特质的游戏活动样态品牌,打破园所场域固有边界。玩创中提升幼儿核心素养,深化幼幼、师幼、园园之圈,达到项目预期成果:构建游戏新样态、打造新品牌、培育新队伍、开发新资源,最终建立一批整体办园质量高或有个性特点的优质幼儿园。

在和成果持有方的研究沟通过程中,可喜地发现双方对学前教育价值取向和理念是高度一致的,都是站在儿童的立场,基于孩子、为了孩子的发展,一致认为在深度理解成果完整体系的基础上,应该形成协同发展、共赢共生,以新发展理念构建新发展样态的一个新局面。

在国家级教学推广工作中,我们深刻认识到所肩负的使命和职责。我们将紧紧围绕以立德树人为根本,充分发挥基础教育国家级优秀教学成果的示范引领作用,在低结构理念的引领下,维护儿童权利主体,将优质教育资源惠及京沪两地的教师及幼儿,促进幼儿快乐健康成长,为普及高质量学前教育提供新的动力与内涵。

第三编

学校研究:成果的衔接与融通

遵循认知规律　探索课堂转型
——后"茶馆式"教学运用于久隆模范中学的实践研究

上海市久隆模范中学

一、对后"茶馆式"教学理论的认识

张人利校长提出的后"茶馆式"教学理论发端于20世纪80年代段力佩先生提出的"读读、议议、练练、讲讲"教学法,其要点在于改变过去课堂教学接次序、等比计划时间讲解的方式,而由学生自己主动阅读概念性、认识性的内容,教师仅对难点等原理性内容进行点拨。从学生的角度来看,需要自己先解疑,将自学、先学的优先级提升最高,效能发挥最大;而从教师的角度来看,预设问题应突出重点、难点策略,相较于泛泛而谈,更要关注有价值的生成性问题,同时可以将课堂内容以多样化形式进一步延伸,将教学评价与课堂教学融为一体。

二、我校学习后"茶馆式"教学的背景

上海市久隆模范中学由上海市原市长徐匡迪提议倡办、市教委和原闸北区人民政府共同投资兴建,招收家境贫寒、学习优异的学生。"轻负担、高质量"是我校突出实践育人、强化学习方式的变革目标,为此学校组织了专题研讨、教学设计与评价,并观看了相关专题讲座,积极推广后"茶馆式"教学的实践,进而促成学生更加积极主动地投入课堂之中。

目前,义务教育新课标聚焦以核心素养为导向的学生实践力、创新力乃至思维力的提升。针对"双新"改革的主阵地——课堂,后"茶馆式"教学为学校的

日常教学提供了全新思路，即在构建"双新"背景下，改变课堂教学逻辑，从由授课教师以为的学科体系为线索的讲解，改变为遵循学生认知规律的授课。这就需要教师先分析学生已掌握的内容，同时预测学生在学习时遇到的困难，该过程不仅涉及备课之前，也贯穿于整个课堂之中。在实操过程之中，教师们发现各学科、各学段展现出明显差异性。为此，教师们从教学方式、教学方法乃至教学价值取向进行了有机调整，集中探索，寻找不同学科的、不同脚手架的搭建方式，以探索出一条具有久隆特色的课堂转型之路。

三、探索后"茶馆式"教学课堂转型的实践

1. 通过对话碰撞，重构融合型学习过程，由"我学会"到"我会学"

针对"怎么都教不会"的疑虑，根据问卷调查，56%的久隆教师表示，借力教学方法的改变最有可能突破此瓶颈，在讨论看似漫长的过程中，学生通过学习伙伴多元信息的摄入，有助于多维度理解命题，在脑海中构建立体框架，化"被动"为"主动"，从而有助于高阶思维的达成。

以九年级数学汪珏老师"直线与圆的位置关系"一课中的教学难点为例，教研发现，初中生抽象到具象转化的认知相对弱，从个别到一般的知识迁移能力不足，而认识恰恰是需要缓冲片段，根据"先讲后练→巩固强化→熟能生巧"轻过程、重结果的传统思路，容易造成错误多发。而在汪老师的课堂之中，其将课堂进行了修改，按照"新知理解→应用知识→发散延伸"——推进，并以"议"为核心，给予学生充分表达的时间，在最后"发散延伸"环节，教师通过"变条件""变结论""变图形"这种小步子变化、快节奏带动的方法实现了知识在现实场景中的运用及迁移。

理科课堂注重实证推理与假设验证，对于重在思辨讨论与文本解读的文科课堂，教师们也展开了后"茶馆式"的实践探索。七年级历史吴心怡老师借由丰富史料与云上数字展览，通过任务驱动手段与生生之间的合作发言，师生共话"丝绸之路是一条怎样的路"。在传统课堂之中，史料解读往往穿插在传统课堂讲解之中，有"对号入座"的嫌疑，而在后"茶馆式"课堂上，教师全程依托史料内容设计多个子问题与一个元问题，由此构建树状形的学习链条。在纵向逻辑上，其通过"自主实证—观念生成—素养心育"分组推导得出元问题。在横向逻

辑上,其通过"浅层解读—中阶归纳—高阶整合",从"动机与后果"角度总结丝绸之路的意义,培养了受述学生有效提取关键信息的能力,增强史料对比、互证的意识。同时,数字信息集成化展示页面的引入也开拓了学生获取史料的途径,有效实现了从知识到素养的提升。由此可见,后"茶馆式"的融入实现了学生从"海绵式思维"转为"淘金式思维",自我设计学习的过程帮助学生深度体验知识生成过程,掌握方法,变"我学会"为"我会学"。

2. 通过设计情境,尝试沉浸式分层教学,由"要我做"到"我要做"

随着"双减"的推进,课堂知识的转化率成为焦点,"学生先做,引导暴露,共同解难"的讲、评、文、答等模式受到挑战。

基于后"茶馆式"教学观念,教师们尝试从作业的层次、改评乃至个性化辅导着手进行调整,以体现具有久隆特色的个性化校本。在物理组组长陈娟的带领下,老师们首次将探究的视角从各抒己见的课堂延伸至课后,确立面向全体学生、分层递进的教学观,从后"茶馆式"视角出发,对校本作业进行了重新设计。譬如,教师们打造了高架噪声控制、家庭节电方案等现实场景,通过吸引力法则,焕发学生对于书本知识的兴趣,锻炼了学生的思维能力。实践证明,当学生运用现有知识探究现实问题答案之时,更加愿意将思考分析过程表达出来。值得注意的是,在沉浸式分层作业实践之中,对不同认知水平的学生会有等级不一的难度系数设计,进而满足了不同学习程度学生的需要。六年级信息科技倪慧文老师在"故宫旅游攻略"的情境之下,令学生自助运用信息浏览工具与信息搜索方法,增加藏品宫殿、开馆时间、购票情况等内容,将教学内容逐步臻于完善。与此同时,教师兼顾不同能力水平的学生设计个性化的故宫路线,由此一来激发各学生的潜力思维及创新意识,实现相异构想。

值得注意的是,分层还体现在不同阶段对于学生学情的数次分析与比较把握。六年级英语秦炜老师对"学生已有基础""学生先学之后能学会"以及"学生先学之后存在的困难"进行推敲,最终确定以开放日情境作为贯穿整节课堂的线索,让学生们自行通过先学和听说,将文本理解透彻后,再进行语法的理解和操练过程,在生生讨论的基础上,领悟、概括出计划制订之中所需遵循的规则。七年级语文王秀芝老师在教授"在那颗星子下"一课之前,先是让学生通过自读、圈画、自主交流的方式借助语言、肖像、动作和心理描写,感知人物形象和情感,而后又展开二次学情分析,对于文中人物情感的变化和作者借正副标题传递的情感进行讲授,深化、改进了教学途径,成功变"要我做"为"我要做"。

3. 通过评测体系，形成开放式思辨反馈，由"我能知"到"我能行"

从知识评价到素养评价，不仅是评价方式的改变，还是教育思想的跨越。后"茶馆式"课堂是以评价为驱动的高效教学。久隆教师以发展学科素养为立足点，选择开放式思辨命题为探索路径，制定评测体系，进而了解学生的学习状况与过程性问题，量化学生学习成果。

结合课堂之中暴露的主要问题，七年级艺术周皓老师通过师评式权威引领、自评式自我反省以及互评式相互帮助的理念，建立了立体式评价结构，并以此设计了作业评价矩阵图，较好凸显了公平性原则和学生主体地位。在后"茶馆式"理念的引领下，教师让学生在操作、评价、反馈、再操作、再评价、比较中，逐步明确作业要求及其表现方式，掌握美术的技能、技法，理解"美"的内涵，有效地落实教学目标。同时，教师还鼓励学生深度思考Q版漫画创作的目的，举出漫画日记、漫画衣服与漫画贺卡等例子，鼓励学生走近生活，将美育融入周边的点点滴滴。九年级艺术茅娟老师，从昆曲《牡丹亭·游园惊梦》选段《皂罗袍》入手，启发学生由感受思考到表演体验，在音乐、身段、动作相配合的独特记忆法则之中习得知识并获得艺术享受，采用课后线上作业的方式，将学生输出性内容呈现为所谓的"作业"。在这个过程之中，教师能针对学生戏曲表演基础的差异性，创设唱、奏、舞、创等多种形式的展示。这种灵活而有梯度的教学环节设计给予了学生自主选择、自主学习的机会，也使每一位学生都能找到适合自己的表演方式，并获得自信、成功表演的机会。

在后"茶馆式"教学的引领之下，其他学科的课堂之中也产生了一系列紧密联系生活的命题，如："你如何理解马克思所说'世界历史不是过去一直存在的'含义？""海因兹与廖丹的故事，折射出法律与情感的什么关系？""燃油车是不是应该退出舞台，由纯电动车完全替代？"这些问题引导学生从甄别信息开始，厘清概念，有序表达，自洽逻辑，辩证思维，提升学生解决真问题的能力，进而促进提升真正意义上的知行合一，由"我能知"跨步到"我能行"。

四、实践后"茶馆式"教学的一些反思

综上，在后"茶馆式"教学理念的启发下，久隆教师们可谓共同再一次学习、感悟了学生认知发展规律，并且在课堂教学、作业与评价等教学关键环节展开

了重构与优化。教师们肯定后"茶馆式"教学有助于发展批判性思维,认为其是契合学科核心素养的教学模式。

然而,在这个过程之中,我们也遇到了若干因实践而产生的困惑,譬如,后"茶馆式"教学在大班教学之中,对优等生而言有放大其能力的作用,而对原先课堂互动之中较为隐性的学生,起不到强有力的作用;课堂收获评价似乎也难以精准判定;面对有限的教学时间,各个学科在协调完成教学内容和培养学生能力的平衡方面又有差异。这无疑对教师教学提出了更高要求,需要更多的循证探索。

未来,我们将继续基于学情,为课堂设计做更多深度的、精致的师生对话构想,从而转变育人方式,将后"茶馆式"的教学成果推广不断走实、走深、走广。

后"茶馆式"教学：
促进学生自主学习的实践与探索

上海戏剧学院附属静安学校

后"茶馆式"教学以其独特的教学逻辑和实践框架，为个性化学习提供了新视角。本研究旨在探讨后"茶馆式"教学如何促进学生自主学习，评估教学效果。研究目的在于揭示后"茶馆式"教学如何通过个性化教学策略，激发学生学习兴趣，提高自主学习能力，验证其教学效果。

一、理论基础与实践框架

1. "最近发展区"理论

后"茶馆式"教学的理论基础之一是"最近发展区"理论。该理论认为，学生的发展是通过与更有知识的他人互动而实现的，互动发生在学生的"最近发展区"内，即学生能够独立完成的任务和在他人帮助下能够完成的任务之间的区域。通过教师引导和同伴间合作，帮助学生在"最近发展区"内发挥最大学习潜力。

2. 学生认知规律与教学逻辑结构的关系

后"茶馆式"教学强调根据学生的认知规律来设计教学逻辑结构，教学活动从学生已有知识出发，逐步引导他们构建新的知识结构。教学逻辑结构的构建旨在促进学生的主动参与和深入思考，能够在探索和解决问题的过程中发展批判性思维和创造性思维。后"茶馆式"教学通过调整教学内容的呈现方式和学习活动的组织形式，适应不同学生的认知风格和学习需求。

3. 教学实践框架

2020年10月，我校主动申请成为后"茶馆式"教学成果推广项目试点校，随后开展了一系列课堂教学改进行动实践。建立后"茶馆式"教学成果推广工作机制,由分管校长总体负责推进协调,学科教研组长具体落实,推进主体为各学科骨干和青年教师。以点带面,派出骨干教师点对点师徒结对、种子培养,观摩学习后"茶馆式"教学的"合作学习"和"相异构想"的课堂观课活动,参与评课交流;组织学习主题报告,推动全体教师学习后"茶馆式"教学操作体系和典型案例,深入了解后"茶馆式"教学的基本特征和教学方法,积极尝试后"茶馆式"教学实践框架,促进学生自主学习。方式主要有四种。

第一种是书中学,通过阅读和研究来获取知识,学生自主探索教材,提出问题,并在教师指导下深入研究。

第二种是做中学,通过实践活动来学习,学生通过动手操作和亲身体验,如通过实验、项目和实地考察等来理解概念和原理。

第三种是独立学习,学生独立完成学习任务,培养自我管理和自我激励能力,学生自己设定学习目标,规划学习路径,并评估自己的学习成果。

第四种是合作学习,通过小组合作来促进学习,学生共同工作,分享知识,解决问题,并从同伴那里获得反馈和支持。

根据学情和学习目标灵活调整教学策略,能够满足不同学生的学习需求,实现最佳学习效果,促进学生全面发展。

二、后"茶馆式"教学与学生自主学习的关系

1. 自主学习的定义

自主学习是指学生在学习过程中能够主动设定学习目标、选择学习内容、制订学习计划并进行自我评估的学习方式。它强调学生的主体地位,鼓励学生在教师的引导下独立探索和解决问题。

2. 自主学习的重要性

一是提高学习效率。自主学习能够帮助学生更有效地掌握知识,培养学习能力和自我管理能力。

二是增强学习兴趣。通过自主选择学习内容和方式,学习动机和兴趣会显著提高。

三是促进终身学习。自主学习的能力是终身学习的基础,能够帮助学生在

未来的学习和工作中持续发展。

良好的学习行为习惯是自主学习的基础,逐步培养学生的预习、听讲、思考和独立完成作业的习惯,以促进其自主学习能力的提升。

3. 对自主学习能力的影响

自主学习能力核心在于"学生自己能学会的,教师不讲",教师在课堂上尽量减少讲解,让学生在自主学习中发现问题并解决问题,从而促进学生独立思考,增强学习主动性和参与感。通过设计问题和任务,引导学生主动探索和讨论,关注学生"相异构想",帮助他们在理解和应用知识的过程中提升自主学习能力。后"茶馆式"教学能够有效提高学生的学习兴趣和学习效果,让学生更愿意参与讨论和合作学习,表现出更强的自主学习能力。

三、后"茶馆式"教学的个性化教学实践

应用后"茶馆式"教学成果推广交流网络平台,结合学校教师基本功大赛,开展"课堂对话,课例研讨,课程体验"的主题式教学历练,进行网络教案、课件的学习互评活动,让教师们在案例汇编中学习分享,在教学实践中合作发展,逐步形成适合我校的后"茶馆式"教学成果应用的校本化实施路径,下面是几个教研组的课堂实践。

1. 预设学习任务让学生先学,学习效果最佳

同样的学习资源,可以有不同的学习侧重面,如语文教学可以偏重文章的内容选材,也可偏重行文思路或写作方法,教师要在充分研究课程标准和文本特点的前提下,根据学生的实际学习能力设计教学。在实际的操作中,我们尝试了用具体的学习任务来驱动学生,帮助学生通过自主思考、合作探究等方式最大限度的获得学习的乐趣。其基本的思想就是引导学生在"做中学"。

(1)研读目标,破解达成目标的思考方法,确定教学重难点

设计学习任务首先要研读和分析单元教学目标,明确单篇教学在单元教学中承担的任务,结合学情确定本课教学目标,然后破解达成教学目标背后的思考方法,明确达成目标的学习路径,进而确定教学的内容和重难点。

(2)依据学情和教学重难点,设计学习任务

确定教学内容和教学重难点后,根据学生以往的学习经验和学习能力,设

计出与阅读路径相匹配的学习任务。学习任务的设计遵循适应性、渐进性、整体性、可操作性的原则,给学生充分的思考和探索的时间和空间。

(3) 引导学生完成学习任务,落实重点突破难点

采用"读读、想想、议议、讲讲、练练"的形式引导学生完成学习任务,根据学生在自主探究中暴露出的"相异构想"进行指导教学,将有价值的方法进行推广和提升,将课堂学习与教学评价融为一体,使不同层次的学生均得到提升。

2. 以"重点""难点"为依据设计"问题链",提升课堂实效

后"茶馆式"教学有两个基本特征,其一,"学生自己能学会的,教师不讲"。其二,"尽可能暴露学生的潜意识,尤为关注相异构想的暴露与解决"。这样的教学方式是否适合我们这样生源相对薄弱的学校,老师存在疑问:我们的学生,老师讲解得这么清晰都不会,自己能学会多少?课堂上让学生"议",教学任务完不成怎么办?暴露学生的"相异构想"时,如果学生提出一些不着边际的想法怎么解决?带着这样的疑惑和迫切,全体数学组老师转变教学方式来提升课堂实效。具体做法如下:

一是完善学习评价,找到了学生认知起点。

在学习新的内容之前,老师采用"两评估一判断"。对学生已有的基础,通过问题设计进行评估;对学生在学习新的教学内容过程中,独立学习能够学会的和需要合作学习学得会的进行评估;对这个过程中学生可能暴露的问题和遇到的困难进行判断。

二是根据学生学情,选择了适恰的学习内容。

评估学情后,选择适合学生的教学内容。首先,立足单元整体,对教材进行针对性的处理。如《一元二次方程应用》的教学设计中,教材中在一个课时同时研究了"增长率"问题和"矩形"加框两类问题,可能对学生来说容量太大,因此,我们首先对教材进行分解,将这两类问题分割为两个课时来学习。第一课时研究"增长率"问题,第二课时研究"矩形"加框问题。其次,控制知识内容难度,删繁就简,课堂中只研究在教材和练习册中出现的应用情境。

三是突出"重点""难点",设计逻辑紧密的问题链

后"茶馆式"教学在问题链的设计上需要花更多的功夫。教学设计的重点应考虑学生通过独立学习或合作学习也无法学会的内容。教师以教学目标为依据设计问题,突出"重点""难点"。用变式建立联系,设计相关问题链,建立不同问题之间的内在联系,在课堂上给学生搭设必要的脚手架。如《一元二次方

程应用》第二课时的问题1，由"矩形加框"问题变化为"修路问题"，引导学生发现这两类问题本质相同，解决方法也相似的特点；问题2，围面积问题由"围四边"变化到"围三边"，进而变化到"围三边开门"，门由平行于墙的一边变化到垂直于墙的一边。课堂便是在如此丰富的变化中，不断碰撞出思维的火花。

3."书中学"与"做中学"并举，注重有效性和实用性

课后拓展作业，以学生"学会学习""学会生活"为主要目的，具有注重实践、答案不唯一的特点，能拓展学生思维、提升他们的学习兴趣与学习能力，既兼顾知识的积累，又侧重作业的有效性和实用性。初中英语组进行了探索与实践。

（1）生活中的阅读资源

新课标在"丰富课程资源，拓展英语学习渠道"中提到要"创造性地利用和开发现实生活中鲜活的英语学习资源，积极利用音像、广播、电视、书刊、网络信息等，拓展学生学习和运用英语的渠道"。

老师搭设脚手架，编制任务单，帮助学生梳理评论类文本的核心要素，采用"书中学"与"做中学"并举策略，加强学生对书评或影评类文本仿写能力的提升。在布置拓展类作业时要求学生选取自己最喜爱的一本英文原著或时下热映的电影完成一篇微评论，这远远大于一堂传统意义上的应试英语写作课。

（2）生活化的拓展作业

新课标要求以学生"能用英语做事情"设定目标要求，使学生在生活化的情境中学习知识和技能，再将之用来解决实际问题。教师设置贴近生活的拓展作业，将语言知识转化为学生作为生活主体的内在需要，为学生创设真实的情感及生活体验的环境，激发学生积极参与。通过生活化的拓展作业，学生的独立学习与自主学习的潜能得以被挖掘。

综上所述，后"茶馆式"教学在不同学科中的应用不仅提高了学生自主学习能力，而且促进了他们的全面发展，显示出其在现代教育中的重要价值。

四、后"茶馆式"教学引发的转变与效果

课堂教学发生根本转变才有可能提高教学效能，在成果推广项目实践中，全校师生普遍感到收获良多。

首先，教师的教学方式发生了根本转变。通过后"茶馆式"教学成果推广，

在开展课堂教学改进的实践中,我们始终以教学方式的转变为突破口,让教师能够遵循学生认知规律,帮助学生学会学习,能够开展以学生发展为本的教学。教师教学方式在悄然发生变化,直接反映到课堂教学的根本变化和教师教学行为的根本变化上。

教师在经历了教学理念的转变,又经历了教学方式的转变之后,更加关注学生,基于学生的认知规律和逻辑顺序来安排教学。过去,教师关心怎样把一个概念、一道题讲明白讲透彻,把呈现"正确"当作一种理所当然。现在,教师更加关注通过问题链的设计,实现师生对话、生生对话,使知识的发生发展过程与学生的认知规律有机结合。如今,学生们变得会交流、善表达、会质疑且爱思考了。

其次,后"茶馆式"教学赢得学生的文化认同。学生问卷调查发现,更多的学生喜欢向同伴求教。在学生独立学习之后,小组合作学习的选择是符合更多学生需求的,更多的学生喜欢这样的学习方式。后"茶馆式"教学在教学实践过程中赢得了广大学生的认同,绝大部分的学生已认为这样的教与学,对提高他们自身的学习能力是有效的,自主合作学习已逐步变成主要学习方式之一。学生在后"茶馆式"教学中感受到了课堂变化,感受到了学习乐趣。

后"茶馆式"教学能够有效促进自主学习,促进个性化学习,提高教育质量,为个性化教育提供新路径,推动教育创新发展。

五、思考与展望

做学情分析,不仅对学前进行分析,还要对学后进行分析,不仅有备课时的静态分析,还有课堂教学过程中的动态分析,关注学生已经学会了什么,还没有学会什么,对教师主导提出更高要求。

随着"双减"推进,在"绿色指标"和后"茶馆式"教学的共同推动下,学校、教师、学生、家长积极主动地参与到教学改革中来,使得教育有着共同向前发展的不竭活力。我们坚持科学教育评价导向,以后"茶馆式"教学为突破口,以改革激发学校内生创新活力,为教师专业成长着想,为学生健康成长奠基,推动学校教育迈向更高质量发展。

此后,我们将以更加宽阔的时代视野与教育格局,继续保持后"茶馆式"教学改进研究的定力,让学校更具教育活力,教师更具教学智慧,学生更具发展潜力。

积极拥抱优质资源　赋能学校新发展

上海市五四中学

上海市五四中学创立于1912年,始终秉承创始人教育家胡敦复确立的"示青年以正谊、为社会植通才"的办学思想,遵循"学术并重,明体达用"的校训。其中"学术并重"这一思想的提出就是面向学校的课程建设计划和课堂增值目标,对象为全体师生,"学"指教师的教学与学生的学习,"术"指方法、手段,旨在追求教师教育教学方法的生成性和有效性。为实现"轻负担、高质量"的教改实践和"个性化"教学探索,我校于2020年参与了国家级教育成果——后"茶馆式"教育推广项目,通过数年的学习研修初显成效。

一、利用后"茶馆式"教学推广平台,促进校本研修的有效开展

作为上海市静安区教师进修学院附属学校的"紧密型集团化办学"的成员校,我校教师很早就对后"茶馆式"教学有所了解,更是人手一本张人利校长的《后"茶馆式"教学的实践指导》,但真正理解并将这一理论运用于实践却是在成果推广之后。

在成为成果推广校后,学校充分利用后"茶馆式"教学推广平台,架构学校项目推广的三级管理。由校长及教学副校长加入推广工作学校管理者群,组建以教研组为单位的教师研究团队,并以理化生教研组为代表加入推广工作教师群,信息技术教师及学校网络管理人员加入推广工作技术支持团队群。

后"茶馆式"教学推广项目有许多线上及线下资源,我们将这些资源充分融入校本研修中,通过"专题讲座—课例观摩—教学设计—实践反思"的模式,在校本研修中研究如何在本校运用后"茶馆式"教学。

1. 专题讲座,学习理论

在组织老师们阅读张人利校长的《后"茶馆式"教学的实践指导》一书后,学校还利用后"茶馆式"教学推广项目的许多线上及线下资源,每学期组织1—2次的专题讲座。老师们或在推广网站,或到静教院附校实地参加"后'茶馆式'教学的实践探索""在'双新'实施中提高后'茶馆式'教学的教育站位"等系列讲座,了解后"茶馆式"教学的理论、发展、实践、评价。

2. 课例观摩,实践指导

在对后"茶馆式"教学理论有所了解后,学校还组织老师们到静教院附校,或通过推广项目网站的直播或回看功能,进行课例观摩,在实际案例中感受后"茶馆式"教学的实践方式、方法。

3. 教学设计,互评共进

学校教师全员参与后"茶馆式"教学设计,并与静教院附校教师及其他推广校教师的教学设计一起,通过网络开展教师间的互评。评分结束后,学校请本校得分最高的老师在校本教研时介绍教学设计,同时请评分最接近均值的老师谈谈他们对后"茶馆式"教学的理解。

4. 实践反思,因地制宜

我们在全员参与后"茶馆式"教学设计的基础上,重点让理化生教研组和语文、英语学科的部分教师开展后"茶馆式"课堂教学研究,以点带面探索与我校教师、学生实际相结合的后"茶馆式"教学。

二、后"茶馆式"教学实证研究,促进教师观念、课堂教学方式的转变

我校在学习后"茶馆式"教学理论后开展的课堂教学实证研究,进一步促进了教师观念和教学方式的转变。

1. 转变观念,多听少讲

教师对教学的重点和难点要"多说几句,多讲几遍",难道不是应该的吗?而"多听少讲"是教师对后"茶馆式"教学的第一印象,也是当时教师们最难以理解的。为此,我校一名资深物理教师在开展了后"茶馆式"教学的尝试后由衷地说出"上了十多年的课,我真的讲得太多了"。

我们选择两个学业基础接近的班级,以"浮力"为课题开展比较教学研究。第一个班级按常规教学过程教学。课后,教师自我感觉思路顺畅,听课教师在评课中也一致认为课堂设计从学生实际出发,带着学生一步步学习,达成了教学目标。

第二个班级让学生阅读课本后的交流开始,就"不走寻常路"了,我们发现学生的交流不全是教师预设的重点和难点,而是自己觉得有难度的知识点,或者自己最感兴趣的内容,甚至有同学提出诸如:"下沉的物体受到浮力,那怎么还下沉呢"等预设之外的问题。课后教师自身感觉很不习惯,讲的时间少了很多,大多是学生的交流讨论,而学生讨论了半天的东西甚至不是教学的重点,显得知识没有系统性,这样的一堂课,教学目标真的达成了吗?

课后的统计数据显示,课堂提问,第一堂课课堂提问 13 次,回答人数占全班人数的 1/3,第二堂课课堂提问 8 次,参与回答与交流的人数却超过全班人数的 1/2,说明学生深层次的思考和交流更多,而且学生间的交流远高于第一堂课。我们还在课后开展了即时检测,两个班级对知识的掌握程度几乎相同,而在两周之后对于同一个知识点的检测中,我们发现第二个班级对该部分知识的遗忘程度要低于第一个班级。

教师"少讲"了,那么问题也随之而来:如何判断哪些内容是学生自己学得会的,如何在讨论中引导学生暴露出相异构想并加以利用,如何在教学中营造一个平等、有主题的讨论情境……带着这些问题,我校项目组的教师又开始了新的探索。

2. 学生先学,暴露相异构想

在"直线运动"这一教学内容中,概念看似简单,学生在生活中的不同体验所产生的相异构想,难以开展有效的讨论。于是,物理组的教师们运用信息技术,开发了记录并分解小火车等物体运动情况的实验手段,为学生创设了便于观察与分析的教学情境。果然,在课堂上同学们结合观测与记录的结果表达了自己的观点,有效地暴露了相异构想,进而顺利地引发学生间的讨论,最终理解了"匀速直线运动"这一概念。

"读读、议议、练练、讲讲"是后"茶馆式"教学的典型模式,但并非一成不变的。在上述案例中,"读读"的学材就从书本文字变成了新技术下对运动现象记录与解析的结果,这无疑需要教师付出更多的精力和时间,却能为学生的"议议"提供更切实的依据。如此,让知识目标得到更好的落实之外,学生也在不知不觉中默会了物理研究的方法,成为一名"勤议善问"的学习者。

因此,学生先学的可以是教材,可以是导学案,也可以是一次实验、一组试题,最终目的是暴露学生的相异构想。

3. 勤议善问　提高效能

"教师多听少讲,学生勤议善问",这是后"茶馆式"教学带给我们的一种全新的课堂生态。在物理组先行参与后"茶馆式"研究并取得一些收获之后,项目组的其他学科和教师也开展了教学实践。

在学习了后"茶馆式"教学设计且线上观摩教学展示课后,一名生命科学学科的青年教师的教学设计脱颖而出。这位教师根据后"茶馆式"教学的要求对自己的教学行为进行反思,并逐步改进自己的教学设计。最直观的变化是教师的讲解和自问自答大幅减少,取而代之的是学生的交流与讨论。据教师自己说,她原以为让学生讨论会降低课堂效率,后来却发现很多问题在学生自主阅读和交流的过程中很快被解决,反而提高了课堂效率,并且课堂上还有时间供学生讨论他们更感兴趣的问题了。最后,教师干脆增加了一个教学环节,将本节课的知识与社会问题联系起来供学生讨论,没想到学生在面对这样的问题时一样讨论得有声有色,这在之前的教学设计中是无法想象的。

记得张人利校长曾说静教院附校的课堂教学是站在别人的教学改革的肩膀上发展起来的,如果是这样,那我们五四中学的教学改革就是站在静教院附校这个巨人的肩膀上,结合学校的实际校情不断发展完善的。我们将在"双新"背景下,继续深入地挖掘后"茶馆式"教学的特点和精髓,追根溯源,真正提升课堂教学效能。

从课堂之变　观教师赋能

上海市彭浦初级中学

上海市彭浦初级中学是静安区一所公办中学,创办于 1963 年。我校以"让学校成为师生共同成长的家园,让每一位师生员工成为更好的自己"为办学理念。近年来,为加快师资建设,我校注重教育科研工作,以课题研究为突破口,借助后"茶馆式"教学,依托科研沙龙平台,为教师开展研究创设条件。

一、问题提出

2021 年教育部等六部门联合颁布了《义务教育质量评价指南》,旨在克服"唯分数、唯升学"的不科学评价导向,全面深化义务教育教学改革。

为了响应该文件,更好地了解我校学生的学习现状,我校课例研究项目组进行了一项关于"彭浦初学生学习兴趣"的调查,并发现学生学习兴趣与教师课堂教学中能否有效调动其积极性直接相关。静教院附校的后"茶馆式"教学仿佛一阵及时雨,裹挟着阵阵沁人茶香进入了上海市彭浦初级中学的校园。

二、实践改变

1. 机制保障

为保障后"茶馆式"教学在彭浦初有序推进,我校成立了后"茶馆式"教学成果推广研究小组,由校长室负责,50 余位一线教师进行深入研究学习。考勤制度的建立,确保了教师们能扎扎实实地参与每次活动,加速成长。

2. 学习实践

(1)"知之者"即初积累

一读:学校统一购置后"茶馆式"教学理论专著,组织教师阅读交流,形成理论积累。

二听:每周五研究小组聆听后"茶馆式"教学成果专题报告,获取专家指引。录制每一次报告,作为教师们反复学习研读的宝贵资料。

三看:研究小组成员多次赴静教院附校参与校园开放日活动,感受轻松和谐的师生氛围,沉浸式体验附校文化。

(2)"好之者"即深探究

后"茶馆式"教学的成果推广平台为教师们打开了深入学习的新渠道。

一评:我校教师利用假期认真研读平台中的优秀教学设计,体会设计精髓,并积极参与评价活动。

二学:成果推广平台上不仅有丰富的教学设计,还有优秀的课堂实录及论文专著。借助这一平台,大家逐帧观看课堂实录里教师的授课环节,仔细聆听教师的每一句提问,观察小组合作时学生们的语言、神态。从一个个具体生动的细节中感悟后"茶馆式"教学是如何利用问题链、问题群暴露学生的相异构想的,是如何通过独立学习与合作学习相结合的组织方式锻炼培养学生的自学能力、表达能力、合作能力的。

三议:每次平台学习后,老师们都会在群组内发起研讨。后"茶馆式"教学颠覆了传统课堂的逻辑结构,一个"议"字,让课堂走向对话、走向合作,更让学生个人构建的知识体系不断修正完善。

四研:学校更是把对后"茶馆式"教学的学习纳入了校本研修。依托教研组,召开主题教研活动,分享对于后"茶馆式"教学的认识,积极征集后"茶馆式"教学设计,并挑选优秀教学设计上传后"茶馆式"教学成果推广平台。围绕后"茶馆式"教学,借助我校五四青年教学比武、骨干教师风采展示等活动,进行听课、磨课、赛课,进一步领会后"茶馆式"教学的奥妙。

通过"评、学、议、研",寻找适用于我校的后"茶馆式"教学切入点、生长点、发力点。

(3)"乐之者"即多实践

我们积极将后"茶馆式"教学的理念与我校在研的"青年教师项目化培训的实践研究"有机结合,逐步探索出一套适用于本校实际的教学模式。

一减：初一数学组根据"学生先学最大化策略"，利用"随身课堂"信息平台，借助平板提前发布预习任务单，鼓励学生先学，通过即时反馈，及时掌握哪些知识点是学生自己能学会的，可以不讲，哪些需要师生共同探究。这种教学方式减少了不必要的教学内容，极大地提高了课堂效率。

二放：如数学吴老师深受"学生先解疑，教师后解疑"策略的启发，根据学生更愿意向同学请教问题这一客观事实，开展以学生为主讲，视频为媒介的"'学生自媒体'模式在初中数学教学中的实践"区课题研究。通过一系列活动，不仅让学生口头表达能力得到提升，而且对于知识点的理解也更为深刻。听课学生纷纷表示："学生小老师们的加入让课堂变得很有意思，学习不再枯燥乏味，下次我也要当小老师，为同学们答疑解惑。"

三乘：如理化生教研组应用"做中学与书中学并举"策略，借助NOBOOK虚拟实验室，将课本和实验有机结合，先动手做，再书中学，感悟科学原理，体会知识生成，学习效果加倍。

三、实践收获

近年来，我校在后"茶馆式"教学推广工作中，探索出了一条适合自身发展的办学途径。很多教师从中获得启发，立项了自己的课题。如龚老师受到"脚手架"的启发，立项了课题"利用支架提升初中生数学综合问题解题能力的行动研究"，徐老师受到"问题链、问题群"的启发，立项了课题"问题链"在初中英语阅读教学中的激趣研究，奚老师在"做中学与书中学并举"的教学策略下，开展了"巧借教育戏剧之魂，点燃初中语文学习之爱"的研究。还有的老师在静教院减负增效理念的引导下，在作业设计方面颇有心得，如陈老师的"初二英语有效作业设计的实践研究"、符老师的"核心素养视角下的作业创新——以初中数学小论文为例"，在市级比赛中分获二等奖、三等奖。

学生是最大受益者，"活"起来的课堂，让越来越多的学生变得敢于表达自己的观点，乐于参加各种学科活动。小王同学说："我很喜欢现在的上课方式，同学们小组交流，互相找出对方解题时的不足，不仅成绩提高了，而且增进了同学间的友谊。"小李同学说："以前的我很害羞，不敢回答问题，但现在，我经常代表小组上台交流想法，即使说错了，老师也不会批评我，同学们还会鼓励我，现在的我更自信了。"

在后"茶馆式"教学的浸润下,我校的教师和学生一起由"知之"而"好之",由"好之"而"乐之",能表达,乐探索,长发展。

教师们的专业成长也获得了长足发展。周老师说:"曾经的我,在上课时会反复强调知识点、易错点,生怕学生无法掌握,但效果一直不理想。经过后'茶馆式'教学的学习,我知道我的做法是低效的。现在的我会有意识地少讲,将课堂还给学生,通过生生对话,暴露相异构想,从而解决真正困惑学生的问题,直击痛点。"杨老师说:"过去的我,在分析综合题时,不得要领,总是一讲到底,其实许多学生并未真正理解,如今,在讲授课前我会思考如何搭建'脚手架',利用问题链、图片、视频,引导学生进入更深层次的思考。我发现我的课堂氛围越来越活跃了。"

后"茶馆式"教学犹如一缕馥郁茶香,清新了校园,焕活了生机。为了更好地推进后"茶馆式"教学在我校的深入实施,我们将完善后"茶馆式"教学推广路径,赋能教师成长,充实优秀案例资源库,完善评价与激励机制,共同为师生的全面发展创造更好的条件。

后"茶馆式"教学成果推广：
实践、成效、挑战与深度融合的思考

上海市新中初级中学

上海市新中初级中学（简称新中初）是一所公办初中，近年来受到区域集团化办学模式的正向影响，学校办学质量提升，生源回流明显，办学规模不断扩大，全校班级总数和学生总数逐年递增。同时，学生人数的提升一定程度上造成了教育资源有所稀释，学生的个性化需求得不到满足，其学习热情、创造意识定会受到阻碍。我们深知课堂必须要变，如何在教师、课时有限的条件下，解决学生个性化学习需求供需矛盾的问题，是我校近些年来一直在思考的问题。

2021年，教育部组织全国31省市区中小学校在2014年、2018年两届国家级教学成果中投票选举产生10项可在全国推广应用的国家级优秀教学成果，静教院附校后"茶馆式"教学荣登榜首。同年11月，新中初有幸成为后"茶馆式"教学成果推广项目试点校，在推广学习优秀成果的过程中，我校也逐步摸索出了自己的课堂教学改革路径。

一、推广过程及措施

基础教育的教学成果推广既有普适性又有差异性，不能只进行简单的复制。同时，有教学经验的老师并非一张白纸，如何让其理解并接受一种新的教学理念，需要依靠一定的管理智慧。为了高质量推广后"茶馆式"成果，加强成果应用各主体之间的学习交流，自2021年11月19日起，新中初常态化组织各学科教师参与成果推广应用线上系列研讨及线下交流实践活动。

1. 普及基本理论知识

集中学习后"茶馆式"教学理论知识，如研究沿革、理论支撑以及教学基本特征等,了解相关理论框架、核心概念以及重要原则等内容,让教师们在理论层面构建起对成果推广应用较为完整的认知体系,为后续进一步深入开展相关实践活动奠定坚实的基础。

2. 暴露教师相异构想

课前预习环节可以设计哪些内容？教学设计中议的环节,怎样确定每个学生都弄懂了？在融入学科特点的前提下,如何实现以学生学为线索？在学习后"茶馆式"教学理论知识的过程中,教师可能会生成一连串问题,也会出现认识上的偏差,只有充分暴露出教师对后"茶馆式"教学的相异构想,才能实现教师教育理念的自我重构,我们才能有针对性地调整培训策略。

3. 聚力听课评课反思

完成基础理论知识学习后,组织教师观摩后"茶馆式"教学视频,开展评课活动。我们积极倡导教师定期撰写教学反思日记,用以记录其在践行后"茶馆式"教学过程中的所思所悟、遭遇的难题以及相应的改进策略。同时,鼓励教师们提出内心的疑问与困惑,大家共同研讨应对方案,进而达成对后"茶馆式"教学理念的深刻理解,凝聚起推动教学改革深入发展的强大合力。

二、课堂实践及优化

后"茶馆式"教学是遵循学生认知规律,在教师的帮助下,让学生自行建构的一种教学,从根本上改变了课堂的逻辑结构。如何避免形式上的模仿,真正将后"茶馆式"教学理念融入日常教学,深耕课堂是唯一的办法。2022年春季学期,我校迎来了一次后"茶馆式"教学"大练兵"。为使这场2.0版的云端教学高质量开展,新中初各教研组积极研讨如何激发课堂活力,并在实践中结合后"茶馆式"教学的教学手段和教学策略做出了一些尝试。

1. 设计预习任务,基于教情学情实现资源推送

在网课开始前,教师依据学情和教学内容精心设计预习任务并推送给学生,让学生记录下预习中的疑问,以便了解学生对新知识的掌握程度和存在的相异构想,为后续的针对性教学做准备。理化生学科以观察和实验为基础,教师们利用课余时间,亲自录制实验视频或者动手示范视频,扩充教学资源,提升学生们的关注度。

2. 减量提质优化，在轻负担中维持课堂活力

数学组坚持问题导向，强化精选、精练意识，既减轻了学生过重的学习负担，也提高了学生的学习效率。老师们通过课前精心备课、研读教材，将关键知识点列成两到三个问题，再组织学生带着问题收听空中课堂或校内直播课。课上习题操练避免繁难偏旧，精选典型例题，做到减量不减质。

地理学科组在授课过程中，穿插进行《地理练习册》中题目的练习，旨在巩固新知，及时梳理、检验学习成果。课堂上让学生"读读，写写，做做，练练"，既提高了学生上课的效率，也让学生更高质量地完成了作业。

此外，学校进一步遵循教育规律和学生成长规律，全面启动"单元视角下的作业优化行动"。线上教学进行一个月后，开展了"'半本'作业行动"，旨在提高网课效率的基础上研究作业设计，包括课堂作业及课后作业。学校以教研组校本研修为主阵地，围绕主题开展了多次研讨活动。老师们立足学科和学情特点，不断完善"有效作业"的内涵，优化作业实施路径。

3. 拓宽技术平台，软件辅助增强乐趣

工欲善其事，必先利其器，各类软件平台为在线教学的顺利开展提供了有力保障，甚至如虎添翼。

低年级的孩子普遍活泼积极，针对学生的这一特点，六年级英语组在线上教学中充分融合了音频、视频等多媒体手段，利用英语趣配音等学习软件，让孩子们在网课学习过程中好学、乐学。

为增强云课堂的"面授"效果，数学组老师多在钉钉在线课堂上使用"递粉笔"功能，加强与学生的互动。大数据时代也为教学评价提供了一些便利，数学老师会针对系统统计出的学生线上作业中的共性问题，在课上进行详细讲解。

三、推广成效及反思

经过近三年的成果推广，后"茶馆式"教学在新中初焕发出了新的生命力。

首先，认知度方面显著提高。推广前，教师对后"茶馆式"教学的认知度极低，经过一系列的推广活动，教师们普遍表示对项目的理解更加深入，能够清晰阐述其核心价值与应用要点，为后续的参与和配合奠定了基础。

其次，应用率方面大幅提升。采用推广项目教学方法的课程涵盖了语数英

理化生史等多个学科领域,越来越多的教师在教学过程中自觉使用学生先学引导性策略、学生自己学习最大化策略、预设问题设计突出重难点策略、关注有价值的生成性问题策略、教学评价与课堂教学融为一体策略、学生先解疑教师后解疑策略、独立学习与合作学习相结合策略、"书中学"与"做中学"并举策略等。

最后,后"茶馆式"教学实践推动教师专业成长加速。教学成果方面,由新中初王帝、邱秀云老师撰写的《核心素养导向的课堂教学研究后"茶馆式"教学微方法在语文试卷讲析中的应用——以六年级语文教学为例》荣获 2023 年静安区"践行新课程改革的教师行动"征文评比活动二等奖。张露璐老师撰写的《"最近发展区"理论在初中语文自读课教学中的实践研究》收录进静教院附校"后茶馆式流动站"成果展示。此外,综观近三年来学校教师成功立项的课题名称,"问题链""主问题""支架式教学""过程性评价"是出现的高频词语,后"茶馆式"教学策略已然融入了教师的常态化教学,并激起了他们新一轮的研究活力。

回顾后"茶馆式"教学成果在我校的成功推广,有以下几个关键要点:

第一,精准定位与需求契合。推广后"茶馆式"教学成果紧密结合了我校的实际需求,能够切实解决师生在教学、学习过程中面临的问题,因此得到了广泛的认可和积极的响应。

第二,多元推广策略协同发力。培训、示范、资源支持等多种推广策略相互配合、互为补充。线上线下的培训活动为教师们提供了理论基础和实践指导,示范课程让他们直观感受到后"茶馆式"教学的实际效果,网络平台上的资源支持则为大家的实践应用提供了便利条件,确保推广工作能够深入一线。

第三,持续跟进与反馈改进。在推广过程中,我们建立了完善的跟进机制,定期收集教师们的学习感悟或疑问,及时了解他们在实践过程中遇到的困难,根据教师们的相异构想对推广策略和学习资料包进行调整和优化,从而提高学习的针对性和有效性。

当然,我们也遇到了部分对象的适应性问题,如对于教学风格较为传统的教师而言,一时间难以转变教学方法,同样,学生的自主学习能力有所不同,部分学生对新的学习方式和要求也有一个逐步适应的过程,因而我们需要研究如何通过个性化的支持来帮助他们适应新的教学模式。此外,如何留下后"茶馆式"教学成果的精髓,并与学校的发展碰撞融合,而不仅仅是复制优秀的经验外壳,更是需要我们深思的问题。

指向幼儿科学素养提升的智能化低结构科学探究活动的实践探索

上海市静安区芷江中路幼儿园

一、研究背景

近年来,人工智能的技术变革席卷全球,作为现代信息技术发展的前沿成果,对各行各业都产生了冲击性的影响,产生了催生全新产业、赋能传统产业、重构现有产业体系的效应。在这样的时代背景下,幼儿园教育教学有关指导文件的内容、内涵也将随之发生一定变化。

党的二十大报告中提出,要"办好人民满意的教育",实现"幼有所育""幼有善育"。为贯彻党的二十大精神,上海市托幼和学前教育工作联席会议成员单位联合制定《全面建设高质量幼儿园的实施意见》,对促进本市学前教育全面发展提出了明确的要求和指导意见。其中提到,在全面建设高质量幼儿园的主要举措中明确要以数字化场景赋能建设,充分利用技术赋能园所高质量发展。

关注人工智能时代幼儿的权利主体,以幼儿园智能化科学探究活动为新的发力点,尊重、珍视并赋权幼儿自主探索与表达,让幼儿好奇与好玩,玩中探索,玩中发现,玩中创造,培养会学、乐学、善学的探究型儿童。

目前国内一些相关研究进行了初步实践层面的探索,强调了人工智能技术的应用,忽视了幼儿在科学探究活动中的主体地位。有关人工智能与教育融合的文件中幼儿园教育阶段的相关内容较少,我国尝试借鉴小学的人工智能教育课程开展的过程模式,结合幼儿园特点开展研究。在人工智能与幼儿园教育融合的研究中,我们仍处于探索阶段。

二、核心概念

智能化

人工智能是研究人类智能活动的规律,构造具有一定智能的人工系统,研究如何让技术设备去完成以往需要人的智力才能胜任的工作。在本研究中,智能化指以人工智能为代表的现代化信息技术与学前教育深度融合,产生了基础教育信息化的新形态——智能化教育。智能化教育及基于智能技术的学前教育,利用游戏化、生活化的技术设备为教师和幼儿的教育教学提供支撑。

低结构科学探究活动

幼儿园科学探究活动是指教师为幼儿创设环境、提供材料和资源,帮助其通过感知、操作、探索周围世界,发现问题、搜集信息并得出解决方案的过程。低结构科学探究活动即低结构理念下的科学探究活动,它是以幼儿为主导,以探究为核心的幼儿园科学活动,具有开放性、自主性、游戏性三个相辅相成的特点。

智能化低结构科学探究活动

本研究中的智能化低结构科学探究活动是指基于低结构特色理念,以幼儿为主导,运用智能化、现代化、信息化技术培养幼儿智能素养、科学探究能力的活动。本研究中,我们着眼于将智能化融入低结构活动中,从材料投放、智能化教玩具的提供、幼儿活动中的分享与记录等不同维度进行实践,挖掘两者相结合的路径,从而提升幼儿的科学探究能力。

三、实践研究

本研究将以人工智能为代表的现代化信息技术与幼儿园低结构活动相融合,通过智能化设备的开发与重组,推动智能化低结构科学探究活动的深度融合,形成《幼儿园智能化低结构科学探究活动玩具手册》。

人工智能应用场景是指人工智能这个"应用"被使用、执行时所处的场景,人工智能由数据技术驱动转为场景驱动,它基于智能载体和大数据,需要技术与场景深度融合才能创造价值。本研究从应用场景入手，在"智能化＋科学探究行为"的应用场景中探索开发智能材料的运用方式，支持在智能化低结构科学探究活动中的幼儿科学素养、智能素养提升。

1. 基于年龄差异，打造"猜测验证"应用场景，激活幼儿思维

猜测、验证是重要的科学探究行为和能力，不同年龄幼儿的猜测验证能力不同，兴趣不同，发展需要也不同。因此，我们从幼儿的不同年龄差异出发，开发"智能化＋猜测验证"的应用场景，促进幼儿逻辑思维发展。我们将智能化材料投入、鼓励和支持幼儿猜测验证的场景中，尝试根据幼儿不同年龄的差异特点，围绕幼儿逻辑思维和问题解决能力的增长点开发新的活动内容，支持幼儿科学探究。

【案例：不同年龄段幼儿玩"宝莲灯"】

几位爱好钻研游戏、逻辑思维清晰的青年教师加入 AI 玩具群，对编程逻辑智能化玩具宝莲灯机器人进行了试玩，结合自己所在班级的年龄段思考小中大班幼儿可能的玩法。大班教师结合主题"我们的城市"，开发新玩法。幼儿在区域中探究颜色编程指令和机器人行动的关系，并利用这种关系绘制路线，让宝莲灯机器人在"城市"中行走。中班教师结合主题"在农场里"，通过投放不同线段的卡片、障碍物卡片等，创设有趣的情境，幼儿在利用线段卡片拼搭路线，帮助"小兔"（宝莲灯机器人）解决避开大灰狼等障碍。小班教师根据小班幼儿需要能吸引他们注意力的东西才会仔细地进行探究，需要多感官地发现和探索物体，空间感受和发展处于初级阶段的特点，进行情境创设。

各年龄段班级的教师均充分利用了宝莲灯机器人引入编程概念、交互性的特点，创造鼓励幼儿猜测验证的科学探究机会，着眼于机器人行进路线和路线指令的关系开发了玩法。

小班主要结合自己班级幼儿的兴趣与主题形成不同的情境，将路线与拼图结合，连接成完整的路线，帮助解决机器人如何进行完整的巡线活动的问题。

中班则通过提供空白底板、不同的辅助材料等，来丰富游戏情境，引导幼儿自主设计路线、预测路线并记录验证。

大班则鼓励幼儿自主尝试运用不同工具进行绘画、粘贴等不同方式绘制宝莲灯机器人的路线，提供指令说明书，引导幼儿认知不同颜色的编程指令含义，

培养幼儿编程思维。

相同的玩具不同的玩法,教师结合不同年龄段幼儿的发展特点,将智能化材料程序代码中的简单数理原则结合起来,或创设适合年龄与主题的情境,或投放多样的低结构材料,或提供不同难度与使用方式的底板、辅助设备等,开发利用智能化材料支持幼儿科学探究的新内容,以此满足不同年龄幼儿探究过程中的假设猜测和实验,更好地激活幼儿的探究思维。

2. 利用设备功能,创建"多元互动"应用场景,提升幼儿观察能力

在智能化低结构科学探究活动中,材料作为物质环境的一部分,是幼儿探索的主要部分,因此,我们尝试从智能化材料功能入手,开发"智能化+材料互动"的应用场景,支持幼儿观察能力提升。

【案例:大篷车剧场】

米米在大篷车剧场游戏。他把音乐指环套在右手食指上,说:"这个像妈妈的戒指。"米米看看指环,用平平的那面去敲击弹奏卡,他敲了敲红色色块。iPad 发出了鸟叫的声音。心心笑着说:"这里在动,有小鸟的声音。"他指指 iPad。米米又敲了敲青色、蓝色等各个色块,iPad 发出了蛙叫和猩猩的叫声。

米米说:"这个真好玩,就叫敲敲吧。敲敲就有小鸟在叫,还有青蛙叫呢。"

此时,幼儿开始逐渐明白 iPad 里发出的声音,与自己用音乐指环敲击物体的行为有所关联。在这之后,幼儿逐渐发现 iPad 发出声音是因为接触到了有颜色的物体,不同颜色代表不同的声音,根据颜色提示在弹奏卡上敲击,尝试弹奏并演唱。个别学生能够在颜色提示下,弹奏完整的乐曲《小星星》。

幼儿在利用音乐指环 AI 模块时,通过体验发现音乐指环数字和颜色存在对应关系,并将经验迅速迁移,从而启发教师探究用音乐指环敲击生活中熟悉的物品来表现音乐的方法,初步培养幼儿实际感知、观察力、科探能力等科学素养。

3. 结合活动主题,开发"自主探究"应用场景,支持幼儿发现

自主探究是幼儿探索科学世界、获得知识的重要方法,也是自主学习能力、探究学习能力和思维能力的有机整合。为提升幼儿智能化低结构科学探究活动的自主性,我们投放有较强交互性的智能化技术设备,从活动主题切入,开发"智能化+自主探究"的应用场景,支持幼儿的独立探究。

其主要特点是以证据为基础,运用各种信息分析和逻辑推理得出结论,接

受质疑,不断更新和深入。

【案例:葡萄探索号】

葡萄探索号玩具玩法多样,幼儿叫它"奇趣蛋",能利用视觉识别技术,实现现实和虚拟对接,将现实实体经典玩具和平板游戏结合,为幼儿提供多种模式的支持。根据葡萄探索号的以上特点,中三班教师下载了"班得瑞鼓""星球魔方""淘淘七巧板"三个App,结合主题,开发了班本化的游戏玩法。教师从幼儿最感兴趣的动物相关主题出发,开发了多个与动物相结合的低结构活动。教师投放了动物头饰、故事情境挂图、小乐器等,通过投影仪的播放,将故事的背景投放在背景白板上,孩子们自主选择想要扮演的小动物,将头饰戴在自己头上,并自主表演,搭配故事或音乐都可以。

教师还将"奇趣蛋"中的"班得瑞鼓"投放到区域中,幼儿可自主选择喜欢的音乐进行演奏,结合班得瑞鼓中的节奏游戏,可一人或两人游戏,也可根据屏幕提示用小乐器进行演奏。

葡萄探索号是一款图像识别智能化技术设备,它能利用计算机对图像进行处理、分析和理解,以识别各种不同模式的目标和对象。教师结合幼儿喜欢的"动物"主题创设活动情境,激发幼儿自主探究的兴趣。幼儿在活动过程中,通过iPad拍摄自己的游戏过程,利用葡萄探索号识别游戏模式提供帮助的功能自主寻求操作难题的方法,实现图形拼贴、空间想象、逻辑思维、节奏反应等多维度科学素养全面提升。

4. 结合编程玩具,创设丰富多元应用场景,支持幼儿探究

本研究在智能化低结构科学探究活动中创设符合幼儿科学探究兴趣的活动情境,并将编程类材料与传统材料重组,激发幼儿的预测、推断行为,支持幼儿科学探究能力的提升。

【案例:机器人迷宫】

随着中班下学期的开始,幼儿的空间知觉和智能开始飞快地发展。幼儿开始探索平面和空间上的不同。教师挖掘宝莲灯机器人巡线行走的功能特点,打造"走迷宫"的活动情境,将宝莲灯机器人与纸箱迷宫重组起来。Yumi和湉湉先用路线板为机器人拼出了一条"开"字形道路,随后他们将纸箱迷宫安放在了

路线板上,使"开"字形路线变成了一座迷宫。接着,他们将机器人放在了迷宫的起点上,观察宝莲灯机器人能否根据他们设计的路线走出迷宫。Yumi 和湉湉尝试用颜色色块组合,还是无法让机器人走入迷宫的门,他们将这个问题留到了分享中,和同伴共同讨论如何使用指令贴纸帮助小机器人走出迷宫。

教师根据幼儿的兴趣,创设了"走迷宫"的活动情境,并将纸箱迷宫这一具有我园特色的经典低结构玩具与编程类玩具宝莲灯机器人结合起来,为幼儿设计调整宝莲灯机器人巡线前进的路线带来了新的趣味和挑战。依靠情境或问题,借助具体事物或动手操作激发思考是支持幼儿科学探究的有效方法。编程类材料具有交互性强、逻辑性强的特点,幼儿的指令能对编程类材料造成显著的影响,有利于支持幼儿预测与推断能力的提升,具有灵活的重组空间。

四、研究成效

1. 智能化技术的融入,丰富幼儿园低结构活动教育的内涵

我们尝试将智能化技术与我园的低结构特色结合起来,开展智能化低结构科学探究活动,是一次将智能化技术融入教育教学活动的实践创新,有效丰富了低结构活动的内涵。各班在智能化低结构科学探究活动中针对常见的三种类别六种经典智能化玩具,开发多种具有可操作性的玩法,并总结其中代表性的内容梳理成《玩具手册》。至 2024 年 10 月,先后十余位教师在青年教师全国、上海市信息技术装备部白板课件制作、多媒体运用课程竞赛中荣获一等奖、二等奖、三等奖,14 位教师荣获"乐高优秀教练奖"。

2. 智能化技术的融入,孕育幼儿科学探究的素养

我们对课题研究前毕业幼儿和课题研究后入园新小班幼儿分别进行了跟踪观察。我们预测课题研究前后入园的新小班幼儿科学探究能力无显著差异,大班毕业时,两组幼儿的科学探究能力将存在显著差异,且课题研究后幼儿大班毕业时科学探究能力显著优于课题研究前的科学探究能力。通过对照分析,验证了该猜测,幼儿在科学探究能力中的观察、实验、归类、预测、运用材料进行问题解决及科学探究意愿中的主动性、计划性上有了显著提升。还有两名幼儿携自己创造制作且用于解决生活中问题的小发明,积极参与科学探究竞赛,在

青少年新论坛成果展示中展示并获优秀奖。

3. 智能化技术的融入，提升教师的专业能力

在深入开展智能化低结构科学探究活动实践研究的过程中，我园着力提升人工智能时代教师的素养。首先，我园提供科学领域低结构课程内容资源库运用操作图谱，便于教师按图索骥，提升自身科学领域低结构课程内容的选择与组合、创造性使用的能力，获得必要的帮助。其次，我园借助已构建的以"电池机制"为核心，三个层面共同参与的"教师在课程实施中质量监察与管理机制"的常态化评价机制，让教师越来越多地关注到人工智能与教育深度融合的重要意义。

五、反思与展望

其一，深入交互体验，以提供个性化方案。

当前，我园幼儿在沉浸式科学探究游戏活动环境中通过丰富的外在感官体验，充分激发了科学探究的兴趣，培养了科学素养。但是幼儿的活动重在感官体验，交互性有待提升。未来，我们将关注环境打造、活动设计中的交互性，在系统的环境下鼓励幼儿充分体验人机互动，进一步实现个性化、定制化的发展。

其二，拓宽融合途径，以深化低结构活动。

我们从环境、智能化技术设备、低结构活动等入手，推动智能化与低结构科学探究活动的深度融合，但仅在活动内容、活动形式等方面有所突破。我们将进一步探索将一日活动课程内容模块化，以智能化技术支撑模糊游戏、生活、运动、探索性学习板块边界，让幼儿自由选择、连接，组成基于个性化发展需求的整合课程，玩转低结构的方法、途径，提升智能化与低结构活动、玩具的融合深度。

其三，深度技术支持，以推动高质量建设。

在研究与实践中，我们也遇到了技术支持方面的困难，如已有研究在智能教育装备的开发上仍有不足，如忽视人—机—环境系统的高科技，新形式的教育装备产品难以融入，以及可追踪幼儿探索过程，成长足迹的个性化智能化设施设备仍较少等。我们期望未来有更多适合幼儿、幼儿园的智能化技术开发问世，推动幼儿园高质量建设。

幼儿园低结构科学领域课程内容资源库运用

——对2—5年青年教师的成长支持

上海市静安区芷江中路幼儿园新梅园

一、问题的提出

1. 当前课程改革内涵发展对教师专业发展能力提出的新要求

教育部颁布的《幼儿园教育指导纲要(试行)》中指出"幼儿园应综合利用家庭、社区和小学等教育资源,积极为幼儿的发展创造良好的条件",由此可见,幼儿园课程内容资源库建设是深化幼儿园课程改革、提升幼儿园课程质量、构建以儿童为本的校本课程的重要途径和抓手。在"二期课改"大背景下,随着幼儿园课程的自主化、多元化趋势不断加强,以低结构理念为引领的科学合理、符合幼儿园课程实际的低结构课程内容资源库为基本路径,提升2—5年青年教师课程内容的选择与组合、分析与运用能力显得尤为重要。

2. 低结构课程内容资源库运用中的主要冲突与问题

通过问卷调查与个别访谈发现两方面问题:一是低结构课程内容资源库本身的低结构需求对教师运用提出较高的课程内容选择、分析等专业能力要求;二是在实施过程中由于2—5年的青年教师个体差异性,以及低结构课程内容资源在各班具体选择、运用及实施时的差异性,导致了理念与实践的剥离。

二、搭建支架——细化与2—5年青年教师发展阶段相匹配的低结构课程内容资源库

1. 基于幼儿园已有研究的理论基础,细化2—5年教师专业发展阶段

国内外有不少研究者先后从不同角度出发对教师专业发展阶段进行了研

究和划分,教师专业发展阶段论主要有"三阶段论""四阶段论""五阶段论"以及"多阶段论"。

综合学者的划分理论,结合芷江教师团队多年的发展、融合、细化,完善了教师分层培养机制,认为教师的发展阶段主要包括适应期、成长期、成熟期和完善期。2—5年青年教师属于成长期。根据我园教师专业发展定位,将2—5年成长期教师进一步细致划分如表1所示:

表1 芷江中路幼儿园2—5年青年教师专业发展定位

阶段名称		时限	主要特征	专业发展定位
成长阶段	前成长阶段	2—3年	经过为期两年的实践学习和自我探索,对具体的教育实践工作有较完整认识并积累一定经验。在教学能力提升、教育行为改善等方面有了进一步要求。	整体关注的基础上注重细节,提高教育教学实践能力,丰富实战经验,提供机会让这一阶段教师展示。
	初成长阶段	3—4年	在教学方面开始逐渐发展个人的教学策略,将知识与不同教学情境结合起来。逐步实现从形成教学策略到根据经验调整教学策略,再到根据个人观点整合教学策略的转变。	关注教师从课堂经历到教学实践的再适应、从育德体验到幼儿培养的再认识。
	成长阶段	4—5年	教师通过为期三年的教育实践,已逐步形成了个人的特点。应确立个性化的发展目标,需要有多元的目标引领。其专业发展目标可以有不同的方向,也有不同的层次。	可以树立更精细化的可达成目标,如某些专业发展必备技能,或教育教学支持性技能的发展目标。从专业发展的初步设想到个人目标的客观定位。

2. 基于低结构科学领域课程内容特点,优化低结构课程内容资源库

(1)明晰科学领域的概念界定

低结构课程内容资源库依据科学领域的概念界定以及《做中学》内容标准》细分为生命科学、地球和宇宙科学、物理和物质科学、技术和工程以及数学五个方面。每一个课程内容资源都包括活动指向的相关核心素养、涉及领域、适合年龄的介绍,以及根据本班幼儿年龄阶段特点及发展情况选择所需的科学领域的低课程内容。同时,科学领域的低结构课程内容还详细提供了该课程内

容的材料,提供与大致规划、背景分析、观察要点、操作提示及低结构活动中幼儿的表征性行为这几个方面内容,供教师借鉴参考。

(2)建立相关素材链接,提升2—5年青年教师科学领域核心素养

依据2—5年青年教师的前期调研需求,将他们所需要的科学活动的补充说明,如科学领域的相关概念界定、相关的科学原理等内容,以素材链接,如图像、视频资料,材料玩法说明,以及科学领域所涉及的相关理论的说明,提供可供使用的观察评价工具等形式在低结构课程内容资源库进行呈现,既能满足2—5年青年教师的需求,也能提升教师科学领域的专业素养。

三、思维路径——构建低结构科学领域课程内容资源库运用图谱

随着研究的深入,发现在科学领域的低结构课程内容资源库运用的实践中,课程质量的高低主要取决于教师的思维和分析。我们提供2—5年青年教师的是支持性的策略与引导,而不是既成的规范。低结构科学领域课程内容资源库运用的操作图谱,是2—5年青年教师在研究与实施方面所需要进行的思维路径,便于教师能够按图索骥,在运用低结构课程内容资源过程中,提升自身科学领域低结构课程内容的选择与组合、创造性使用的能力。

低结构科学领域课程内容资源库运用图谱是基于2—5年青年教师在低结构活动中的能力设计,以2—5年青年教师"自主、自助成长"为导向,帮助教师快速提高专业发展的支持路径图,如图1所示,也是每位2—5年青年教师在低结构活动中的自我专业成长的规划蓝图。这一图谱是2—5年青年教师在低结构活动中自主培训与学习的重要参考工具,主要提示他们在科学领域低结构课程内容资源库运用相关知识体系。

低结构科学领域课程内容资源库运用图谱所诠释的知识体系分为两个块面:第一部分是低结构科学领域课程内容资源库运用的专业操作,指的是2—5年青年教师在研究与实施方面的思维路径;第二部分监察管理,指的是幼儿园为2—5年青年教师专业能力提升提供的效果检验方法与支持保障。

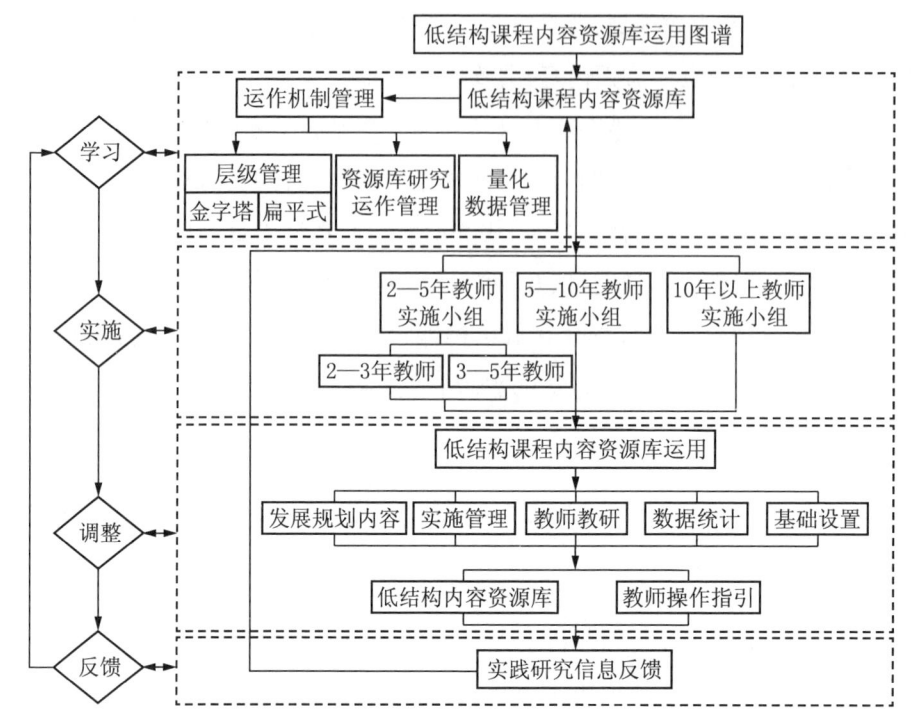

图 1　低结构科学领域课程内容资源库运用图谱

四、机制保障——探究以低结构课程内容资源库为基本路径的园本培养机制

其一,增权赋能,理论引领实践——以 2—5 年青年教师为主体,开展集群式项目研究,凝聚团队智慧。依托我园的项目群研究制度,成立低结构课程内容资源库开发群。以项目组核心成员担任项目群群主,2—5 年青年教师作为群体的主力成员,他们在实践中既是项目研究对象,又是项目研究主体。一是聚焦核心问题。关注 2—5 年青年教师自主提出使用低结构课程内容资源库的真实问题,经教研组长汇总形成本学期的低结构课程内容资源库运用研究菜单。二是致力于在实践中化解难题,不断反思调整再实践。边实践边研究边成长,促进自身理论和实践能力的提升。

其二,创新机制,实现视角转换——以玩中研机制创新,落实以幼儿权利为主体的课程理念。我园研发的系列低结构材料和玩具,是实现幼儿在自主、深度探索中学习的有效载体。随着越来越多青年教师的加入,幼儿园创新的特色玩中研教研制度,能够有效解决如何将低结构的理念融入 2—5 年青年教师的实践中。我们让教师转换视角,动手操作,玩孩子的玩具,想象玩具可能的玩法,熟悉低结构材料与玩具的用途,将资源库中提供的内容转化为现实中可操作的游戏玩具材料。

其三,挖掘潜能,落实全园导师制——以网络式带教方式创新为突破,能者为师。网络式带教是我园多年来一直沿用的人才培养制度。充分挖掘每位教师身上的"能",以个人所长作为带教的内容。改变传统"老带新"单向线性带教方式,建立教师群体岗位成长机制。让教师各自发挥特长,如年轻的教师在信息技术方面有所长,在课程内容资源库的平台完善方面可以成为技术支持,这突破了以往年龄、教龄的局限,形成了良好的学习氛围。

五、研究成效

1. 转换视角,提升 2—5 年青年教师的专业能力

项目研究内容都来源于教师的真实困惑和兴趣爱好,提升了园本培养的现实意义;另一方面,2—5 年青年教师可以根据自己的需要自由地选择项目,成为自己的研究专题,在项目组活动中以"主持人"的身份向组内教师介绍自己的研究。2—5 年青年教师从以往的"旁听者"转变成"参与者",积极性大为提高。主动地搜集资料、构思过程,加强了其专业自主意识。2—5 年青年教师获得展示自己的机会,在过程中成长并收获自信,同时在活动中从资深教师处获取低结构课程内容资源库选择与组合、创造性地运用经验、方法和策略。

2. 创新机制,丰富 2—5 年青年教师专业成长培养途径

低结构科学领域资源库的建设与幼儿的课程活动、低结构活动息息相关。资源库的建设离不开幼儿的需求,并随着幼儿的低结构活动开展而收集、调整,进而逐渐丰富,方便 2—5 年青年教师随时取用。同时资源库的建设也鼓励 2—5 年青年教师充分利用幼儿园的课程内容资源,合理整合已有经验表现,为之提供更为方便的收集、整理和有效取用的途径。

基于各发展阶段教师的问题和需求,我们编制完善与其发展阶段相匹配的操作指引,收集梳理青年教师的使用案例形成应用案例集,提供资源库应用图

谱助青年教师科学使用资源库，总结提炼以低结构课程资源库为基本路径的园本培养策略，提升青年教师的课程内容选择与分析能力。

资源库的建设对见习期教师及5—10年的成熟教师来说帮助也非常大。我们将教师按照教龄段进行了交叉分析，在对于自身专业发展的情况评价方面，发现大部分教师都认为自身专业水平目前处于平稳发展状态，一位1—2年教龄段的教师认为目前专业处于迅速上升状态。

3. 聚成合力，形成可推广应用的课程资源库三级管理制度

幼儿园成立了三级资源库管理制度（园与园—园与级组—级组与班级），并设专人负责管理幼儿园各年龄段课程资源的定期收集与整理，逐渐丰富游戏、生活、运动资料系列，特别是探索性学习的科学领域，使课程资源库不断完善。幼儿园发展共同体共同建设优质课程内容资源库，顺应新人才培养方式，丰富青年教师学习途径。各园整合以科学领域为切入点的低结构课程内容，聚焦教师运用低结构课程资源库中形成的互动性、真实性、丰富性和开放性的生成性资源。各教研组关注本年龄段幼儿的需求，开展低结构活动，并进行资料收集、调整课程资源，逐渐丰富课程资源库，方便教师随时取用。鼓励教师充分利用幼儿园的课程资源，合理整合幼儿已有经验表现，凝练收集、整理和取用课程资源库的有效途径。

低结构成果在幼儿园项目探究活动中的应用实践与创新探索

上海市静安区大宁国际幼儿园

2021年4月,我园有幸成为芷江中路幼儿园"低结构活动"项目的首批基地园,让我们能进一步走近"低结构",在学习中认识领悟,在实践中应用创生。

一、"三个走近"——在学习中领悟与提升

低结构成果经验告诉我们,芷江人始终在做一件事——为了儿童、基于儿童,让儿童立场"落地"。作为基地园,我们在学习的路上实现了"三个走近"。

一是走近低结构。我们通过听取学术报告和对低结构材料研究的经典案例分享,学习《让孩子表现自己,让教师发现孩子》一书成果,并转化为园本教研中的主要资源,来领悟低结构活动的价值与内涵。

二是走近材料。基于教师的问题和需求,成果方通过"玩中研"工作坊机制,围绕"儿童与玩具"的主题,进行互动、交流、研讨,让我们对环境与材料的理解提升到了一个全新的高度。

三是走近孩子。从"学习研讨"走向"现场指导面对面"。芷江中路幼儿园毫无保留地公开活动现场,郑惠萍园长亲自带领核心团队走进基地园,观察解读活动中的幼儿与材料、实践中的师幼互动,帮助我们提升对高质量"玩中学"的理解,思考将教学目标内隐于开放的环境与材料,为幼儿在快乐的过程体验中自主建构经验,提供所需要的观察与支持。

二、"两个走向"——在实践中优化与调整

低结构理念影响着我们的课程观。我园的市级课题"指向幼儿主动探究的项目式学习研究"成为我们学习应用低结构理念，不断优化调整课程实施的载体，帮助我们在课程实践中生成"两个走向"。

1. 从环境的开放走向课程形态的开放

我们用心打造一个开放、自主的课程环境，努力用孩子的视角替代成人以为的儿童需要。我们创设室内外融通的环境，让孩子在与环境的对话、互动中满足多种活动和多样化发展的需求；我们设计项目化环境，为孩子提供丰富多元的材料和完成学习探究任务的"一站式"支持；我们将博物馆理念融入课程环境，共同收集材料办起了"小宁博物馆"，让孩子在项目探究过程中有资料可查、资源可选、经验可展、成果可表达。我们不断优化的课程环境助推我园课程形态走向开放，它彰显了孩子的权利，并支持孩子实践自己的主张。

2. 从板块割裂走向四类活动融合

在低结构成果经验中，我们发现了对课程领导力与课程执行力的高要求。因此，我们加强课程管理的研究。首先，在实践操作中形成"课程管理"与"课程执行"的"互为影响"。通过循证反思，动态调整课程行为，为完善课程方案找到证据。其次，我们尝试班本化弹性作息。给予教师课程自主权，在开展项目式学习过程中尝试班本化实践，将作息中部分时间的安排权交给教师和幼儿。最后，揉活四类活动的边界。尊重幼儿的学习需要，科学调整和优化课程安排，降低活动的结构化程度，重点研究游戏中的学习，让幼儿在充分自主的学习过程中获得完整的经验和快乐的体验。

三、"两种尝试"——在思考中应用与创生

低结构物化成果"产品＋课程"辐射到基地园后，基于前期的学习与领悟，教师们对材料应用提出了一致的观点，即发挥材料作用，注重对幼儿的观察，强调教师的支持，引发幼儿探究的乐趣和主动学习行为。但是，教师对如何实践应用材

料,产生不同的思考。基于对教师差异的尊重,我们尝试开展两种模式的实践。

1. 尝试"启发式"推进

教师学习参考"产品+课程"说明书玩法进行活动设计,根据班级幼儿的现有经验,思考材料投放的不同阶段、数量、玩法以及教师的观察重点和针对性指导等。在这个过程中,教师观察孩子的学习行为,启发引导孩子的生成问题,支持孩子持续探究的乐趣。入职三年的青年教师在实践尝试后认为,教师很需要先研究好材料,对说明书推荐的玩法要结合班级幼儿实际情况进行分析和阶段分解。教师们带着思考去实践,实践后才会有反思。

2. 尝试"项目式"推进

教师用问题驱动的项目式学习思路去推进"产品+课程"的应用,观察孩子对新材料的兴趣,创设更开放的空间,引发主动探究行为,鼓励孩子创生出多样化的"玩中学"。

大五班是我园最早投放万物镜材料的班级。于老师尝试运用"项目式"学习方法,记录了孩子主动探究的"五个镜头":从"单筒"研究到"多筒"研究,从平面探究到立体构建,从"单筒望远"到"多筒折射望远",从发现声音会转弯到发现光的折射……教师通过启发、设疑、追问、鼓励、资源支持,看到了孩子们探究的步步升级,主动学习能力的不断深入。

于老师说:"我认为教师先不要对材料有很多设计和干预,引发孩子主动学习的过程不是先决定教师能做什么,而是先观察孩子发现了什么,孩子的经验和需求是什么……"

当前,我们的"两种尝试"还在继续。通过"启发式"重点研究"产品+课程"的应用,通过"项目式"与已有特色相结合,实现创生,两者都离不开"看懂孩子、读懂孩子"。

我们认为,"产品+课程"应用与创生还需要一定的时间去研究和积累,让教师们有更多的发现和感悟。同时我们需要进一步创新教研机制,让教师会讲孩子的材料探究故事,以培养能看懂孩子、支持孩子的教师团队。

作为第一批基地园,在上海市示范园办园质量评审中,我们运用低结构理念创设的课程环境、开展的课程研究,以及"视力+"和"万物镜"材料的园本化使用,获得评审专家的一致好评。低结构成果和产品的辐射,让我们站稳儿童立场,并站在巨人的肩膀上去实现教育的理想和幼儿园发展的梦想。

基于案例问题 开启"低结构活动"

上海市静安区大宁国际第四幼儿园

2021年4月,我园有幸成为芷江中路幼儿园"低结构活动"项目的第一批实验基地园。经过学习与探究,我们的教师对于"低结构活动"有了不一样的认识,从原先的耳闻到如今的实操,从原先的害怕尝试到如今的乐于挑战,无论是在教育观念还是在教育行为上都发生了很大的变化。我们以低结构材料"万物镜"为例,向大家介绍我园是如何让"低结构活动"落地的。

问题是一切追根溯源的开始,案例分享是呈现问题的有效途径,对于初次见面的低结构材料"万物镜",我园的探究从案例问题开始。

一、案例分享

案例1 讲材料的故事——万物镜

在教研组活动中大家一起玩万物镜,一边玩,一边探讨:万物镜怎么玩?

教师们对于这个由镜子、内部有镜面的管道以及可以插入镜子的多通接口组成的低结构材料基本集中在一个玩法:反射管道中的光。大家一起动手,搭建长长的管道,并通过插入镜子,目的让光能反射出不同的路径。

教师们普遍觉得:万物镜好玩,但是太难了,不教孩子肯定不会玩。

我们有了第一次的思考:这真的是孩子们想的吗?孩子们真的不会玩吗?于是我们决定让孩子去玩一玩……

孩子们在玩万物镜的过程中的确没有出现教师们所认为的"玩",只是单纯地对万物镜的管道、镜子产生了兴趣。有的孩子用"管道"建构,有的孩子照镜子做鬼脸玩,有的孩子玩起了镜子和光的游戏……

孩子们的"玩"和教师的"玩"不同,再次引发了我们的思考:孩子们的这些

"玩"行为真的没有意义吗?

教研组又坐在一起进行了研讨。教师们问自己:我们做的是不是孩子想的做的?如果我们告诉孩子万物镜可以这样玩,是不是真的为了孩子的发展考虑,这是不是所谓的站在儿童的立场提供的教育支持。

结果,我们发现孩子们的"玩",能看见更大的世界。

通过对"低结构活动"的项目学习,教师们渐渐学会了思考,学会了提问与反问。我们问自己:万物镜这类低结构材料,真正带给我们的是什么?难道仅仅是让孩子学会光的反射?

通过观察孩子们"玩"的行为,我们发现低结构活动带给我们的是教育观念的转变,是发现孩子们真正的需要,是借助低结构材料实现"儿童发展优先"。

于是我们的教育行为开始发生转变……

案例2　我给洞洞编编号(教师行为的变化)

这个案例实录也来自我们常规的"讲材料故事"的教研活动。

分享这个案例的教师抛出了一个话题"忍",她表示在记录孩子游戏的过程中"忍"得好难受。同时"忍"也引起了组内其他教师的共鸣,大家都表示,经常会在观察幼儿的过程中出现"忍不住"的情况。

教师分享的案例中,她对这个案例中的女孩开展了连续4天的跟踪观察,前两天女孩都是喜欢去看其他幼儿构建的万物镜组合,在游戏分享的环节中,女孩还提出了自己的问题:为什么有的万物镜管道能看到对面东西,而有的却看不到。

教师当时忍住没有告诉她答案,同时向她抛出了另一个问题:"哪些万物镜管道能看到对面的东西呢?"

从第三天开始,女孩就开启了对万物镜管道每个洞洞的探究。在探究过程中,女孩遇到许多困难,如因为看过的洞洞太多,她很容易就会忘记哪个洞洞会发光;洞洞距离太远,她一个人没有办法完成对每个洞洞的观察等。但是教师都忍住没有帮她,而是根据女孩的需求添置了更多辅助材料,如小配件、小玩具、粘贴工具、记录的材料、打光的电筒等,这些材料成为女孩探究需求获得满足的重要支持。于是,最后她成功为每个洞洞找到了好朋友,并编号匹配。

我们发现"等""看""信"是帮助教师"忍"的法宝,多次低结构培训与研讨使我们发现孩子的每个探究行为都有着独特的意义,教师不应把自己的想法强加于孩子,我们可以跟随他们的脚步去发现他们真正的需要,真正地实现"我想让你这样玩"到"我想看你怎么玩",相信孩子能从每一次的探究中获得自身的发展。

教师就做一个观察者、记录者、思考者,背后的支持者,虽然我们无法再次成为孩子,但是我们要努力去靠近他们。

案例3　为什么我们不喜欢……

通过观察发现,幼儿对教室里提供的万物镜有时不感兴趣,教师利用快乐分享时间,让幼儿说说"嫌弃"它的理由。幼儿纷纷说出:教室磁性墙吸力不够;磁性墙的位置又靠近午餐区;每天搭好的管道都会被大妈妈拆掉……

通过收集和整理孩子们的问题,发现"嫌弃"背后是环境存在的 bug,为了满足孩子的需要,教师向园长呈现了孩子的问题。

于是幼儿园专门为了万物镜改建了一条宽敞的"磁性长廊"。

我们发现教师教育观念的转变,使越来越多孩子的声音被大家听到,而源于孩子真实需要的支持才是有价值的支持。

二、我们的收获

"低结构活动"带给我们的收获和意义无论是在教研的发展还是教师的专业发展,以及幼儿的发展上都是巨大的。

1. 对教研的意义

对于教研"讲材料故事"成为教研的常态环节,通过日常的观察,教师们养成了以案例形式呈现问题的习惯,教研组以讲故事的方法解决案例中呈现的问题,帮助教师快速成长,提升专业的核心素养。

2. 对教师发展的意义

教师教育观念的转变,让他们能静下心来观察孩子的游戏,发现孩子的兴趣,更多地思考孩子行为背后的故事,给予切实的支持,满足孩子的需要。

有的教师表示师幼都很喜欢低结构材料,班中的小朋友也很会玩,他们在玩的时候专注力、合作力都很高。同时由于低结构材料的可塑性强,因此同样的材料可以在多个活动中应用。

有的教师表示很多有趣的经验都是孩子在反复摆弄中获得的,作为教师要尊重每个孩子独特的思考方式,努力为他们提供足够的时间、空间、鼓励和掌声,让他们能更勇敢地表达自己眼中所见,心中所想。

有的教师表示观察真的能让教师了解孩子,知道他们想要什么。在观察中教师能惊喜地发现孩子比我们更会思考,因此教师需要不断尝试从"我要……"转变为"我要听你们的需要",更多地站在孩子的视角去思考。现在的我们也更喜欢与同事讲孩子与材料之间互动的故事,因为里面充满着惊喜和快乐。

还有的教师表示从前一直认为教师需要教授孩子各种各样的技能才能让他们获得更好的发展,现在通过观察他们的玩,我们的观念也被悄悄转变。我们深刻感受到孩子无限的潜能,当孩子拿着低结构材料想象、摆弄、探索、操作时,他们会主动而富有创意地投入其中,自发的学习,教师更多的是保护和支持这份最珍贵的兴趣萌芽和能力发展。

渐渐地,教师们都爱上了与孩子们一起玩,一起在玩中探究与发展。和孩子一起玩可以让师幼关系更平等,让幼儿游戏状态更放松与自然。

同时教师也爱上了玩中研的教研互动模式。这样的教研模式有利于教师广开思路,从中发现的问题更具有客观性,同时解决问题的办法也更多样化。

3. 对幼儿发展的意义

所有教育都是为了幼儿的发展,教师教育行为的变化直接影响着孩子的发展。在低结构的各类活动中,我们发现教师的"放手"与在孩子身后的"支持"带给孩子们的是更强烈的愿望,更无限的创造,更大胆的表达,更主动的分享与合作,更持久的探究,他们也因此成长为更会玩、更会学的小玩家。

第四编

教师研究:成果的应用与反思

指向深度学习的"三议"数学课堂

上海市久隆模范中学 汪 珏

数学六大核心素养包括数学抽象、直观想象、逻辑推理、数学运算、数学建模、数据分析六个方面。基于核心素养发展的深度学习,其往往具有以下行为特征:较强的学习内驱力、以学生为中心、能够将所学知识迁移至其他不同的情境、应用知识解决问题并发现新的问题。核心素养是深度学习过程中生成的学习结果。

笔者常年在初三数学教学一线,发现学生解决问题后,一旦情境发生变换就会感到困难重重,对于通性通法、综合运用、理解迁移等方面非常薄弱。思其主要原因有二:其一,师生知识经验不匹配——教学中,大多以老师引导、分析、多媒体展示、讲解为主,忽视了学生真正理解、习得;其二,对学生学习的相异构想关注不足——初三课堂,由于知识容量大,学生往往没有足够的时间表达自己的想法,限制了经验与新知之间的对话。如何以学生为主,如何更充分挖掘学生的课堂参与度,激发学习热情,有效推动深度学习?由此进行了基于后"茶馆式"教学的"三议"课堂探索。

一、什么是"三议"课堂

教育领域中,最早在《教育目标分类学:认知领域》小册子中的布鲁姆认知理论,就把认知领域的发展分为六大层次,即知识、领会、运用、分析、综合、评价。有意义且有效率的学习需要一个从浅层进入深度的过程。而学生学习数学知识的不同水平,大致也可分为:知道——知识是什么,理解——知识怎么来的,表达——用文字及符号语言表达知识,应用——应用知识解决问题,迁移——在新的不同情境中应用知识,评价与价值。通过对比可以发现,布鲁姆的目标分类与学生学习数学知识的各维度是可以准确关联的。

"三议"课堂,源自后"茶馆式"教学的核心——"议"。"议"的本质是经验与文本的对话。把"读、讲、练、做"作为"议的支撑"。深度学习是目标,"议"是方法,学生在"议"中,促进思考,表达自我,增强体验。数学深度学习的"三议"课堂,简单来说,就是将整节课划分为三大阶段,即"新知理解""问题解决""巩固拓展",在每一个阶段中,以"议"为核心,用"三议"贯穿全课(见图1)。具体来说,在新知理解时,议概念(理解、联系、辨析),学生可以充分表达、深化理解;在问题解决时,议问题(审题、假设、解题),学生可以各抒己见、探究学习;在巩固拓展时,议变式(变题目、变情境、变角色),学生完成从"问题解决者"到"创设问题者"的角色转变、开拓思维。学生充分表达,帮助教师把握学生真难点;课堂对话探究,帮助学生深度体验知识生成过程。通过多元化学生活动体验,推动知识与经验对话,促进思考,提升迁移能力。

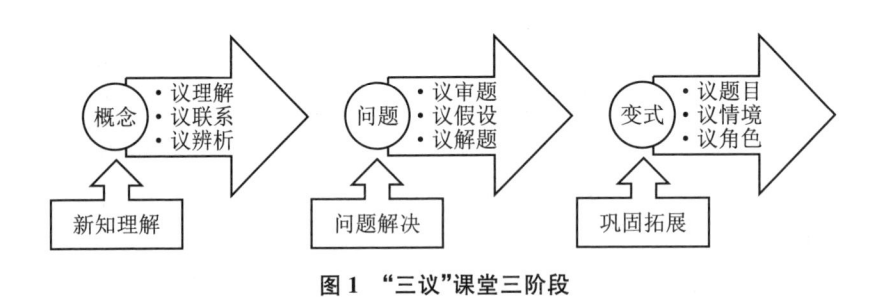

图1 "三议"课堂三阶段

二、"三议"课堂设计与实践

"三议"课堂教学将整堂课划分为"三阶段九环节"。在"新知理解"阶段"一议概念",通过议自身对概念理解、议新旧概念间联系、议相似概念间辨析,帮助学生加深概念理解;在"问题解决"阶段"二议问题",通过议对问题条件结论的解读、议解决问题的不同假设、议解决问题的不同方法,鼓励学生探索问题的多样性解决;在"巩固拓展"阶段"三议变式",通过议问题条件结论的变换、议不同问题情境的设计、议知识的不同应用迁移,变换学生角色,加大探究深度。

以沪教版九年级《直线与圆的位置关系》例题为例分析。这是沪教版九年级《圆》这一章节中《直线与圆的位置关系》一课配套练习的一道数学题,是一个动圆与长方形一边交点情况的探究问题。要解决这个问题,主要在于对"直线与圆位置关系"相关知识点的理解、迁移与应用,通过"三阶段九环节"……由此对《直线与圆的位置关系》一课的学习做了以下的突破与尝试。

引例:如图 2,已知矩形 $ABCD$ 中,$AB=2$,$BC=2\sqrt{3}$,O 是 AC 上一点,$AO=m$,且圆 O 的半径为 1。求:

(1) 线段 AB 与圆 O 没有公共点时,m 的取值范围;

(2) 线段 AB 与圆 O 有两个公共点时,m 的取值范围。

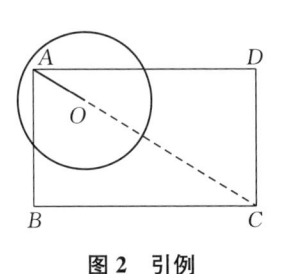

图 2　引例

1. 议新知理解,深化概念学习

概念理解有三个不同的水平层次,即对概念本身内涵和外延的理解,在概念之间建立起联系,形成概念域或概念系。在新知理解时,议概念,通过议理解、议联系、议辨析,引导学生解读新知概念的同时,让他们主动思考其与旧知识之间的联系,并对于相关、相似、相对的新旧概念之间异同处进行辨析,由浅入深、由点及面,对于概念深度思考、充分表达、深化理解。

【教学设计】本节课在"新知理解"环节中,组织学生动手实践操作、阅读文本知识(见图 3)后,引导学生从自身理解、知识细节、边界困惑等方面,议出自己对这段文本的理解与思考。议理解:直线与圆的不同位置有哪些? 直线与圆不同位置关系的 dR 条件是什么?"直线与圆三类位置关系的关键是什么?"议联系:"直线与圆的位置关系"和前面所学"点与圆的位置关系有什么相通之处"两类位置关系条件的本质是什么? 议辨析:两类位置关系 dR 条件一致,d 表达的含义有什么区别? 两类位置关系中 $d=0$ 时的图形直观有何特征? 你有什么困

如果 $\odot O$ 的半径长为 R,圆心 O 到直线 l 的距离为 d,那么
直线 l 与 $\odot O$ 相交 $\Leftrightarrow 0 \leqslant d < R$;
直线 l 与 $\odot O$ 相切 $\Leftrightarrow d = R$;
直线 l 与 $\odot O$ 相离 $\Leftrightarrow d > R$.

图 3　课本中的知识点

惑?……通过问题链设计,引导学生抽丝剥茧,剖析概念。学生充分表达,教师适时启发:此类问题的解决,往往聚焦在 d(圆心到直线的距离)及 R(圆的半径)之间的关系。

2. 议问题解决,启发知识应用

问题解决有四个不同阶段,即认知明确问题,分析问题的特点与条件,提出假设并考虑解答方法,检验假设思维过程。在问题解决的核心环节中,议问题,通过议审题、议假设、议解题,讨论拆解问题的题设与结论,寻找题设结论中与已有知识经验间的关联并做出合理假设,从代数、几何、函数等多领域思考可行的方法尝试解决问题,引导学生厘清问题本源、聚焦问题条件,体验应用新知概念解决问题的过程,启发学生形成各种假设,形成最优,帮助学生各抒己见、探究学习。

【教学设计】在本例简单概念理解练习之后的"问题解决"环节中,结合数学核心素养在初中阶段主要表现中的"几何直观"及"模型观念",针对"引例",鼓励学生在应用知识的过程中,从审题破题、初步设想、建立模型、验证求解等不同角度,揭示对问题的尝试解决的不同相异构想及思考。"此题是线与圆的位置关系,要找到 d 和 R""圆心 O 运动时,半径 R 没变""d 在变大""可以找找看什么时候 $d=R$""这是线段,与直线情况还有点不一样""找找看其他临界位置"……通过将"求取值范围"转化为"寻找不同的位置临界状态"进行难点突破,最后在全班学生共同找全 6 个临界状态后,得以解决。教师提炼方法:本题的本质是圆与线段的位置关系,既延续着线与圆的 d 与 R 关系条件,也需关注线段本身的位置限制。学生理解更深刻,练习与知识间联系也更紧密。

3. 议巩固拓展,发散知识迁移

知识迁移的方法有很多,逆向思维运用、变换应用情境、多知识叠加综合应用等,注重知识的同化调整,提高迁移水平,有助于知识的认知结构在学习的不断深入下扩大、深化和发展。不同问题情境的探究有助于学生不断将抽象的数学知识形象化,实现思维的拓展,从而加深学生对所学知识的认识和理解。佐藤学的《课程与教师》也主张:将"传递中心课程"转变为"对话中心课程",将教师角色由"技术熟练者"转变为"反思性实践者"。在巩固拓展时,议变式,通过议题目、议情境、议角色,引导学生讨论问题的题设和结论怎么变、问题的情境怎么变,鼓励学生自主创设不同问题情境并尝试解决,完成从"问题解决者"到"创设问题者"的角色转变,开拓思维。

以促进深度学习为目标,问题情境创设为载体,以分组合作为路径,组内合作、组间竞争,思维性较强的孩子创设情境、中等孩子参与解决问题、思维性较弱的孩子感受自主创设情境的魅力来提升数学兴趣。对于创设新情境,即使课上没有足够的时间使用,也可在课后作为生成性宝贵学习资源。巧借学习共同体,导向深度,进一步引导所有孩子主动地、有深度地链接知识,增长经验。

【教学设计】在"巩固拓展"环节中,在简单的巩固练习之后,变更学生角色,鼓励学生自主发散,改变创设新的问题情境。通过"变条件""变结论""变图形"等方式,尝试将矩形中,线段与动圆位置关系的问题进行不同迁移,同学们结合已学习过的直角梯形、等腰梯形等,将问题情境从矩形背景中改变为其他图形背景中,也有同学创造性地提出从原来问题中的"一个圆"增加至"两个圆"的情况,增加圆的数量。教师帮助学生,师生共同尝试,寻求解决方法,不能在课上解决的,也可作为课后延伸的珍贵素材。

三、"三议"课堂教学方式的启示

真实情境是"三议"课堂的基础条件。根据教学内容创设或引导学生创设符合其认知水平的数学情境,使学生在参与的情境中完成学习任务,产生情感体验,提升学科核心素养。在整个教学活动中,学生不再是被动的观察者,而是学习的主动参与者。通过参与情境,在与情境交互作用过程中完成知识的学习,对情境进行思考,在处理不同情境问题时,能从之前的思考中获得解决办法,达到激发思维、维持思维、促进思维的目的。联系生活中原型启发假设,在拓展阶段鼓励学生举一反三,创设情境变化,探索知识,建立从一个概念到另一个概念的链接,提供广阔的思维空间,丰富迁移路径。

"议"是贯穿课堂始终的关键特征。通过在课堂的不同环节,针对不同的内容,进行不同方向的"议",既能提升学生课堂学习活动参与的积极性,促进学生充分表达,也能通过不同学生不同想法的交互,产生师生、生生认知冲突,在种种冲突中,进一步激发学生强烈探究欲望和学习兴趣,促进认知结构的同化和适应,以实现新的平衡,让学生去尝试、体验、探究,使课堂活起来,促进深度迁移。

概念进阶是促进学生深度学习的知识路标。建构主义认为:"数学学习并不是一个被动接受的过程,而是一个主动构建的过程。"搭建概念的"脚手架",在学生已有的知识技能和学生需要达到的目标之间,设计适合学生需要的"脚手架",在新知理解时的本体理解——同质联系——异质辨析,在问题解决时的明确问题——分析假设——方法解决,在巩固拓展时的变式题目——丰富情境——变换角色,在不同阶段巧设不同特点的"脚手架",走向深度学习,提升迁移品质。

后"茶馆式"教学的关键是"先学"
——以初中数学《表示一组数据波动程度的量》的教学为例

上海市静安区教育学院附属学校　逯怀海

后"茶馆式"教学强调：学生自己学得会的老师不讲。老师怎样才能知道哪些是学生学得会的、哪些是学生学不会的？需要通过学生先学。

先学活动是课堂教学的核心，需要精心设计出有序列的脚手架。

以《表示一组数据波动程度的量》这节课的循环实践为例进行说明。

《表示一组数据波动程度的量》是统计这一章中的一节概念课。本节课的主要内容是探究数据的离散程度、认识"方差"和"标准差"两个量及其实际意义。

一、备课需要初步预估学情，设计出合适先学的脚手架

备课时，需根据以往的教学经验预估学情，设计出学生先学的脚手架，再通过脚手架进一步了解具体学情。大多数时候，我们往往能够根据自己的经验估计出学生的问题所在，并重点解决，但是实际课堂实施就会发现有不少估计不足的地方。这就需要从学科、学生、社会发展几个方面同时考虑，重要的是从学情出发，而不单单从学科角度考虑。从学生学情和学科两个方面设计合适先学的脚手架，会极大提升课堂效能。

以初中数学《表示一组数据波动程度的量》的教学为例。在备课的过程中，老师们事先进行了充分的考虑，设想了学生容易犯错的几个知识点。对于这一点大家非常积极，把自己的经验都充分地运用起来，经过认真的讨论，得到了这样几点共识。

1. 主要概念问题组合

（1）什么叫作方差、标准差？

（2）方差、标准差有什么作用？

(3) 除方差、标准差外,判定一组数据的波动程度还有什么方法?

这一组问题组合是根据学科内容设计的,是教学重点。因此,不同班级都可以有这样的问题组合。但是仅仅这样的问题组合,没有考虑学生的学情,需要设计不同班级学生可能需要的问题组合。

2. 学情预设问题组合

(1) 标准差的单位是什么?方差的单位是什么?

(2) 为什么这样定义方差?

(3) 在引例中,为什么是"五袋产品的重量"的方差,而不是"甲、乙两条流水线每袋产品的重量"的方差?

这样的问题组合是根据学生的学情进行设计的。不同的班级学情不同,可以设计不同的问题组合。

3. 概念运用问题组合

(1) 根据哪些量来确定冲击竞赛的一个选手,根据哪些量来确定哪几个选手?

(2) 什么时候平均数不具有代表性?

(3) 平均数不具有代表性,应关注这组数据的哪些量?

这一组问题组合是为实际运用设计的,需要从学科和学情两个方面进行设计。

后"茶馆式"教学强调先学,为了了解学生自学后到底搞懂了些什么,根据我们的经验反复讨论,终于确定了事先预设的这几个问题。教师们一致认为,我们的准备已经很充分了,对于学生可能产生的问题也有了比较充分的了解。

但是随着这几节课的逐步深入,我们发现了一些出乎意料的问题。特别是对于学生的想法,以前我们仅仅以教师的经验来预设,现在通过一些手段暴露学生的相异构想,这才是关键。例如先学后练再议,先练后学再议等。这样的一个课堂循证研究过程,对于改变我们过于依赖经验设计脚手架有很大的冲击。

下面从备课以及这几节课的教学研究中,反思我们对于学生的理解到底有多少。

二、通过脚手架学生进行先学，可以进一步暴露学生的相异构想

在教学中，老师主动暴露学生想法的意识以及手段不够的时候，易出现这样一个问题：学生到底是怎么想的呢？备课时根据预估学情设计的脚手架，课堂内通过先学进一步暴露相异构想，这是一个切实可行的教学手段。

经过课堂的先学，可能会解决预先设计的几个问题，也可能没有解决所有问题，即使解决了所有问题，有时又有新的问题产生。因为同一节课不同学生、不同班级之间的想法会有不同，学生的闪光之处、疑惑之处需要充分地暴露并解决。《表示一组数据波动程度的量》的第一次教学就体现了这一点。这节课学生的先学主要有三个环节：

第一个环节：学生看书，概念分析。

学生讨论老师给出的前三个问题，这一部分进行得比较顺利，学生的回答基本符合老师的预设。在这之后，结合学生的提问，提出后面的三个问题，特别是对于问题"为什么这样定义方差？"学生有各种各样的回答。有的说："用绝对值不是更简单吗？"有的说："用平方数字计算比较烦琐。"这里花费时间较多，有七八分钟，并且学生对于同伴的解答还不够满意。再进行练习时，发现学生的书写格式不规范，没有写出公式本身，说明看书时没有深刻理解书写格式的意义。

第二个环节：学生看书，比较异同。

这里学生回答老师预设的三个问题较为容易，但是对于"平均数相同或者接近的情况下，方差越大，波动程度越大"这个结论的前提条件"平均数相同或者接近的情况下"，学生很难自己提出，也比较难理解。

第三个环节：举例练习，分析讨论。

这里的一个例题设计得比较容易，平均数大一点的数据方差大，这样答案比较明显。但是课堂显得比较仓促，老师预设的问题较多，学生不同的想法还没有充分暴露，课内的5分钟后测时间都不够。

三、课堂先学后对脚手架进行改进，便于后续优化课堂实践

课后对这节课的先学环节进行反思，为下次课做出一定的优化。为此，我们在第一节课的实践后，又进行了三次课堂实践。

第一节课的课堂实施后，我们自认为设计得很好，学生有两个自学的环节，应该有助于节省时间，可是实际上课时时间并不够，我们进行了充分的反思，修改了课堂脚手架的顺序。于是，我们进行了第二次课的实施。

1. 学生看书后，小组辨析改为练习自学

经过第一节的实施，老师们产生了激烈的讨论，都认为应该做大的调整，因为老师虽然问题预设得清晰全面，但教学重点没有很好地凸显出来。老师们自认为从学生角度出发，预设了一些问题，然而问题再精彩，也不是学生提出来的，且重点也不够突出，较多的细枝末节反而冲淡了主题。因此争取做到重点突出，针对重点问题，充分暴露学生的各种想法。

（1）设计练习的自学脚手架

为此，主要修改一个环节，就是学生自学完书上的概念后，不再设计讨论辨析，而是直接进行一个求方差的小练习，通过基础比较弱的学生的板书暴露问题，再进行讨论。

（2）运用练习的自学脚手架

在第二节课的实施中，我们计划做调整，因为这种调整可能会暴露一些重点问题。在讨论过程中发现，学生虽然知道这个问题的重要性，但是不知道怎么表达。另外，在学生反馈练习的第三个环节中，把练习题改成了"平均数接近，但是平均数小的方差大"，目的是体现学生更多不同的想法。但是，这个问题反而使一部分爱动脑筋的学生很纠结，有的认为高分出现多就好了，有的认为平均数大的一定好。从不同的角度得出相反的结论都能够认可，显得无所适从，这个设计有点费时费力，但不突出重点。

（3）深化练习的自学脚手架

课前预计到学生对于公式本身不太理解，因此希望放手讨论，暴露学生的不同的想法，课后仍然有学生对于上课的解释不太认同，还是认为用绝对值比用平方方便，这远远出乎我们的意料。于是课后对这个问题又进行研究，比较

这两组数据"2、2、4、4"和"3、3、5、1",用绝对值和方差有所不同,学生才能够认可。这也表明备课时还是没有很好地了解学生的想法,特别是学生对于问题的理解深度,学生对于一两个计算结果就推出结论不是能够轻易认可的。为此,我们又进行了第三次的课堂实践。

2. 学生练习后,通过辨析充分暴露相异构想

三个环节都没有大的改动,但是为了能够重点解决学生不理解的地方,并能够较好地暴露学生的相异构想。于是做了这样的调整:在第一个环节中,学生看完书后,进行求方差的小练习,并让基础较差的学生板演,这样才能够暴露学生的不同想法。然后进行三个主要问题的讨论,学生结合这三个问题,提出自己的想法和问题,三个补充问题可以根据学生的提问进行取舍。

(1) 充分暴露学生相异构想

鼓励学生可以尽情地提出自己的想法。在这种氛围中,一个学生,提出了一个出乎意料的问题:"同样一组数据,不同的排列顺序,波动一样吗?"这使我们认识到"波动"这个词没有离散明确,因为这个词给人一种"带有顺序"的误解,而"离散"这个词没有这种误解。相应地,用图形比较波动程度的大小时,去掉了折线,也是为了避免"带有顺序"的误解。

(2) 合理解读学生相异构想

事后我们进行了比较深入的讨论,认识到这个学生的想法很有可取之处。例如,"2、2、4、4"与"2、4、2、4",虽然它们的方差一样,但是从左向右看第一组数波动好像小一些。课本本身运用"波动"这个词也有其不足之处。这个学生的问题极大地鼓舞了我们的信心,学生真的能够提出教师没法预料的问题!如果我们还是以讲解为主,怎么暴露学生这些闪光点和不理解的地方呢!

通过这节课,我们认为只有通过更多的途径暴露学生的闪光点和不理解的地方,一节课才能够实现提高效能的目的。通过"先学后练再议"这样一个环节,我们老师清楚地知道了学生的想法只有在更多的练习、议论等自主学习过程中才能够暴露,在教师的讲解中难以体现,教师"好心"讲解不会办"好事",甚至会把事情搞复杂。

学生先学,并且是充分地先学,才能暴露学生相异构想。

在这样成功的课堂实施之后,我们又进行了第四节课的课堂实施,目的是把成功课堂进行"复制"。

3. 序列脚手架的先学，暴露相异构想并解决

（1）序列脚手架的先学

① 学生看书、圈画重点。

② 自主进行求方差的小练习。

③ 学生板演练习题的不同错误并辨析。

④ 小组讨论主要概念的问题组合。

⑤ "平均数相同，方差不同"的应用题，辨析解答、错误与方法。

这说明了学生需要进行的学习活动，包括先学。有了这样的脚手架，学生先学，学生自己能学会的老师不讲，如此便能够充分暴露学生的相异构想并解决。

（2）暴露相异构想并解决

① 学生看书的时候根据老师提供的问题组合，在课本上圈画重点，形成自己的想法，并记录存在的问题，暴露看书后的相异构想。

② 自主进行求方差的小练习，再一次确认对概念的理解，在看书过程中不易暴露的相异构想可以在练习中充分暴露，学生很可能再次看书进行理解。

③ 学生板演练习题的不同错误并辨析，在自己的错误或他人的错误中，进一步提升对概念的理解。

④ 小组讨论主要概念的问题组合，这一环节进一步巩固主要概念，形成清晰而明确的理解，相异构想基本解决。

⑤ "平均数相同，方差不同"的应用题，辨析解答、错误与方法，学生可能在运用中还会暴露原来没有"可视化"的相异构想，也可能产生新的相异构想。

这节课，没有在细枝末节上纠缠，对主要的几个先学问题展开了充分讨论，这个班级学生理解得最好，用时最少。课内5分钟后测也能准时完成。

通过这四节课的循环实践研究，我们不再仅仅依照自己的预设来推测学生的想法，不仅仅依赖我们多年来的经验设计脚手架，而是在备课时，以"我真的知道学生怎么想的吗"为出发点，设计有序列的脚手架（有的必用、有的备用），以便课堂先学的时候能够更好地暴露学生的相异构想。这一序列的脚手架，可以是一道题目，也可以是题目的不同解法、不同错误，还可以是一组题目的变式练习，甚至是对核心问题的讨论分析活动设计，以及学生自己的疑问……

充分暴露学生的相异构想，需要设计合适的脚手架。通过课堂先学，暴露学生不同想法，再进行反思及优化。所以设计适合学生先学的脚手架，在课堂内组织学生先学，暴露相异构想并解决，是提升家常课的教学效能的主要手段，也是重要手段，更是落实新课程、新课标的重要途径。

后"茶馆式"教学融入初中数学整合式教学的实践研究

——以八年级"四边形"为例

上海市静安区教育学院附属学校 喻 悦

后"茶馆式"教学强调师生之间的平等交流和互动,更多关注学生学习获得知识的方法与过程,旨在提高学生的学习效能。这一教学理念更注重学生的自主学习和合作探究,强调教学过程中学生的主体性和实践性。后"茶馆式"教学已经渗入日常教学,我们坚持学生自己能学会的,教师不讲,我们关注学生"相异构想"的发现与解决,实现自主学习和深度学习。

《义务教育数学课程标准(2022年版)》提出:热点难点问题积极探索、大胆创新,特别是在数学基本思想、基本活动经验、发现和提出问题的能力、综合实践活动、单元教学设计与实施等方面开展深入研究与实践。与此同时,《义务教育数学课程标准(2022年版)》提出,在课程内容组织上,重点要对内容进行结构化整合。基于新课程标准的要求,同时是基于后"茶馆式"教学课堂实践的需要,本文以初中数学八年级四边形章节为例,就后"茶馆式"教学融入初中数学整合式教学做了初步的思考。

一、后"茶馆式"教学的基本假设

后"茶馆式"教学的基本假设认为学科体系的逻辑结构与学生认知的逻辑结构不一定重合;教者可以是教师,可以是学生,也可以是文本、实验,以及利用信息技术开发的教学资源等;总有一部分内容学生自己是能学会的,只是学科、内容、年级不同,学生自己能学会的内容有所不同;任何学生在学习任何知识之前,头脑里都不是"空"的,都有他们原有的知识和经历;学生之间有差异,这种差异不仅表现在知识与技能、过程与方法上,还表现在情感、态度与价值观上。

二、整合式教学的意义

教学设计是在对学习者全面及时地了解和分析之后进行的设计活动。以学习者为中心,围绕学习者在学习过程中遇到的学习问题而展开教学设计,充分体现了学习者的主体地位。单元教学设计就是从一章或者一单元的角度出发,根据章节或单元中不同知识点的需要,综合利用各种教学形式和教学策略,通过一个阶段的学习让学习者完成对一个相对完整的知识单元的学习。单元教学设计要注重单元教学内容的整体性、相关性、阶梯性以及综合性。单元教学设计旨在促进学生对单元学习内容形成整体观,了解各知识点之间的联系,提升学生对技能方法的迁移能力,加强学生对数学基本思想的掌握,丰富学生基本活动经验,以最终提升学生发现问题、提出问题、解决问题的能力。

学者吴亚萍提议按照"整体—部分—整体"的过程展开逻辑来进行教学。她所说的第一个"整体"是整体感悟,即学生通过学习能够从整体上对学习内容有初步的感悟和体验,它可以为学生发现问题、研究问题和形成新知识提供脚手架式的结构支撑。整合式教学体现在内容的整合、学习方式的整合、教学评价的整合。课程内容的整合,即打破原有课时的界限,将几个课时的内容以新的逻辑架构进行重新组合。学习方式的整合,即打破原有学习加操练的单一模式,配以合作学习、小组探究等多元学习方式。教学评价整合,即融合过程性评价、表现性评价、描述性评价和增值性评价等。

单元整合式教学是基于一个单元知识的结构体系,将其教学内容、教学课时安排、教学形式、教学评价等进行系统化的整合,以促进学生更好地掌握知识点间的联系,理解数学学习的思想方法,促进学生学习能力的提高。

三、整合式教学的实践研究

1. 教学设计中课程内容的整合

第22章四边形在教学参考中建议的课时分配情况如表1。其中,"平行四边形"的 4 课时教学建议是分别将平行四边形的定义、平行四边形的性质定理 1—4、平行四边形的判定定理 1—4,按照较为简单的编号顺序,以每节课教授 2 个定理为主要内容,其中包括定理的证明和运用。主要的教学形式比较单一,割裂了定理之间的内在联系。在以往的授课方式下,学生虽然在课堂上的证明与运用都表现得比较良好,但是时间隔得一久,便容易遗忘相关的定理。因此为了促使学生对本节知识掌握得更加牢固,需要他们对知识内在的联系,以及平面几何基本的研究方法有更好的掌握。因此,就"平行四边形"的教学内容进行如表 2 的整合。

表 1 教学参考中"四边形"的课时分配建议表

授课主题	授课时长
多边形	2 课时
平行四边形	4 课时
特殊的平行四边形	5 课时
梯形	1 课时
等腰梯形	2 课时
三角形、梯形的中位线	2 课时
平面向量	2 课时
平面向量的加法	2 课时
平面向量的减法	3 课时

表 2 平行四边形内容整合前后的课时安排表

授课主题	授课内容
平行四边形的定义 平行四边形的性质定理 1—2	1. 平行四边形的定义; 2. 猜想平行四边形中的各元素的数量关系、位置关系并证明; 3. 归纳平行四边形的性质定理 1—4。
平行四边形的性质定理 3—4	
平行四边形的判定定理 1—2	1. 从定义与性质定理的逆命题出发,研究平行四边形的判定定理; 2. 归纳已获得的判定定理中的条件,做有关"平行四边形判定"的主题研究; 3. 完善平行四边形的判定定理,并交流其他命题中真命题的证明和假命题的反例。
平行四边形的判定定理 3—4	

在第一、第二课时整合后的课程实施过程中,学生凭借原有三角形学习的基础,以及和三角形对比的差异,可以分别从边的数量关系、位置关系,角的数量关系以及对角线的数量关系进行猜想并证明。

整合后的授课形式,不仅能够使学生掌握相应定理的证明,而且能够使学生掌握研究平面几何的一般方法,也促使他们能更好地记住平行四边形的性质定理。

第三、第四课时以及机动的第五课时,整合后的实施内容则对学生有更高的要求和更好的锻炼。学生凭借原有平面几何的性质定理与判定定理的相互关系,比较容易从定义和性质定理的逆命题出发,探究平行四边形的判定定理。

但是在提炼条件和对于重新组合边、角、对角线中的两个条件组成新的命题中,进一步探究平行四边形存在困难。困难主要体现在两个方面:一是不能完整地找到所有相关命题,或者所找到的命题有重复;二是对于有些命题的证明或举反例存在困难。

因此,在实施过程中,针对第一方面学生存在的困难,教师借助图 1 中呈现的框架图,助力学生进行下一步的探究。框架图的主要内容是组成平行四边形的基本元素,同时以文字语言和符号语言的方式呈现,可以促使学生完整而不重复地确定相关命题。而针对学生存在的第二方面的困难,教师可以采取学生互助的方式,有效提升课堂效率。而对于一些难度较大的命题,可以延伸到课后,作为作业,让学生有更充分的时间思考、交流,甚至是查阅资料等。

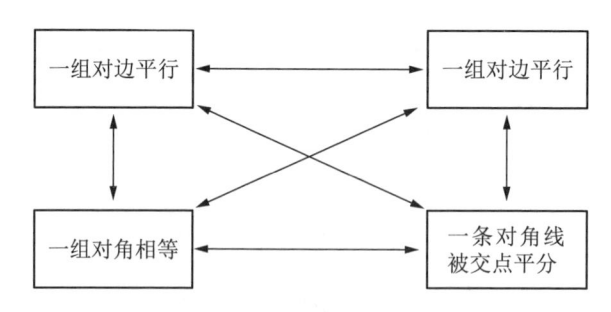

图 1　平行四边形相关命题的框架图

通过这样的课程内容重组,促使学生对一个平面图形研究的基本方法有所了解。这样的课程促使学生学会的不仅是平行四边形的相关内容,而且是如何研究平面图形的基本方法,包括从哪些元素研究它的性质,如何从定义和性质定理的逆命题出发研究判定方法,哪些条件的组合可以形成新的命题等。这样的课程整合,不仅能覆盖基本的教学内容,而且更能体现知识背后的内在联系,比起以往按照定理顺序的证明与练习,更能让不同程度的学生在其中拥有不同程度的收获。

基于对"平行四边形"的探究学习,"特殊平行四边形"中的矩形、菱形和正方形的探究,以及"梯形"和"等腰梯形"的教学均可以类比平行四边形而展开。

2. 教学设计中学习方式的整合

本单元课程内容整合之前,教学形式较多以"猜想—证明—练习"为主,学生主要的学习方式是接受式的独立解题。这样的学习方式对于提升学生发现问题、提出问题并解决问题的能力有限,对于提升学生学习效率也很有限。简单划一的学习方式也容易造成有的学生"学得费劲",有的学生"吃不饱"的状态。

结合本单元课程内容的整合,学生的学习方式也整合为接受与发现相结合的形式。发现式学习可以通过学生自主探究与合作学习等方式体现。在本单元的课程中,学生自主探究和合作学习的机会被充分挖掘出来,例如在寻找平行四边形判定定理,寻找、概括并提炼组合条件构建新的命题时,都需要学生发挥学习的主动性去进行自主探究。除去课堂上的探究,部分命题的研究将延伸到课后,更加需要学生有学习的主体意识。同时,为了提升课堂效率,学生之间的合作学习也发挥了积极的作用。通过小组成员间的合作,能快速并高效地解决一部分同学的疑问,促进课程内容有效推进。

3. 教学设计中评价方式的整合

本单元传统的评价方式,主要以能否完成相关练习题为主要评价标准。基于对本单元课程内容的整合,评价方式也相应从单一到多元,从结果到过程,更重视在学习过程中学生数学综合素养的发展。其中,过程性评价包含有个人在课堂上自主学习过程中的成果反馈,也包含个人课后探究的成果展示,还包括小组合作中的分工以及对于小组合作中的互评等。

将形成性评价整合到整个评价体系中,重视学生日常学习过程中的表现、所取得的成绩以及所反映出的情感、态度、策略等方面的发展,是基于对学生学习全过程的持续观察、记录、反思而做出的发展性评价。这样的评价方式可以更好地激励学生学习,帮助学生有效调控自己的学习过程,使学生获得成就感,增强自信心,培养合作精神。

后"茶馆式"教学在小学语文课堂教学中的实践应用
——以三年级下《看月食》为例

上海市静安区教育学院附属学校　王　婧

随着教育理念的不断革新，后"茶馆式"教学以其独特的教学流程和注重学生主体地位的特点，逐渐成为提升教学质量的有效途径。本文以小学语文课文《看月食》为教学案例，深入分析后"茶馆式"教学在实际课堂中的应用，并探讨其与独立学习、合作学习的深度融合，旨在实现个别化教学，提升学生的学习效能。通过多层次默读训练的设计、独立学习与合作学习的有机结合，本文总结了后"茶馆式"教学的优势，并对未来的教学实践提出了展望。

一、引　言

后"茶馆式"教学，以其"读读、议议、讲讲、练练"的课堂教学结构，为小学语文教学注入了新的活力。它强调学生在课堂上的主体地位，通过引导学生自主阅读、讨论交流、教师讲解和练习巩固，培养学生的自主学习能力和合作精神。在《看月食》一课的教学中，本文尝试将后"茶馆式"教学与独立学习、合作学习相结合，探索其在提升教学效果方面的潜力。

二、《看月食》教材分析与学生认知难点

《看月食》这篇文章，以"我"和表弟的亲身经历为线索，不仅带领学生领略了月食这一自然奇观的壮丽变化，还细腻地刻画了观看过程中情感的起伏与转

变,对小学三年级的学生而言,既是一次科学的探索,也是一次情感的体验。

在教学实践中,面对学生对月食这一科学原理及文中情感变化的理解难点,我们需采取寓教于乐、循序渐进的教学策略。首先,通过生动直观的多媒体资料,如月食模拟动画,帮助学生初步建立对月食现象的科学认知,让抽象的天文知识变得形象可感。随后,引导学生深入文本,采用默读的方式,边读边思,设计一系列贴合学生认知水平的问题,如:"表弟为什么一开始会高兴?""月食发生时,表弟有什么表现,这反映了他怎样的心情?"这些问题旨在促使学生静下心来,细细品味文字背后的情感波动,理解表弟从"高兴"到"担忧"再到"释然"的心理变化过程,从而体会到文章蕴含的对自然之美的好奇与敬畏之情。

同时,利用文章的叙事结构,引导学生梳理故事情节,明确起因、经过、结果,特别是通过表弟"生疑—探秘—解疑"的心路历程,让学生意识到科学探索的乐趣与价值,并学会从生活中发现问题、寻求答案。在默读习惯的培养上,强调"带着问题读",鼓励学生边默读边做标记,如关键词、情感变化的句子等,以此提升阅读效率和理解深度。

总之,通过科学知识与情感体验的双重融合,结合有效的默读策略,不仅能帮助三年级学生克服认知障碍,还能激发他们对自然界的探索欲,培养良好的阅读习惯和科学素养。

三、后"茶馆式"教学在《看月食》中的应用

1. 多层次的默读训练设计

为了全面且深入地培养学生的阅读能力,我们精心策划了一套多层次的默读训练体系。这一体系不仅旨在提升学生的阅读速度和理解深度,更注重培养他们在阅读过程中的思维活跃度和情感投入度。

在初步感知阶段,我要求学生通过默读来整体把握《看月食》这篇文章的结构和主要内容。这一环节的设计,是基于学生在之前的学习中已经接触过类似记事文章,并对文章的叙述顺序有一定的了解。例如,在教学《小狗杜克》时,学生们就已经开始学习如何把握记事文章的叙述脉络。因此,在阅读《看月食》时,学生们能够运用之前学到的技巧,更加熟练地分析文章结构,从而快速且准

确地理解文章的主要内容。此外，我还鼓励学生在预习时就进行默读思考，这样不仅可以帮助他们提前熟悉课文，还能让他们逐渐养成边读边思的良好习惯。

进入深度理解阶段，我引导学生将注意力集中在文章中描写月食现象的语句上。这一环节的目标是帮助学生理解月食这一自然现象的科学原理，并通过阅读来探寻文章背后的知识。为了实现这一目标，我设计了一系列问题，引导学生去查找、分析和理解相关语句。例如"月食是怎么开始的""月食过程中有哪些变化""月食结束后天空是什么样的"，这些问题不仅帮助学生准确地定位到文章中的关键信息，还激发了他们探索科学知识的兴趣。

最后，在情感体验阶段，我让学生通过默读来深入体会作者和表弟在观看月食过程中的情感变化。这一环节的设计，旨在培养学生的情感共鸣能力和审美鉴赏能力。我引导学生去感受作者在文字中流露出的惊讶、好奇和兴奋等情感，并鼓励他们将这些情感与自己的阅读体验相结合，从而加深对文章情感层面的理解。通过这种层层递进的默读训练，学生不仅提升了信息筛选和整合的能力，还在阅读中获得了更加丰富的情感体验。

2. 独立学习与合作学习的深度融合

在默读训练的坚实基础之上，我着重强调了独立学习与合作学习的有机结合，旨在构建一个既尊重个体差异又促进集体智慧的学习环境。首先，我为学生精心设定了一系列具体且富有挑战性的独立学习目标，比如深入理解月食的科学过程、精准把握文章中的情感线索以及分析作者的写作手法等。这些目标不仅明确了学习的方向，而且激发了学生自主探索的欲望。在给予充分的时间进行自主阅读时，我鼓励学生根据自己的阅读速度、理解能力和兴趣点进行个性化的学习，允许他们或细嚼慢咽品味文字之美，或快速浏览捕捉关键信息，从而形成各具特色的学习成果。

紧接着，合作学习环节成为连接个体智慧与集体力量的桥梁。我精心组织小组活动，让学生在小组内分享各自独立学习的收获，无论是对于月食现象的科学解释，还是对文章情感波折的细腻感知，都成为交流的宝贵资源。在这个过程中，学生们相互解答疑惑，共同探讨难点，彼此的思想火花在交流中碰撞，不仅解决了独立学习中可能遇到的难题，还促进了知识的深化和视野的拓宽。通过角色扮演、思维导图构建、小组讨论等多种形式，合作学习让每个学生都有机会发声，都能在团队中找到自己的位置，实现了从"我听我说"到"我们共思"

的转变。

总之,通过独立学习与合作学习的深度融合,课堂学习不仅提升了学生的阅读能力和综合素养,还激发了他们的学习热情,培养了他们的团队协作精神,为终身学习奠定了坚实的基础。

四、教学实践反思与总结

《看月食》一课的教学实践,如同一面镜子,映照出后"茶馆式"教学与独立学习、合作学习的深度融合,也诚实地揭示了我在探索之路上的足迹与不足。这种教学模式以其独特的魅力,激发了学生的内在动力,让他们在主动探索与互动交流中不断成长。学生们在轻松愉悦的课堂氛围中,不仅阅读能力得到了显著提升,更重要的是,他们学会了如何思考、如何合作,这些思维习惯和社交技能将伴随他们走向更广阔的未来。

然而,实践总是伴随着反思与成长。在默读环节,我意识到,虽然初衷是让学生静心思考,但设计上的笼统与缺乏针对性,可能让部分学生感到迷茫或无所适从。因此,未来的默读任务需更加精细化,既要考虑学生的整体水平,也要兼顾个体差异,确保每个学生都能在默读中找到自己的节奏和收获。

合作学习中,教师的角色尤为重要。我们是引导者、观察者,更是调控者。如何更灵活地把握讨论的节奏,如何引导学生深入而非肤浅地交流,这些都是我们需要不断磨炼的技能。我们希望通过更加精细的准备与即时的反馈,让合作学习成为学生智慧碰撞、思维跃动的舞台。

五、结论与展望

回望《看月食》一课的实践历程,我深感后"茶馆式"教学的魅力与潜力。它不仅是一种教学模式的革新,还是一种教育理念的升华。我坚信,通过持续的探索与完善,后"茶馆式"教学将能够更好地服务于学生的全面发展,成为他们成长道路上的坚实基石。

展望未来,我们期待后"茶馆式"教学能够成为更多教师手中的"魔法棒",

在更多课堂上演绎出精彩纷呈的教育故事。我们呼吁教育工作者们携手并进，共同探索这一教学模式的无限可能，为小学语文教学注入新的活力与创意。我们将以开放的心态、创新的勇气，共同迎接教育事业的美好明天，为孩子们的成长之路铺设更加坚实的基石，让后"茶馆式"教学的光芒照亮每一个孩子的梦想与未来。

"先做后议 多次循环"的教学方法在小学科学课中的实践研究

——以《观察黄粉虫》一课为例

上海市静安区教育学院附属学校 马 骏

一、案例背景

观察和记录就是两种最基本的科研方法，我相信没人会说自己不会这两种技能。但是，观察和记录真的那么简单吗？曾经有这样一个实验，让两个科学家去观察同一头长颈鹿，然后将他们看到的长颈鹿画下来，于是就出现了两幅差异巨大的长颈鹿图片。这说明即使是观察同一个事物，不同的人都会产生相异构想。因此科学地观察和记录（即抓住事物的特征并如实记录）与生活中的"看与画"是有很大区别的。连科学家都如此，而对于刚接触科学事实的孩子来说，观察和记录就更容易出现偏差。因此在学习科学的早期必须为学生形成良好的探究习惯和探究能力打下基础。

本课的课题是"黄粉虫"，是小学科学课程一年级第一学期的第三、第四节课，面对的是处在学习准备期的"新学生"，主要内容是以学生画黄粉虫为载体，帮助学生学会观察和记录这一最基本的科学研究方法。

二、案例概述

（一）二次学情分析

学生先学（独立学习）前的学情分析

本课的对象是一年级刚开始接触小学科学课程的学生，对于科学研究有兴趣,科研能力基本为零,分不清生活中的"看与画"和科研中"观察与记录"的区别。一小部分学生在幼儿园时期接触过科学课,不过对于抓住事物的特征进行观察仍然没有建立概念。

学生先学(独立学习)后的学情分析

学生将其无法分清生活中的"看与画"和科研中"观察与记录"的情况基本暴露出来,大部分学生为黄粉虫"添足"或"减足",部分同学漏画黄粉虫身上的体节,部分同学凭自己的想象随意为黄粉虫添加"零件",甚至画得非常卡通,一部分同学看上去画对了,其实是蒙对的。绝大部分学生不知道要观察黄粉虫的身体特征,或者根本不知道黄粉虫的身体特征是什么。

(二)教学目标

1. 了解黄粉虫的外形特征(6足及位置、14个体节、触角的位置、无眼等)。

2. 初步了解正确的观察方法,并能掌握如实记录的方法。

(三)学习过程

第一次做与议——先学暴露

活动指令:请仔细观察下发的这条黄粉虫,并按照观察结果画出黄粉虫,然后与同桌比较画出的黄粉虫的区别。

学生活动:观察和画出黄粉虫,与同桌比较画的黄粉虫的区别。

教师活动:巡视学生的观察过程,以及依据观察画出的黄粉虫结果,梳理观察与记录中存在的问题。同时,把学生的记录展示在黑板上。

第二次做与议——再学修正

活动指令:请以前后左右四位同学为小组,将各自画出的黄粉虫进行比较,哪些符合真实的?哪些部分画得有问题?原因是什么?如何改正?

学生活动:学生以小组合作的形式进行讨论,并进行第二次画的修正。

教师活动:参与小组讨论,适时地引导学生关注黄粉虫的特征,提出问题一:我画的黄粉虫有_____条腿,身体分_____节。然后,收集学生第二次画的记录展示在黑板上。

第三次做与议——把握技能

活动指令:各小组派代表交流刚才讨论的过程与结论。

学生活动:全班学生进行第三次讨论,根据讨论结果进行第三次画的修正。

教师活动:根据学生讨论,以及第二次修正画的具体情况,提出问题二:我画的黄粉虫腿在第_____节,触角在_____位置。引导全班将观察和思考走向深入。帮助学生关注观察的切入点,学会从数量到位置的精细过程,提升观察层次。

三、案例解析

此案例来自小学科学课程中技能掌握类课程中一节课,通过对于教材内容的分析,我们可以知道本案例是从学生实际情况出发,为了解决大部分学生出现的问题,即将生活中的"看与画"与科学研究中的"观察与记录"混淆,从而使学生真正学会在观察和记录时必须掌握事物的整体特征的方法。因此在教学目标制定的时候必须以学生为主体,而不是教师指导学生该怎样做。更由于教学目标应该是直接的、有限的、可操作的、可观测的,因此本课的教学目标制定为:(1)了解黄粉虫的外形特征;(2)初步了解正确的观察方法,并能掌握如实记录的方法。而本案例的所有学习活动都是围绕着这两个教学目标的达成而开展。

在后"茶馆式"教学中,学情分析是必不可少的环节,而只做一个学前的学情分析是不能够满足后"茶馆式"教学的要求的,我们不仅要知道学生哪些是已经学会的,更重要的是还要了解哪些是他们能够自己学会的,因此对于学生独立学习之后的情况也必须分析,这样才能真正把握一节课的重点和难点,从而使学生更有效率地学习。而在本课中,正是由于这两个较精准的学情分析,我们了解到学生之所以混淆是因为缺乏经历,因此本课的重点就是让学生充分体验科学观察记录的过程。而通过对学生独立学习之后的学情分析,我们发觉学生暴露出来的问题有些能通过合作学习解决,比如画蛇添足的眼、卡通化的形象、体节和腿的异同等,而有些问题则需要老师的引导和帮助,如应该观察黄粉虫的特征加以记录。这一难点的解决是通过教师提供两次记录小纸条以及学生反复观察、记录、讨论后才达成的。

以核心素养为导向发展学生推理能力的实践研究

——以后"茶馆式"教学的初中数学课为例

上海市静安区教育学院附属学校　顾　雪

一、研究背景

推理能力主要是指从一些事实和命题出发,依据规则推出其他命题或结论的能力。随着初中数学新课标的颁布,培养学生六大核心素养成为数学教学的首要任务。作为数学核心素养的重要组成部分,逻辑推理素养不仅能帮助学生获得数学结论,建立数学知识体系,养成科学严谨的学习习惯,而且对学生有着深远影响。在进入工作岗位后,我们会发现,曾经学过的数学概念、定理、公式等在工作中"无用武之地",但在数学学习过程中形成的逻辑推理素养仍然发挥着较大作用,这一素养让我们在工作中言必有据,做事条理清晰,从而圆满完成工作任务。逻辑严密是数学学科的本质特征,对学生逻辑推理素养的培养既符合新课标的要求,又契合数学学科特征。当前,许多一线教师都对逻辑推理素养的落地进行了研究探索,笔者认为,要培养学生的逻辑推理素养,教师既要熟悉上位理念,又要敢于实践、勤于总结,明确逻辑推理素养培养的价值及路径。

二、推理的课堂教学实践

《义务教育课程标准(2022年版)》把"推理能力"作为核心概念之一,确立了推理思想的重要地位。这就要求初中教师在平时的教学活动中加强推理思想的研究,重视推理思想的渗透。

（一）凸显推理能力的二次函数问题的再探究

二次函数解析式的确定是沪教版《数学》九年级第一学期第二十六章第三节的内容。学生在初步学习了特殊的二次函数的解析式及图像和性质后，课本在第五课时增加了《确定二次函数解析式》这一课时，其目的是希望学生能够通过已知点的坐标确定二次函数的解析式。但因为九年级上册课本这一课时的两个例题所涵盖的确定二次函数解析式的方法不够全面，所以笔者将这一课时重新编排重组，引用沪教版《数学》九年级拓展二中《二次函数解析式的确定》的内容加以改编，对沪教版《数学》九年级第一学期"26.3 二次函数 $y = ax^2 + bx + c$ 的图像"进行补充，目的是希望能够尽可能多地覆盖二次函数解析式的确定方法，让学生对于"如何确定二次函数的解析式"以及"如何更好地确定二次函数的解析式"有更深刻的理解。同时，二次函数解析式的确定通常以发展学生数学运算为主，而本节课则既要发展学生的数学运算，又要引导学生根据点的特征，结合图形，推理判断，发展学生数据分析和逻辑推理的能力。

1. 学情分析

学生在八年级时已经学习了函数的概念和表示方法，研究了正反比例函数、一次函数的图像和基本性质，也掌握了研究函数的基本方法，具备了进一步学习函数的认知基础。

在研究二次函数时，我们首先研究了二次函数的概念，以及多种特殊的二次函数的解析式、图像和性质，因特殊二次函数的解析式种类较多，所以就需要用一节复习课帮助学生更好地认识二次函数。而在给定点的坐标的情况下，可以类比求解一次函数解析式的方法，利用待定系数法求出二次函数 $y = ax^2 + bx + c$ 解析式中的 a、b、c 的值，即可获得二次函数的解析式。但有些情况下，不一定直接给出二次函数图像上的三个点的坐标，此时就需要通过推理分析点的坐标特征，结合题目中所给的条件、信息才能求出二次函数的解析式。本文就设计了一些具有思维量的问题，来发展学生对数的敏感，强化对形的认识，增强数据分析、逻辑推理能力和运算能力。

2. 教学目标分析

（1）会根据已知点的坐标，利用待定系数法求出二次函数 $y = ax^2 + bx + c$ 的解析式；

（2）通过自主探究、小组合作等方式经历观察数据、发现问题、解决问题的过程，体会数形结合的数学思想；

(3) 发展数据分析、数学运算、逻辑推理的能力。

3. 教学重难点

教学重点:会根据已知点的坐标,利用待定系数法求出二次函数 $y = ax^2 + bx + c$ 的解析式,同时通过问题的分析,发展数据分析、数学运算、逻辑推理的能力。

教学难点:对点的坐标的辨析。

4. 教学过程设计

(1) 提出问题,引入课题

【问题1】已知平面内的点 $A(-1, 0)$,$B(2, 3)$ 和 C 在一个二次函数的图像上(图1)。在下列有序数对 $(2, 2)$、$(0, 3)$、$(1, 2)$、$(-3, 0)$ 中,点 C 的坐标有可能是_____。

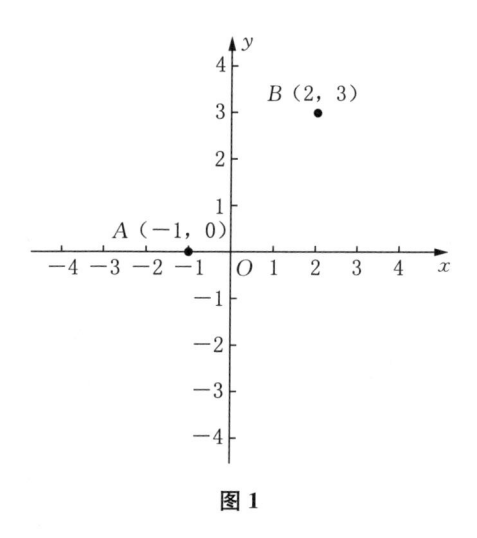

图 1

设计意图:以往我们做过的很多习题,通常都是给定三个点的坐标,利用待定系数法,求出二次函数解析式中的 a、b、c 的值,从而得到二次函数的解析式。而本题的设计,是给出多个点的坐标,让学生先辨析出哪个点或哪几个点能和已知两个点在同一个二次函数图像上,这是本节课的一个难点,也是亮点。通过这个过程,可以发展学生的数据分析能力和逻辑推理能力,对核心素养的培养具有较大的意义。

【活动】先由学生独立思考两分钟,再分小组探究,派小组代表回答。

生 1:我的答案是 $(2, 2)$、$(0, 3)$、$(-3, 0)$。

师:请 1 号学生自主分析为什么点 $(1, 2)$ 无法和点 A、B 在同一个二次函数图像上,其他同学补充。

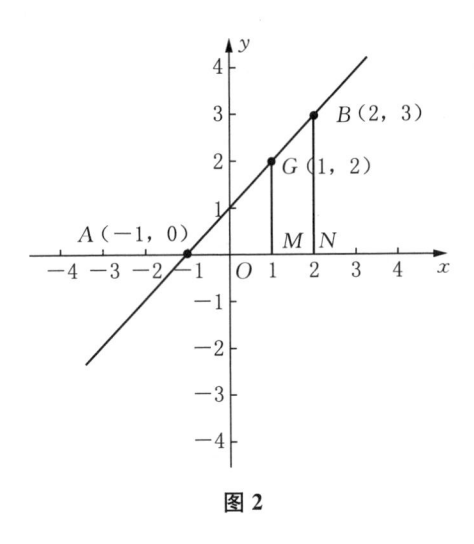

生 1:因为点(1, 2)和点 A、B 构成的是一条直线(如图 2)。把(1, 2)这个点记为 G,过点 G 作 GM 垂直于 x 轴,垂足为点 M。过点 B 作 BN 垂直于 x 轴,垂足为点 N。因为点 $A(-1, 0)$,$G(1, 2)$,所以△AGM 为等腰直角三角形,所以∠$GAM = 45°$。同理可得,△ABN 也为等腰直角三角形,∠$BAN = 45°$。因为点 A、M、N 共线(即 x 轴),点 G、B 在 X 轴同侧,所以点 A、G、B 共线。

图 2

师:大家是否认可生 1 的说法?

生 2:我的答案也是(2, 2)、(0, 3)、(-3, 0),但是对于点(1, 2)无法和点 A、B 在同一个二次函数图像上,我是这样理解的:直接算出直线 AG 的解析式为 $y = x + 1$,直线 AB 的解析式也为 $y = x + 1$,由此,即可判断点 A、G、B 共线。

师:这两位同学用自己的方法论证了(1, 2)无法和点 A、B 在同一个二次函数图像上。其他同学继续补充。

生 3:我的答案是(0, 3)、(-3, 0),我认为点(2, 2)也无法和点 A、B 在同一个二次函数图像上。理由是点(2, 2)和点 $B(2, 3)$ 在一条垂直于 x 轴的直线上,而我们知道二次函数是一条光滑的曲线,所以它们和点 A、B 无法构成一个二次函数。

生 4 补充:因为点(2, 2)和点 $B(2, 3)$ 这两个点的横坐标相同,但是纵坐标不同。而我们知道在二次函数图像上,一个横坐标只能对应一个纵坐标,所以点(2, 2)无法和点 A、B 构成一个二次函数。

设计意图：先独立思考的目的是希望学生能有自己辨析的方法，在课堂中产生更多的相异构想。但在思考的过程中，因为这个问题本身是有一定难度的，肯定有一部分学生的想法存在一定的问题，所以通过大组讨论的方式，可以将学生的相异构想展现出来，通过借鉴他人的想法将二次函数的图像性质内化，对二次函数的理解会更加深刻。通过课堂的讨论，发展学生的数学抽象、逻辑推理、数据分析和思辨能力。新课标改革背景下，函数部分的要求越来越高，这就迫使教师要多动脑子，动足脑子，通过题型的变化和创新帮助学生提升思维的能力，让他们能从容不迫地应对未来的发展。

（2）设计活动，实战练习

【活动一】将点 $C(-3, 0)$ 和点 $A(-1, 0)$、$B(2, 3)$ 构成二次函数，求出二次函数的解析式。

设计意图：这一练习旨在通过观察点的坐标的特征，将求解二次函数的解析式的所有方法呈现出来。在这个过程中，不同的学生会产生不同的做法。思维层次较高的学生具备较高的学科素养，会观察点的特征，从而用快的方法计算二次函数的解析式。

【活动二】选取三位学生的作业单展示，让他们谈谈自己的方法。

生5：设二次函数解析式为 $y = ax^2 + bx + c(a \neq 0)$，将三个点代入，得到关于 a、b、c 的三元一次方程组，即 $\begin{cases} a - b + c = 0 \\ 4a + 2b + c = 0 \\ 9a - 3b + c = 0 \end{cases}$，从而得到 $\begin{cases} a = \frac{1}{5} \\ b = \frac{4}{5} \\ c = \frac{3}{5} \end{cases}$，得二次函数的解析式 $y = \frac{1}{5}x^2 + \frac{4}{5}x + \frac{3}{5}$。

生6：我通过观察推理发现，$A(-1, 0)$ 与 $C(-3, 0)$ 是二次函数和 x 轴的交点坐标，所以这个二次函数的对称轴是直线 $x = -2$，所以我设顶点式，设二次函数的解析式为 $y = a(x+2)2 + k(a \neq 0)$，这个解析式中有两个待定系数 a、k，需代入两个点的坐标，可以代入 A 和 B 或者 B 和 C，构建关于 a 和 k 的二元一次方程组即可。

生7：我观察发现点 A、C 的纵坐标都为 0，是二次函数和 x 轴的交点坐标，所以我设交点式，设二次函数解析式为 $y = a(x+1)(x+3)(a \neq 0)$，这个解析式中只有一个待定系数 a,只需要代入点 B 的坐标即可。

设计意图:学生通过自己的方法和他人方法的对比,感悟在求解二次函数解析式的过程中,要学会观察和分析数据,推理得到一些隐形条件,从而能够更快更准确地得到二次函数解析式。所谓"磨刀不误砍柴工",多花点时间审题,分析数据,比埋头苦干要有效率得多。在这个过程中,笔者也希望发展学生逻辑推理、数学运算等数学学科核心素养。

(二)问题链引领下的脚手架搭建的再尝试

(2021 徐汇二模)如图 3,在平面直角坐标系 xOy 中,点 A 和点 $E(6,-2)$ 都在反比例函数 $y=\dfrac{k}{x}$ 的图像上,如果 $\angle AOE=45°$,那么 OA 的表达式是_____。

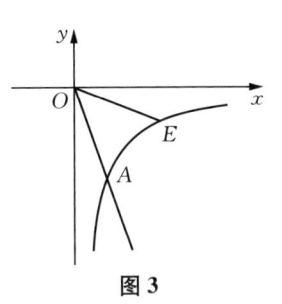

这是 2021 年徐汇二模卷 18 题,它打破了 18 题的常见题型,将 45°动角结合正反比例函数放置在平面直角坐标系中,考查学生解决问题的能力。事实上,这个看似简单的问题,对学生来说,颇为棘手。想要求出直线 OA 的表达式,只要知道点 A 的坐标,但利用目前的条件显然是无法求得点 A 的坐标。或者,我们还可以求出直线 OA 上的任意一点,也可以求得直线 OA 的表达式。那么就需要继续审视已知条件,对于 45°角,应该怎么处理,学生还是存在较大困惑,于是我们将针对 45°角做进一步的思考。

图 3

问题 1:在初中阶段,45°角通常跟什么有关?

生 1:等腰直角三角形。

问题 2:这里有等腰直角三角形吗? 没有怎么办?

生 2:添加辅助线。

问题 3:怎么添加辅助线呢?

生 3:过点 E 作 $OE\perp EH$,交射线 OA 于点 H,垂足为点 H。(如图 4)

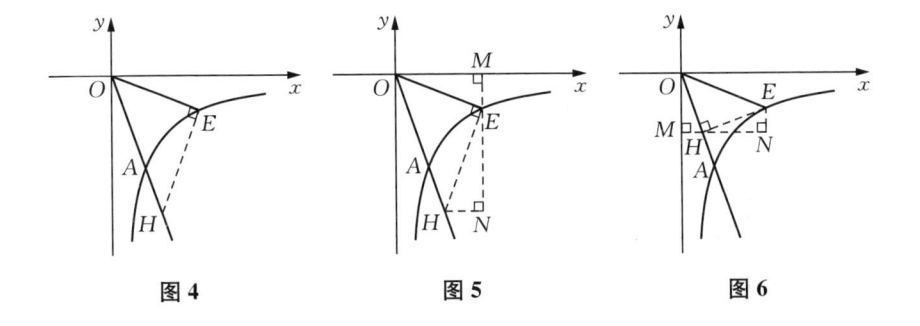

图 4   图 5   图 6

问题4:作完之后我们发现,虽然构造了等腰直角三角形,但是点 H 的坐标仍然无法求得,则直线 OA 的表达式还是无法求得,那怎么办呢?

生4:通常我们还是依着直角顶点构造全等或者相似,过点 E 作 ME 垂直于 x 轴,垂足为点 M。过点 H 作 HN 垂直于 ME,垂足为点 N(如图5)。于是我们就构造出了一对全等三角形 $\triangle OME \cong \triangle ENH$。因为,点 $E(6,-2)$,所以 $OM=6$,$ME=2$。于是 $EN=6$,$NH=2$。由此得到点 H 的坐标为 $(4,-8)$,进而求得直线 OA 的解析式为 $y=-2x$。

问题5:还有没有其他添加辅助线的方法呢?

生5:过点 E 作 $EH \perp OA$,垂足为点 H。过点 H 作 $HM \perp y$ 轴,过点 E 作 $EN \perp MH$,垂足为点 N。则 $\triangle OMH \cong \triangle HNE$。(如图6)

设 $OM=m$,$MH=n$,由全等可知 $NH=m$,$EN=n$。

因为 $E(-6,2)$,所以 $m+n=6$,$m-n=2$,所以 $m=4$,$n=2$,所以点 H 的坐标为 $(2,-4)$,由此得到直线 OA 的解析式为 $y=-2x$。

问题6:如果 $\angle AOE=30°$,直线 OA 的表达式又是什么呢?

设计意图:通过问题链的设计,搭建脚手架,引导学生将未知的问题与已知的知识点联系起来,帮助学生解决问题。同时,问题的设计步步推进,发散学生思维,帮助学生发展推理能力。通过师生对话和生生对话,让课堂产生更多的相异构想,暴露学生的问题和想法,促进师生双方的共同成长。

三、后"茶馆式"教学引领下的推理能力研究的初步成效

(一)紧跟后"茶馆式"教学,不断践行课堂改革

后"茶馆式"教学中指出当前日常教学中存在的一些弊端:一是教师总体讲得太多,但绝大部分教师并没有认识到自己讲得太多,常常把自己的讲解作为学生学习的唯一途径。大部分教师认为:只要我讲过的知识,只要学生认真听,他就应该懂。大部分的课堂模式中,学生只有听的权利,没有讲的权利,没有议的权利,没有问的权利。二是暴露学生学习中的问题不够,解决更少。教师仅仅告诉学生什么是正确的,但却没有关注学生是怎么想的,怎么思考的。课堂中常常忽略了学生的错误想法,殊不知很多类似这样的错误想法,是以往很多数学家在研究问题的时候也会犯的错误。这些典型的错误,应该呈现出来,去

发现和纠错。在曲折的道路中，不断完善自己的知识体系。

后"茶馆式"教学要求，让教学走向对话、走向合作、走向学习共同体。让学生从单向输出到双向互动，让学生从被动学习到主动学习，变成学习的主体。学生自己能学会的，教师不讲。同时关注相异构想的发现和解决。笔者在平时的课堂上，不断践行后"茶馆式"教学，以上两个案例，就是践行后"茶馆式"教学的有效案例。目前学生在实践的过程中会不断提出问题，会和同学合作探究，积极主动地通过团队合作尝试解决问题，成为学习名副其实的主体。

（二）关注学生的课堂生成，发展学生的推理能力

后"茶馆式"教学把对某一概念、某一问题存在不同认识、不同理解和不同判断的普遍存在的认识论上的现象称为相异构想。相异构想可以是错误的，也可以是不全面、不深刻的，还可以是正确的。教育需要走向对话，在对话中暴露相异构想，在课堂中激起思维的火花。这样能够激发学生对同一个问题的不同理解，不同角度的深度挖掘，拓展思维的广度和深度，同样也有助于发展学生的推理能力以及其他学科核心素养。

在课堂教学中，笔者引导学生经历观察、实验、猜想、比较、综合、分析、证明、抽象和概括，运用归纳、演绎和类比方法进行推理，学会合乎逻辑地、准确地阐述自己的思想和观点，挖掘蕴含的数学思想方法，关注课堂生成，关注师生对话和生生对话。目前班级的很多学生勤于思考，敢于质疑，勇于提出问题，在数学学科素养和优秀品质的发展上已经向前迈了一大步。后续笔者将继续为学生树立严谨科学的态度和意识，为促进学生高阶思维能力的提升做进一步努力。

关注课堂教学关键干预因素
转变初中物理教学方式

上海市五四中学　王颂华

后"茶馆式"教学提出了课堂教学的两个关键干预因素：学生自己能学会的教师不讲；尽可能暴露学生的潜意识，尤为关注相异构想的暴露与解决。

一、学生先学，以"议"代"讲"，真能学会

后"茶馆式"教学强调学生自己学得会的，老师就不要讲。老师不讲，我们的学生真的能学会吗？我平时想尽办法搭设阶梯问题，一步步仔细讲解，学生还未必能学会。教师对教学的重点和难点要"多说几句，多讲几遍"，难道不是应该的吗？带着这样的疑问，我在静教院附校老师的指导下，开始了后"茶馆式"教学的实践研究之路。

我选择两个学业基础接近的班级，以"阿基米德原理"为教学内容开展比较教学。

教学任务分析：本节是初中物理教学中传统而又重要的内容，这是因为阿基米德原理是力学中很经典的规律之一，本内容的学习与之前所学的很多力学知识有密切的联系，浮力知识在生活、工农业生产和国防领域都有着广泛的应用。学习本节内容在知识上要以重力、二力平衡、力的合成、运动和力、密度、液体内部压强等为基础，在技能上则要能够熟练使用弹簧测力计、天平、量筒等。

第一个班级按我以往的教学过程教学，引入部分运用学生喜爱的游泳情景和小实验，让学生体验浮力。通过演示实验，充分引导学生在仔细观察实验现象的基础上，分析、思考浮力大小与哪些因素有关。由于演示实验设计标注了透明水筒中水的原有液面，学生观察物体放入前后液面的变化，较容易想到浮

力与物体排开水的体积 $V_排$、物体排开水的质量 $m_排$、物体排开水的重力 $G_排$ 有关。为进一步得出阿基米德原理,我引导学生讨论这三个物理量之间的关系,从而形成浮力大小可能等于排开液体重力的假设,然后以学生分组实验、教师点拨为基本方法,探索 $F_浮$ 与 $G_排$ 的大小关系,验证假设,在对照科学家的实验方法后,归纳形成阿基米德原理。

课后自己感觉思路顺畅,学生探究的各环节都顺利完成,听课老师评课,都觉得课堂教学设计从学生实际出发,带着学生一步步探索并学习到新的知识,达到了教学目标。课后统计课堂提问 13 个,回答问题的学生 8 人,占全班人数的 1/3,13 个问题中有 8 个为"有没有""是不是"类型的是非选择题,显然学生思维的深度还是很不够的。课后我反思发现,由于教学时间有限,学生在讨论"浮力大小与哪些因素有关"时,提出的假设其实明显受到了我的"引导",实验方案制定的讨论也很仓促,造成学生在归纳结论时,很多学生的表述是浮力大小等于物体排出液体的重力大小。

对此静教院附校的老师们提出建议:"先阅读书本,学生可以读懂的,就算是教学重点,也不要你讲。把时间留给学生讨论他们真正不明白的点,学生讨论不出来的,老师再讲。"那我怎么知道学生读懂了?"阅读后可以用交流、提问讨论等方式,看看学生看懂了哪些,又可以暴露学生的一些相异构想。"带着这些建议,我修改了自己的教学设计,开始了第二堂课的教学。

第二个班级的课,我们采取让"学生先学"的方法,学习的方式是"书中学",学习的形式是先个体,后群体,综合完成。从让学生阅读课本后的交流开始,就"不走寻常路"了。学生的交流并不是从熟悉的知识到新的知识、有知识前后逻辑性、有系统性的交流,而是交流自己最感兴趣的或者自己觉得有难度的知识点。在交流过程中也有同学提出了自己的疑问,如:"下沉的物体不受浮力吧?""下沉的物体受到浮力,那怎么还下沉呢?""浮力应该等于排开液体的体积吧?"课后我自己感觉很郁闷、很不习惯,作为教师,我讲得时间少了很多,大多是学生的交流讨论,因此显得知识没有系统性,而教学重点我也没能强调,有些学生讨论了很久的内容甚至都不是我的教学重点,这样的一堂课,教学目标能完成吗?

课后的统计数据显示,第二堂课的课堂提问 8 次,参与回答与交流的人数却超过全班人数的 1/2,说明学生深层次的思考和交流更多,而且学生间的讨论交流远高于第一堂课。我们还在课后开展了即时检测,两种教学方式的班级对知识的掌握程度几乎相同,而在两周之后对于同一个知识点的检测中,我们发现第二个运用后"茶馆式"教学的班级对该部分知识的遗忘程度要远低于第一个班级。

二、在"议"中暴露相异构想,真的学会

在第二年再次教到阿基米德原理时,我再次尝试用后"茶馆式"教学的方式。引入部分我还是以学生喜爱的游泳情景和"按压浮体入水"小实验引入新课,让学生体验浮力。在学生阅读了课本,知道了"阿基米德原理"后,我直接抛出任务:以小组为单位讨论得出"验证阿基米德原理实验方案",选择实验器材,用简图或文字的方式描述实验步骤,完成实验后进行小组间交流。

在任务抛出后,我发现没有第一时间传来讨论声,大部分学生重新开始阅读书本,发现书上并没有实验方案的指导,学生再次阅读"阿基米德原理"后,开始讨论"怎么测浮力""用什么工具测浮力""怎么测排开液体的重力""用什么工具测排开液体的重力""为什么不相等,差那么多"这些原本我要问的问题,学生在互相问。不同程度的学生提出的问题各不相同,都在自己原有的基础上有所收获。

从课堂的时间安排来看,引入部分用时 2 分钟,阅读课本,找到阿基米德原理学生用了 2 分钟,讨论"我学到了什么""我还想知道什么"用时 2 分钟。学生讨论方案、完成实验用时 15 分钟,方案交流用时 15 分钟,课堂小结用时 4 分钟。整节课都是学生在活动、在讨论、在交流,那老师在起什么作用呢?

在巡视学生讨论、实验的过程中,我发现有一个小组"陷入了沉默",一看,他们选择了一个漂浮的木块作为物体,一问,发现小组在讨论中疑惑于"漂浮的物体所受浮力和重力本来就是一对平衡力,那肯定相等,还要验证什么?"在我的提示下,小组成员重新阅读课本,发现混淆了物体重力和排开液体的重力两个概念。这个小组在后续交流中分享了这一过程,还得出了"浮体的重力与排开液体的重力也相等"的结论。另有一个小组也选择了漂浮的木块作为物体,用弹簧测力计测得物体的重力后,根据二力平衡得出该示数即为木块漂浮时浮力大小,在测定 $G_{排}$ 时,该小组将木块按入装满水的溢杯中,测出此时排开水的重力,在数据处理过程中发现两个力的大小不相等且相差较大。在与同学们交

流中我发现,学生的这一相异构想的产生应该与引入环节"按压浮体入水,感受浮力"的教学设计有关。

在这节课中,我不再是那个"牵着学生鼻子走"的指导者,而是帮助学生解决问题的"帮手"。在学生用新学到的知识和技能解决任务的过程中,学生不断暴露相异构想,有些相异构想在同组的同学帮助下就能解决,有些相异构想会造成小组成员的迷糊,甚至觉得"还挺有道理的",也就是"学生学不会的",这些就需要教师的介入。

再以初中物理"直线运动"这一教学内容为例,"判断匀速直线运动的方法"这一物理概念看似简单,学生在生活中的不同体验所产生的相异构想,如何暴露和解决呢。我试着运用信息技术改进实验记录手段,让学生运用"频闪相机"小程序记录小火车等物体运动情况,为学生创设了便于观察与分析的教学情境。在课堂上请同学们结合观测与记录的结果表达了自己的观点,有效地暴露了相异构想,进而顺利地引发学生间的讨论,理解了"匀速直线运动"这一概念。

"读读、议议、练练、讲讲"是后"茶馆式"教学的典型模式,但并非一成不变。在上述案例中,"读读"的学习材料就从书本文字变成了新技术下对运动现象记录与解析的结果,为学生的"议议"提供更切实的依据。除知识目标得到更好的落实之外,学生也在不知不觉中默会了物理研究的方法,成为一名"勤议善问"的学习者。

因此,学生先学的可以是教材,可以是导学案,也可以是一次实验、一个视频,最终目的是暴露学生的相异构想。在学科的教学过程中,学生必然会有各种各样的想法,仅告诉学生正确结论是远远不够的。

后"茶馆式"教学的两个课堂教学关键干预因素强调了先学,指明了教师究竟该讲什么;又强调了学生学习可以个体,也可以群体,教学不仅是教师传授,更多的是暴露,是议论,是学生自我的建构。后"茶馆式"教学的实践过程转变了我的教学方式,从关注"怎么教",到更关注学生"如何学"。

后"茶馆式"教学的课堂变革

上海市彭浦初级中学　符静嫣

早在10年前我就有幸参与过后"茶馆式"教学的培训。那时的我惊叹于后"茶馆式"的先进理念,但因缺乏教学经验,虽心向往之,却不敢付诸实践。

2021年,后"茶馆式"教学进入上海市彭浦初级中学(简称彭初)校园,再闻茶香,我感到惊喜万分。在后"茶馆式"教学推广小组的带领下,老师们共读后"茶馆式"专著,同听后"茶馆式"报告,齐研后"茶馆式"教学,浓浓"茶香"弥漫校园。

一、理论引领,发现问题

作为后"茶馆式"教学成果推广成员校,我们利用多种途径不断学习。两年多来,静教院附校举办了数十场专题讲座,我校老师们在张人利校长风趣幽默的讲解中掌握了后"茶馆式"教学的理论精髓。高频开展的公开教学,涵盖了各类学科,老师们从真实课堂中直观感受到后"茶馆式"教学对于学生综合能力的培养。资源丰富的成果推广平台,提供了教案、课件及课堂实录,为老师们随时进行自主学习提供了方便。

在全方位的"茶香"的熏陶下,我开始重新审视自己的教学。

过去我一节课有二三十页PPT,恨不得把自认为的所有好题都纳入其中。为了讲完冗长的PPT,我不得不加快语速,独自一人完成所有例题的讲解,全程极少与学生互动。看似完成了教学任务,但学生没有发言机会,缺乏独立思考,成了记笔记的机器,课堂氛围也异常沉闷。

但是,在深入学习了《后"茶馆式"教学的实践指导》《后"茶馆式"教学——走向"轻负担,高质量"的实践指导》等书后,我意识到教师一言堂的教学方式只会固化学生的思维,我们应该要将"议"的权利还给学生,这也是后"茶馆式"教学的核心。"议"不仅能制造头脑风暴,还能让教学走向对话,走向合作,走向学习共同体。通过"议",可以将教师的单向输出转变为师生间、生生间的多向互动,学生从被动学习转向主动学习。

现在,我的课件缩减至十几页,只保留最典型的例题,尽可能把时间留给学生去"议"。利用问题链搭建脚手架,引发深度思考,通过一题多解、一题多变鼓励学生畅所欲言。在"议"的同时,学生也会暴露许多相异构想,而关注相异构想的发生与解决,正是后"茶馆式"教学的主要特征。相较于正确的相异构想,我更期待认知有偏差的相异构想,只有学生充分暴露自己的问题,我们才能及时发现问题、解决问题。

二、实践探究,解决问题

经过两年实践,我形成了一套适用于新课标的教学模式,我称为"三新四议"小课堂。"三新"指的是探新知、解新惑、提新问,"四议"指的是议定理、议方法、议变化、议收获。

下面以《27.5(3) 圆与圆的位置关系》为例进行介绍。这节课主要探究的是连心线定理,原先我的课件长达 21 页,与其称为课件不如叫习题集,授课效果可想而知。

学习了后"茶馆式"教学后,我明白这样的教学设计是低效的,于是对课件进行了大刀阔斧的删减,以一系列问题链建立起了定理与例题间的联系,最终将课件缩减为 9 页。

在"探新知"环节中,我开门见山提出:"两圆相交时,连心线与公共弦有何关系?"(见图 1)同学们很容易得出结论:连心线垂直平分公共弦。如何证明呢?此处便产生了"四议"中的第一议:议定理如何证明。孩子们给出了两种证明方法,证法 1:利用全等及等腰三角形三线合一;证法 2:利用中垂线定理。学生自行比较得出证法 2 更简洁。

随后,继续探究:当两圆相切时,连心线与切点有何位置关系?(见图 2)同学从图像上很容易得出"切点在连心线上",难点在如何证明。为了化解这一难点,此部分采用合作学习,组织学生讨论,很快便有学生提出了反证法,假设切

探新知

探索1. 已知两圆相交于点 A、B, 观察连心线 O_1O_2 与公共弦 AB 有怎样的关系?

定理 相交两圆的连心线垂直平分两圆的公共弦.

法1.
连接 O_1A、O_1B、O_2A、O_2B
$\triangle AO_1O_2 \cong \triangle BO_1O_2$
$\Downarrow$
$\angle AO_1O_2 = \angle BO_1O_2$
$\Downarrow$
直线 O_1O_2 垂直平分 AB

法2.
连接 O_1A、O_1B、O_2A、O_2B
$O_1A = O_1B$, $O_2A = O_2B$
$\Downarrow$
点 O_1 和点 O_2 在 AB 的垂直平分线上
$\Downarrow$
直线 O_1O_2 垂直平分 AB

图 1

探新知

探索2. 将 $\odot O_2$ 左右移动, 观察当两圆相切时, 切线与连心线 O_1O_2 的位置关系如何? 如何证明?

定理 相切两圆的连心线经过切点.

符号表达式:
如图, $\odot O_1$ 与 $\odot O_2$ 相切于点 A.
$\therefore O_1$、A、O_2(O_1、O_2、A) 在一条直线上.

法1.
若切点 A 不在直线 O_1O_2 上
$\Downarrow$
存在另一公共点 A' 与点 A 关于直线 O_1O_2 对称
$\Downarrow$
两圆相交, 与已知矛盾

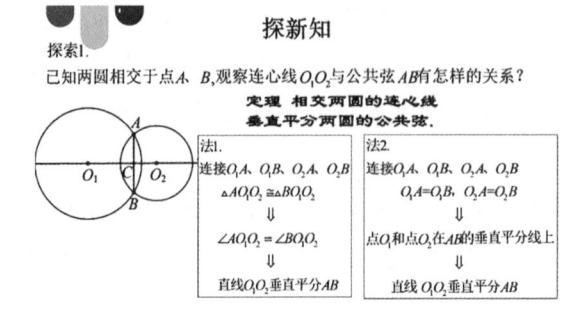

法2.
若切点 A 不在直线 O_1O_2 上
$\Downarrow$
$|AO_1 - AO_2| < O_1O_2 < AO_1 + AO_2$
$\Downarrow$
两圆相交, 与已知矛盾

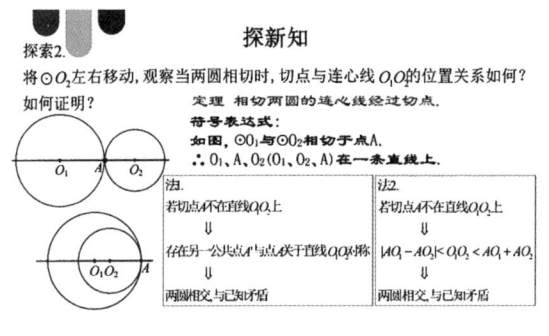

图 2

点 A 不在连心线上, 此时由对称性可以证明两圆相交, 与已知矛盾; 这是课本中的方法, 我预设的也只有这一种方法。但此时, 又有同学提出可以利用三角形三边关系, 证明两圆相交, 得出矛盾。这一富有创造性的方法令我惊喜万分, 我想, 这就是 "议" 的魅力所在。

随后便进入了 "解新惑" 环节, 相较于原课件, 这一部分删减最多, 仅保留了一道例题: 已知两圆半径、圆心距, 求公共弦。按照以往, 这里我会自己边说边做完, 但学习了后 "茶馆式" 教学后, 我选择让学生独立完成, 而我则巡视全场, 找出学生的相异构想, 并且对个别学生进行单独指导。此处运用了后 "茶馆式" 教学的学生先解疑, 教师后解疑策略。

在巡视时, 我发现了 3 种解题方法 (见图 3):

我将这 3 种方法一一进行投屏, 此时便有了 "第二议": 议方法。为了使学生的思考更深入, 我又用 3 个问题, 搭建了学生深度思考的 "脚手架":

(1) 这 3 种方法有何不同?

(2) 你更喜欢哪种方法?

(3) 这 3 种方法有何共同之处？

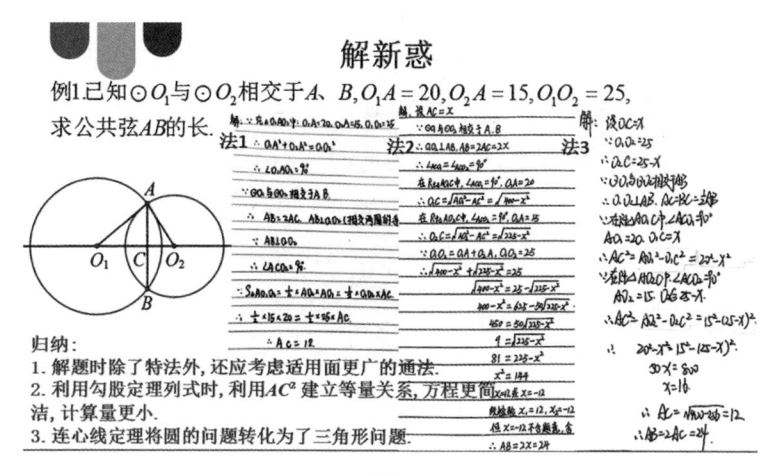

解新惑

例1 已知⊙O_1与⊙O_2相交于A、B，$O_1A=20$，$O_2A=15$，$O_1O_2=25$，求公共弦AB的长.

归纳：
1. 解题时除了特法外，还应考虑适用面更广的通法.
2. 利用勾股定理列式时，利用AC^2建立等量关系，方程更简洁，计算量更少.
3. 连心线定理将圆的问题转化为了三角形问题.

图 3

学生通过议，自行归纳出了结论（见图 3）。

通过"第二议"，学生不仅领悟到了选择何种方法解题更优，还意识到了圆的问题可以转化为三角形问题求解，从而对数学中的化归思想有了更深刻的认识。

为了进一步加深学生理解，我又设计了变式 1（见图 4）：已知两圆半径及公共弦，求两圆圆心距。

解新惑

变式1 已知⊙O_1与⊙O_2相交于A、B，$O_1A=20$，$O_2A=15$，公共弦$AB=24$，求两圆圆心距.

思考：如果例1中无图，是否也需要分类？

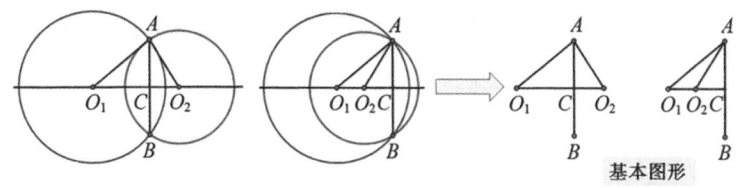

基本图形

归纳：1. 求两圆圆心距时，按两圆心在公共弦同侧还是异侧分类讨论.
2. 圆心距等于公共弦上的两弦心距的和或差的绝对值.

图 4

表面上看变式 1 只是将例 1 的部分条件和结论进行了互换，但解题时却有很大不同，本题需要分两类讨论。我在巡视中发现一半的同学只做出了一种情况,请一人上台讲解,此时台下做出两解的同学跃跃欲试,学习氛围高涨,随机选取一人进行纠错。然后询问做错的学生,错在哪里?学生提出因为题目没有给图,所以忽视了分类讨论。其实这个答案还比较浅表,为了挖掘出本质原因,我又继续提问:如果例1无图,是否需要分类讨论。通过小组讨论,学生们给出了深思熟虑后的结论:不需要分类,因为此时 $\triangle AO_1O_2$ 形状唯一确定,两圆心相对于弦 AB 的位置不变。而变式1中,由于 $\triangle AO_1O_2$ 形状不确定,故点 O_1、O_2 相对于 AB 的位置也不同,按两圆心在 AB 同侧或异侧分类讨论。根据变式1,学生自行归纳出了图4中显示的两个结论。

随后进入环节三"提新问",由例1及变式1,引导学生提出新问题,学生经过讨论提出了这样两个问题(见图5)。

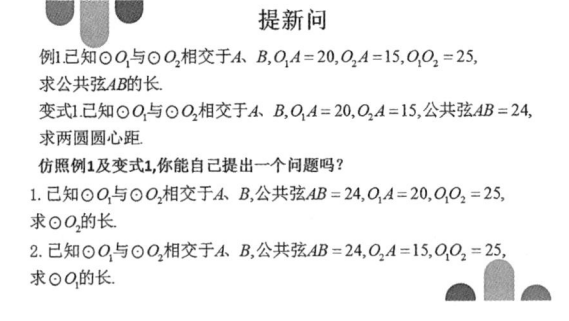

提新问

例1.已知⊙O_1与⊙O_2相交于 A、B,$O_1A=20$,$O_2A=15$,$O_1O_2=25$,求公共弦 AB 的长.

变式1.已知⊙O_1与⊙O_2相交于 A、B,$O_1A=20$,$O_2A=15$,公共弦 $AB=24$,求两圆圆心距.

仿照例1及变式1,你能自己提出一个问题吗?

1. 已知⊙O_1与⊙O_2相交于 A、B,公共弦 $AB=24$,$O_1A=20$,$O_1O_2=25$,求⊙O_2的长.

2. 已知⊙O_1与⊙O_2相交于 A、B,公共弦 $AB=24$,$O_2A=15$,$O_1O_2=25$,求⊙O_1的长.

图 5

如果说上一环节只要求学生会应用定理进行解题,那这一编题环节,则对思维提出了更高要求。学生提出的问题即变式2(见图6)。我发现虽然学生都按圆心在 AB 的同侧还是异侧分了两类,但同侧时所得的结果却不同,为什么

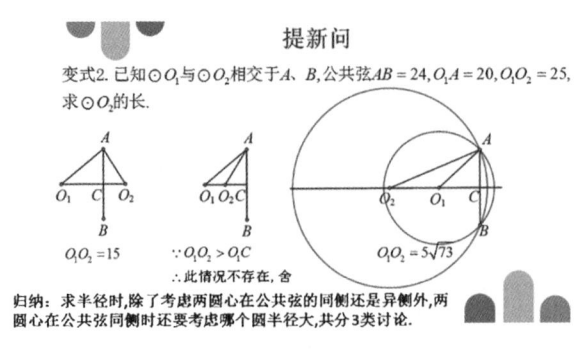

提新问

变式2. 已知⊙O_1与⊙O_2相交于 A、B,公共弦 $AB=24$,$O_1A=20$,$O_1O_2=25$,求⊙O_2的长.

$O_1O_2=15$ ∵$O_1O_2>O_1C$ $O_1O_2=5\sqrt{73}$
∴此情况不存在,舍

归纳:求半径时,除了考虑两圆心在公共弦的同侧还是异侧外,两圆心在公共弦同侧时还要考虑哪个圆半径大,共分3类讨论。

图 6

呢?这种认知冲突便产生了第三议:议变化。经过小组讨论,发现同侧时所得的两种结论都对,即最终结果应按3类讨论。教师询问:为什么求半径要分3类?学生给出答案:因为两圆大小不知,在圆心位于 AB 同侧时,可能 O_1 离 AB 近,也可能 O_2 离 AB 近,故分3类。

最后进行第四议:议收获,学生自行归纳此类问题的解题思路及注意事项。在前"三议"的铺垫下,学生收获颇丰:

(1)两圆相交问题,当已知公共弦,求半径或圆心距时要分类讨论。

(2)求圆心距时,要按两圆心在公共弦的同侧还是异侧分类讨论。

(3)求半径时,除考虑两圆心在公共弦的同侧还是异侧外,两圆心在公共弦同侧时,还要考虑哪个圆半径大,共分3类讨论。

(4)求圆心距时,圆心距等于公共弦上的两弦心距的和或两弦心距差的绝对值。

(5)连心线定理将圆的问题转化为了三角形问题。

此时,教师提出课后思考:"仿照前3题,你能通过改变条件或结论,自己再编一道题吗?"学生们已经对本题有了深刻认识,编题积极性很高。(见图7)

议收获

仿照这3个问题,你还能提出其他问题吗?

1.已知⊙O_1 与⊙O_2 相交于 A、B,直线 O_1O_2 与 AB 交于点 C,$O_1A=20$,$AB=24$,$O_2C=9$,求圆心距及⊙O_2 的半径.

2.已知⊙O_1 与⊙O_2 相交于 A、B,直线 O_1O_2 与 AB 交于点 C,$AB=24$,$O_1C=16$,$O_2C=9$,求圆心距及两圆的半径.

3.已知⊙O_1 与⊙O_2 相交于 A、B,直线 O_1O_2 与 AB 交于点 C,$AB=24$,$O_1C=16$,$O_1O_2=25$,求两圆的半径.

4.已知⊙O_1 与⊙O_2 相交于 A、B,$O_1A=4$,$O_2A=2\sqrt{2}$,$AB=4$,求 $\angle O_1AO_2$.

……

图7

整个教学,综合运用了后"茶馆式"的教学策略:预设问题设计,突出重难点;学生先解疑,教师后解疑;独立学习与合作学习相结合等。通过一道例题、两个变式,学生经历了观察、猜测、讨论、验证、归纳、提问、讨论、归纳、再提问、再讨论、再归纳的过程,符合科学探究规律。这种启发式教学,引导学生积极思考,鼓励学生质疑问难。

三、归纳总结,模式生成

表1 "三新四议"小课堂的教学流程

环　节	教师活动	学生活动
一新:探新知	提出问题,组织思考	猜测定理,文字描述
一议:议定理	组织讨论,归纳小结	证明定理,理解内涵
二新:解新惑	提出问题,解读题意	应用定理,尝试解题
二议:议方法	收集方法,引发讨论	辨析方法,巧妙应用
三新:提新问	引导提问,启发深思	提出新问,深入理解
三议:议变化	提问引思,组织讨论	寻根问底,内化定理
四议:议收获	知识梳理,归纳提升	收获新知,提炼方法

通过表1可以发现,整个探究过程中,随着认知程度的不断加深,学生的角色在不断发生转变,从最初的"学习者",逐渐过渡到"应用者""转化者""收获者"。伴随着这一系列角色的变化,学生的口头表达能力得到了锻炼,思维深刻性不断加深,真正完成了一次知识体系的自我构建。教师的主要任务也从传统教学模式的"备题目、讲题目"转变为"备学生、选题目、引议论",并且能够从学生的"四议"中,充分挖掘相异构想,及时了解到学生的掌握情况,课堂效率切实提高。课堂从教师的"讲堂"转变为学生的"学堂"。

四、全面贯彻,教研双促

后"茶馆式"教学的出现,不仅颠覆了我的课堂,更将我引入了科研之路。基于"议"撰写的论文《悦动教学,乐活课堂》获"黄浦杯"征文三等奖。张人利校长在报告中多次提及,静教院附校的学生人人都有小制作、小论文、小发明。这又给了我启示,是否也能让学生撰写数学方面的小论文呢?小论文的探索就此开始:从《π的发展史》到《勒洛三角形》,从《警惕内轮差》到《梅涅劳斯定理》,随着难度的步步提升,学生的论文也从最初的只会百度到现在能够结合课外资料,将所思所想与生活实际相结合,学生能力得到了锻炼。"用数学的思维思考世界。"这不正是新课标对学生核心素养的要求吗?凝聚着数学小论文指导经验的我的文章《核心素养视域下的作业创新——以初中数学小论文为例》获得了《现代教学》年度优秀论文二等奖。

后"茶馆式"教学,让我的课堂焕然一新,让我的学生朝气蓬勃。同时给予我变革课堂、创新教学的勇气与底气,我会坚持对后"茶馆"的执着追求!

基于后"茶馆式"教学与空中课堂结合的初中数学教学实践

上海市彭浦初级中学　周莉君

一、案例概述

在六年级第二学期数学教材的第七章《线段与角的画法》中，由于学生第一次系统接触到几何概念与尺规作图，本身对他们而言就是难点，同时由于班级人数多、水平相差大，因此学生在理解和操作上都有所差距，有的学生一遍就能上手，有的学生教了五六遍还是不会画。在以往的教学中，我们只能一遍一遍地反复板演，对于会的学生而言是浪费时间，对于不会的学生而言，他们只是坐在下面，根本无法保证是否跟着我们的思路掌握了画法，课堂效率低下不说，学生的学习兴趣和自主能动性也无法调动，更谈不上能力的培养。

后"茶馆式"教学可有效解决这一问题，它是"遵循学生认知（或学习）规律，由教师帮助，学生自己学习的教学"。教学方式更加多元——从"书中学"一种方式到"书中学""做中学"两种方式并举，教学方法更加灵活——从"读读"开始到"读、议、听、练、讲"等多种方法选择。后"茶馆式"教学的基本特征：一是学生自己能学会的，教师不讲；二是关注相异构想的发现与解决。基于对这一学情的把握，我们最终选择将第七章《线段与角的画法》与"空中课堂"视频资源结合，针对第七章我们进行了单元规划，在单元视角下重新设置课时，通过引导学生如何操作画图的视频资源调动自主学习能力，提高课堂效率。

《线段与角的画法》这一章节，原本共有九个课时的安排，我们将课时进行重新规划设计，在研究教材时发现，在"7.4　角的大小比较、画相等的角"与"7.5　画角的和、差、倍"中，都涉及尺规作图教学，因此我们将课时进行了调整，将7.4中同样为尺规作图的"画一个角等于已知角"的内容调整到7.5的授课教学中，通过采用结合视频资源的方式，进行了教学内容的整合优化，提升教学效益。

学生对于几何语言较为陌生，有不少学生在看过一遍视频资源后，还是云里雾里，需要反复观看。部分学生在观看的时候，没有跟着视频作图，只是看着视频，需要教师提醒来调动主动性。在这次尝试后，我们观察发现了课堂上存在的一些问题：整班观看时容易走神，在尺规作图这样的操作类视频资源中尤为明显，已掌握画法的学生没有反复观看的必要，未掌握画法的学生才是对于视频资源需要重复使用的受众，而这样的模式下课堂效益并未获得提高，之前传统课堂中的问题并未获得解决，只是把我们教师的角色换成了视频里的教师而已，并未起到双师辅助提升的作用。

基于这一情况，我们将整班观看的模式调整为小组合作观看视频并结合动手操作，每个小组人数为6人，为了让学生能根据实际需求自主使用视频资源，我们为每个小组配备两台平板电脑，优化课堂效率。同时，经过这次课后对部分学生的个人访谈，发现部分学生认为视频中教师只有讲解，做不到互动提问和解答，他们在观看的过程中有问题也不知如何解决。

后"茶馆式"教学从两个维度归纳教学方式：一是组织方式维度，有独立学习和合作学习；二是认知方式维度，有"书中学"和"做中学"。为了解决这一问题，同时更好地调动学生的自主性，我们在接下来的"7.3　角的概念与表示"中，在利用视频资源自主学习的同时，开展合作学习。组内成员在观看完视频后，先学会的学生可以去帮助还没有学会的学生，通过学生间的互动，自主发现问题、分析问题、解决问题。实践后发现有的小组积极性较低，自主学习和合作学习程度不够，还有的学生害怕出错，不敢和组员交流。为了提高他们的积极性，在"7.4　角的大小的比较、画相等的角"中，我们使用了积分牌制度，由小组长负责，红色积分牌表示在对应学习任务中已完成的组员数，蓝色积分牌表示出现的错误类型数，对积分较高的小组进行奖励。这一模式能在激励学生自我纠错的同时鼓励学生交流错误，也能让教师一目了然地看到小组的完成情况并统计错误。

在"7.5　画角的和、差、倍"中，我们将内容分为两个课时，从激发学习动机出发，在第一课时中，通过类比"画线段的和、差、倍"，教师为学生设计活动支架，学生自主探究得到"角的和、差、倍"的相关概念与画法；在第二课时中，我们整合利用7.4中同样为尺规作图的"画一个角等于已知角"的内容，借助小组合作探究以及对视频资源的自主使用，学生能够较好地掌握已知角与角平分线的尺规作图等画法。以"7.5 画角的和、差、倍（2）"为例，本节课的设计亦立足于单元整体教学设计的原则，有效联结单元学习内容，从学科本质的视角建立单元内容之间的关联，揭示所要学习的数学概念、原理、画法之间的关系和规律。

二、教学设计

【内容分析】

本节课是沪教版《数学》六年级第二学期第七章《线段与角的画法》的第五节课，由于学生在"7.2 画线段的和、差、倍"中已经学习了线段和、差的定义及画法，因此本节课学生可以类比"线段的和、差"的概念获得"角的和、差"的概念，并通过观察、操作、猜想、实验等活动，体会知识的迁移及类比的学习方法。同时，本节课也是学习余角补角的基础，因此本节课在本章中起到承上启下的作用。

【学情分析】

1. 学生已有的基础：线段的和、差、倍概念知识，角的大小比较和画相等的角。

2. 学生独立学习学得会的：通过类比线段的和、差的概念，类比获得角的和、差的概念。

3. 学生需要合作学习才能达到的：

（1）小组活动探究用一副三角尺画两个特殊角的和、差的方法；

（2）动手操作利用量角器画出两个一般角的和、差时，部分学生会有困难，需要小组合作完成；

（3）利用角的和、差关系进行计算时，需要学生能将几何问题转化为代数问题进行思考，难度较高，需要小组讨论辅以教师引导才能较好地达成。

【教学目标】

1. 回顾线段和、差、倍的概念，用类比的思想理解两角和、差、倍的意义，并会用等式表示角的和、差、倍的关系。

2. 掌握用量角器画角的和、差、倍的方法，培养动手实践能力。

3. 经历将一副三角板通过叠加画两个特殊角的和、差的过程，再由特殊角推广到画两个一般角的和、差，感受从特殊到一般的科学探究方法。

【教学重难点】

1. 掌握用量角器画角的和、差的方法。

2. 利用角的和、差关系，进行简单的角的计算。

3. 体会数形结合和分类讨论的思想。

【教学过程】

（一）活动探究

在一副三角尺中直接可得哪些度数？借助一副三角尺还可以画出哪些度数的角？

预设：150°，135°，120°，105°，75°，15°。

学生活动：探究用一副三角尺画两个特殊角的和、差的方法，小组交流结果。

教师活动：组织全班交流，引导思考方向。

（二）问题解决

根据下列语句画图：已知∠AOB，在∠AOB 内部取一点C，画射线 OC。

观察你画出的图像，思考有几个角、怎样表示？

学生活动：回顾线段的和、差的概念，通过操作、观察、猜想、实践，类比理解角的和、差的意义。

教师活动：引导概念辨析与规范概念表述。

图 1

（三）动手操作

一般角的和、差、倍画法的探究：已知∠α、∠β，用量角器画一个角使它等于(1) ∠α + ∠β；(2) ∠α - ∠β；(3) 2∠α - ∠β。

图 2

图 3

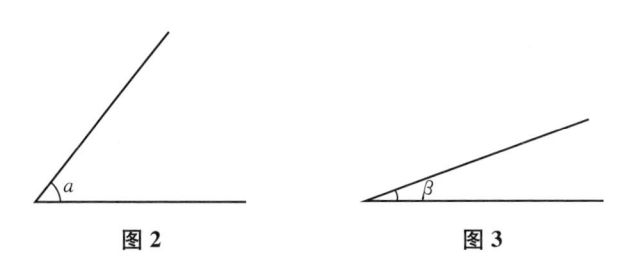

学生活动：小组操作探究画法并交流展示。

教师活动：引导学生思考并规范画法步骤。

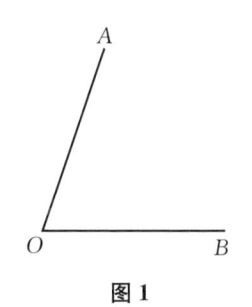

(四)课堂小结

本节课你学到了什么？

学生活动：总结本节课知识内容，互相补充。

教师活动：组织学生交流发言，进一步规范概念表述。

(五)拓展提高

已知 $\angle AOB = 62°$，$\angle AOC = (3x-2)°$，$\angle COB = (x+8)°$，求 $\angle AOC$、$\angle COB$ 的度数。

小明的解题过程如下：

① 画图。

② 根据图像，确定三个角之间的等量关系。

因为 $\angle AOC + \angle COB = \angle AOB$，

所以 $(3x-2)° + (x+8)° = 62°$，

求得 $x = 14$，

代入，即 $\angle AOC = 40°$，$\angle COB = 22°$。

图 4

问：你认为他做的对吗？如果不对，请帮他改正。

学生活动：小组讨论，互相纠错并交流展示。

教师活动：组织交流，引导将几何问题转化为代数方程，体会分类讨论思想。

(六)布置作业

必做题：学案 7.5(1) 5、6、7、8。（预计用时：10 分钟）

选做题：

(A 组)已知 $\angle AOC = 80°$，$\angle AOB = (2x-8)°$，$\angle BOC = (2x+16)°$，求 $\angle AOB$ 和 $\angle BOC$ 的度数。

(B 组)查阅我国古代测量和画角的工具，以小组为单位整理资料并汇报展示。（一周完成）

三、教学实施

后"茶馆式"教学是偏重教学科学的研究，它概括了"基于问题的读读、议议、讲讲、练练"教学方法。后"茶馆式"教学提高了教学核心领域——课堂的教

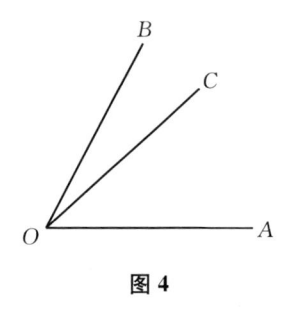

学效能,同时促进了作业等环节的改进。我们最终采取了以教师示范为主、观看视频讲解为辅的方法,提高学生自主学习的能力。在用等式表示角的和、差、倍的关系的环节中,以教师示范为主,让学生掌握用量角器画角的和、差、倍的方法。在用尺规作图画一个角等于已知角,以及做出已知角的平分线的环节中,让学生以小组的形式用平板播放空中课堂例题的讲解视频进行自主学习。

从"线段"与"角"的联系中创设学习动机,引入环节基于单元设计的视角,让学生思考:是否也能用尺规画一个角等于已知角?

本节课主要分为问题引入、自主学习、合作学习、学生演示、问题讨论、总结交流、拓展提高等七个模块。值得指出的是,为了使视频资源更高效地贴合课堂使用,教师的指导与学生的自主缺一不可,为了充分调动学生的自主学习与合作学习,对比两次对本节课的视频录制,在小组讨论的环节我们做了以下改进:

表 1 两次视频录制对比表

		第一次	第二次
设施安排	平板（每组两台）	无支架,学生自取	每组两个支架,组长在中间调配
	分组	随机分组,小组间学习能力不均衡	均匀分配学习能力高、中、低的学生,小组间较为均衡
学生	自主学习	跟不上空中课堂的作图视频	利用暂停及回看功能学会画法
	合作学习	在互相纠错的过程中,重复性及格式性错误频繁	由组长汇总错误类型,学生上台演示并完成自我纠错
	学习兴趣	讨论活跃,但部分学生没有调动起积极性	充分调动学生的自主性
教师	教师指导	讲评性语句较多	指导学生一边看视频一边操作画法,并引导小组内部互相纠错
评价工具	观察量表	观察较分散,无法落实到每一位学生	每位观察员负责一个小组

后"茶馆式"教学的教学策略是:(1)学生先学引导性策略;(2)学生自己学习最大化策略;(3)预设问题设计突出"重点""难点"策略;(4)关注有价值的生成性问题策略;(5)教学评价与课堂教学融为一体策略;(6)学生先解疑,教师后解疑策略;(7)独立学习与合作学习相结合策略;(8)"书中学"与"做中学"并举策略。学生在利用平板电脑学习"空中课堂"视频资源——如何画一个角等于

已知角,学生的自主性得到了充分的调动。小组长通过观看"空中课堂",自主学习掌握了画法,接下来小组内部互相纠错时她发现有小组成员没有掌握,于是她教授了正确画法,并要求组员进行合作学习,那位一开始没有掌握的同学也在合作学习后完成了自我纠错,掌握了知识。学生在这一过程中实现了自主学习并通过合作互助,提升了每个人的课堂参与度。

教师在指导学生如何使用平板学习"空中课堂"视频资源——如何画一个已知角的平分线时,发现有相当一部分学生难以一遍就理解掌握,尺规作角平分线的步骤也相对复杂。教师需要不断巡视观察,给出恰当的指导,比如一边看一边作图、跟着文字步骤进行作图、及时暂停回看或者多看两遍,同时需要及时收集每组的掌握情况,因此及时的教师指导能有效地提高学生对视频资源的使用效率。

反思我们自己的课堂教学,完全可以借鉴这个后"茶馆式"教学,即在课堂教学中采用"读一读,议一议,听一听,练一练,讲一讲"的五步教学模式进行课堂教学,体现教学不只是讲台之上,更应关注讲台之下。经过将"空中课堂"视频资源与后"茶馆式"课堂教学结合的积极探索实践,我们认为这一方式是具有可推广性的,例如在几何作图等新授课的教学中,既能提高课堂效率,又为学生自主性的培养提供了良好基石。

指向深度学习的文言文阅读教学设计
——以《桃花源记》为例

上海市新中初级中学　罗春兰

《桃花源记》是《桃花源诗并记》的组成部分,据王瑶先生考证,本文创作于南朝宋永初二年,此时陶渊明已经57岁了。他拒绝和刘裕政权合作,不满当时黑暗的政治现实,又由于他长期和农民接近,理解他们追求理想社会的愿望,所以写了这篇记和诗。《桃花源记》全文共三百二十个字,陶渊明用了最少的语言叙述了一个有人物、有对话、有情节的完整的故事,并向读者展现了一个淳朴安宁、远离尘世的理想社会。

以前上《桃花源记》时,我把教学重点放在"桃源之美"上,引导学生品味自然环境美、生活环境美、风俗人情美,再进一步感受桃源生活之"乐"和评点桃源之"奇",然后探究文章主题,说说作者为什么要虚构这样一个理想社会。这样的课堂设计,只关注了文本的内容,完全忽视了学生自己学得懂(或者部分学生自己学得懂)的内容,教师只是根据自己的理解设计课堂教学,更是忽视了文本的语言特色和构思技巧。

随着我校语文组对后"茶馆式"教学研究和实践的进一步深入,在不断的研究和探讨中,我们发现《桃花源记》有些内容学生完全自己就能学明白,比如自然环境和生活环境的宁静美好、民风的淳朴热情等,而且这篇文章真正值得教给学生的主要不是这些内容,其语言形式背后的用意是值得教师在备课上深入研究的。这篇文章语言特色才是最大的亮点,语言自然简练,多用散句,而且总体上都是短句,句式简单、音节短促(每句多在五个音节以下);多用省略句,有的是省略主语,有的是省略时间副词和连接词,时间的顺序和空间的转移只用几个简单的副词("初""复");所用词语也都是通俗易懂的常用词,句子之内,除了极少数必要的副词外,全用动词和名词,没有形容词,也没有比喻。陶渊明在叙述比较复杂的人、事也是极简洁的语言,文章中第三段写渔人做客桃花源,过程复杂，涉及众多的人物对话、动作和思绪，但作者在表达中先后承继的连接副词也是大都省略，这种看似并列的缺省主语的简单句形成特殊的语境结构，可以使作者在写作时有一种身临其境的现场感，也可以使读者与作者一样，能够在想象中进入文本营造的世界，给了文本外部的人很大的自由想象空间。

真实可靠与虚幻迷离的统一是本文的又一大独特之处，陶渊明以写实叙述把缥缈的想象说得很逼真。写实的叙述主要体现在以人物的籍贯来证明人物的真实性，营造真实的氛围，比如武陵渔人、南阳刘子骥。朦胧的叙述体现在文章虽然一方面强调时间（晋太元中）、人物（武陵渔人）的可靠性，但是另一方面又在强调地点的不确定性，即不确定桃花源的具体地点（忘路之远近）。同时，故事情节经历了两次曲折，第一次，发现桃花源美好的环境和美好的人际关系，陶渊明强调纯属意外，完全是偶然的，是一种没有原因的结果。第二次，明明是亲身经历，而且回来还做了标记（"便扶向路"），却再也找不到了，也是没有原因的，就连"欣然规往"的"高尚士"刘子骥也没有去成，而且不久就病死了，这更是没有原因的，这就使得这个超越因果的情节显得很独特、很神秘。空想的神秘和理想的真诚，是陶渊明面对的一个矛盾，但他为这个矛盾找到了一个特殊的情节形式。

在叙述完刘子骥之后，作者又不动声色地补了一句"后遂无问津者"，表面看似乎在补充交代寻找桃花源的最终结局，但细细品味，我们不难体会到陶渊明内心的极度失望。"后遂无问津者"这句话告诉我们，自从刘子骥去世之后，就再也没有人对桃花源感兴趣了，这就如同在说，刘子骥是这个世界上最后一个高尚之士，他死后，这个世界就与高尚绝缘了。

基于以上的认识，我认为陶渊明个性中平淡的思想、顺其自然的处世原则是理解这篇文章的语言和内容的核心所在，因此，我将重点放在品味本文平淡、自然、简练的语言风格以及理解陶渊明的理想上，以此来体会陶渊明平静从容的生活心态以及顺其自然的处世哲学，从而感受这部经典作品的不朽魅力。八年级的学生借助课文注释基本能读懂文章大意，初步厘清故事内容，但对文中"仿佛若有光""无论魏晋""寻向所志""后遂无问津者"等词句的含义及作用理解不透彻，对"渔人甚异之""悉如外人""咸来问讯"等深层意思不理解。再加上学生对陶渊明及当时社会现实有隔膜感，这对学生理解文本和作者情感也有所阻碍。

所以，在后来的一次校级研讨课教学中，我主要围绕以下几个方面来进行教学设计：

一是在疏通文义的基础上整体感知桃花源的特点。传诵千古的桃花源到底是一个什么样的地方？它与当时的现实社会又有什么不同？桃花源的特点可以用环境美、生活美、人情美来概括，这个过程可以将文章中的重点字词及句式进行大致的梳理；品味文章的语言，通过反复诵读、分析归纳、对比阅读等方式发现作者的语言风格。在反复的诵读过程中学生能够初步感受文章语言质朴、自然的特性。

二是指出陶渊明表现理想境界，不强调激情和渲染，突出的是一种从容不迫的心态，这就决定了文本语言上回避形容与描写，不用感叹和夸张。文中描述环境和氛围的主要有三处：一是发现桃花源的过程，几乎全是叙述。写"桃花林"的句子"夹岸数百步，中无杂树，芳草鲜美，落英缤纷"，前两句也是概括性的叙述，只有最后一句勉强称得上描写。二是写桃花源里的景象，"土地平旷，屋舍俨然，有良田美池桑竹之属"仍是概括性的罗列。三是写桃花源居民的生活，"阡陌交通，鸡犬相闻。其中往来种作，男女衣着，悉如外人。黄发垂髫，并怡然自乐"也是概括性的叙述，写人物只是强调与外人的相同（衣着）和不同（生活怡然自乐）。桃源之美主要美在"远离战乱"，这是全文意脉的核心。至于写桃花源中村民对渔人的热情款待，虽有"乃大惊""皆叹惋"，但仍然是从容平静的叙述。

三是结合《桃花源诗》来理解作者的理想及其顺其自然、平静从容的心态。陶渊明的思想是复杂的，充满了矛盾和冲突，如果将陶渊明的理想分为社会理想和个人理想两个维度来看，就会发现这种矛盾也体现在以"桃花源"为依托的理想之境中。从社会理想的维度来看，桃花源的缔造表明了陶渊明对于没有剥削、没有压迫、人人安居乐业的理想社会的向往，也代表了那个时代所有贫苦人民的愿望。然而，在残酷的现实面前，陶渊明是清醒的，更是绝望的，他清楚这样一个理想社会在当时的情况下是不可能实现的，最终在《桃花源记》中也以渔人的"遂迷，不复得路"和刘子骥的"未果，寻病终"否定了它的存在。从个人理想的维度来看，桃花源也寄托了陶渊明对于个人精神世界的追求，追求个人精神的纯净、安宁，从这个意义上来讲，陶渊明的理想是充满希望的，或者说无论是陶渊明还是东晋的普通大众还是现世的我们，每一个人的这种理想都是充满希望的。

深入挖掘文本内涵后，发现陶渊明对理想之境的追求方式也是值得玩味的。武陵人在"缘溪行,忘路之远近"的状态下发现了"桃花源",而在"便扶向路,处处志之"的状态下迷失了"桃花源"。"缘""忘"二字强调的是一种无意中的状态,是无意间的偶然发现,出乎意料地忽然见到,更近似依托了人的物性或自然性来与外在世界相遇。而"扶""志"二字强调的是一种刻意追寻的状态,自然而然反而进入理想之境,刻意追寻却事与愿违。"如果说,渔人因无意得见桃花源而显出主体的自然而然态度的话,那么这种自然态度是跟心中本来没有目标密切相关的。一旦偶然相遇又亲身体验了这样理想世界的存在,渔人的天真无邪状态就已经失落。""只要对桃花源有所向往,有所追求,就已经失去了无意相遇的可能性,并使自身的那种顺其自然的态度变得复杂起来。"在最后两段写官场的太守和高尚士刘子骥对桃花源的追求,太守派出的人员不能发现桃花源在意料之中,因为太守连同整个政治体制,与古朴的桃源世界是格格不入的。但是刘子骥的气质应该与桃源世界有相通之处,问题是刘子骥的"欣然规往",这种人为的刻意太过于明显,又违背了主体的自然态度,才使得作者不得不用"寻病终"的方式,来回避高逸之人与桃花源能否相遇的难题。因此,我们可以窥见陶渊明并不强调激烈的刻意的处世原则,而是以顺其自然为准则。至此,我们才算理解了文本以及文本背后的作者,也算是真正理解了孙绍振先生那句意味深长的话——陶渊明的语言风格是充满情感的,但又是特别平静的。

四是结合创作背景感受文本经久不衰的魅力和陶渊明的人格魅力。陶渊明的理想在社会层面上是无望实现的,而在个人层面上实现"结庐在人境,而无车马喧"的精神状态则存在着可能性,看似矛盾的地方也有着共通之处:无论是社会理想还是个人精神世界的追求,都是依循一种朴素、自然的状态,而作者的语言——他的表达方式也是自然平和的,这种传递方式和传递内容的一致性应该成为学生理解这位作者和这篇文章的关键点。

但是实际教学中,在"品味朴实简练的语言"环节,因为尽管教师对文本内容进行了深入的解读,但没有很好地了解学情,这篇文本与学生的生活有一定的距离,学生对这篇文言文语言上的特色理解不到位,教师课堂设计不能很好地激发学生的思维能力,导致课堂中学生无法深入文本,所以课堂上教师讲解就会比较多。后来进一步研究后"茶馆式"教学方法,找到了问题之所在。根据后"茶馆式"教学价值取向的理解,以学生完成学业的效能为导向来确定"读""练""议""讲""做"的合理的选择,"做"是增加学生的经验。这种学生的学习经历不仅增加了学生自身的默会知识,而且可以进一步产生经验与文本的对话。

"讲"是教师讲学生自己学不懂的，目的还在于引起学生的经验与文本的对话。"练"是学生在文本与经验对话之后的应用，然后，会产生新的异想，从而进一步对话，继续"议"。对后"茶馆式"教学的内在结构解读之后，明白了后"茶馆式"教学的本质是在帮助学生自己建构自身的知识体系。

　　因此，我对教学设计进行了新的建构，主要是结合文本的逻辑和学生的思维逻辑，在品味"桃花源的自然与淳朴"之后，让学生结合文本理解"桃花源的亦真亦幻"，这个过程中让学生抓住刘子骥"未果""寻病终"等词语分析作者这样写的原因，再进一步结合"扶""规"以及前文的"缘"等分析。武陵人在"缘溪行，忘路之远近"的状态下发现了"桃花源"，而在"便扶向路，处处志之"的状态下迷失了"桃花源"。虽然"缘"和"扶"都有"顺着、沿着"的意思，但"缘"字强调的是一种无意中的状态，出乎意料地忽然见到（结合"忽逢"）。而"扶"字则偏于人的动作，强调的是一种刻意追寻的状态，自然而然反而进入理想之境，刻意追寻却事与愿违。所以说作者笔下的"桃花源"亦真亦幻，充满着神秘色彩。然后结合背景资料分析村里的人为什么要嘱咐渔人"不足为外人道也"，因为他们不想外人来打扰他们的美好生活，无论外面是好是坏他们都不想出去，说明他们对源中生活的满足。这样一个淳朴安宁、远离尘世的理想社会在现实层面上是无望实现的（幻），而在个人层面上实现"结庐在人境，而无车马喧"的精神状态则存在着可能性（真），写此文是为了寄托作者自己的理想。

　　至此我们对此文的学习看似可以结束了，但是这篇文章语言上的特点不得不重锤敲打。本文语言表达上最突出的特点是：省略主语，多用短句，句式简单、音节短促；朴实简练的叙述语言。这背后的原因是什么呢？作者在表达中不但省略主语，连先后承继的连接副词也是大都省略（第三段），缺省主语的简单句形成特殊的语境结构，可以使作者在写作时有一种身临其境的现场感，也可以使读者能够进入文本营造的世界，给读者很大的想象空间。多用概括性的叙述更多的是强调了世外桃源之美，是美在"世外"，美在远离战乱，不受政权更迭之苦。

　　最后一个环节是"探究作者写作意图"：作者为什么要虚构一个这样的"桃花源"（理想社会）？这个问题有一定的难度，教师铺设好台阶非常必要：一是补充资料："天下兴亡，匹夫有责""先天下之忧而忧，后天下之乐而乐""结庐在人境，而无车马喧。问君何能尔？心远地自偏。采菊东篱下，悠然见南山。山气日夕佳，飞鸟相与还。此中有真意，欲辨已忘言"。二是教师的引导，面对战乱与社会动荡,中国文人的主体选择是"天下兴亡,匹夫有责""先天下之忧而忧,后天下之乐而乐",比如杜甫面对"安史之乱"给百姓带来的苦难,他选择的是为百姓的疾苦而忧心(《春望》、"三吏三别"),柳宗元对百姓的疾苦也是大声疾呼"熟知赋敛之毒有甚是蛇者乎"(《捕蛇者说》)。但是陶渊明为何选择的却是逃避(隐逸)呢?原来儒家思想主张"入世",以实现生命的价值,作用于他人、作用于社会与时代。道家思想主张"出世"(隐逸),追寻的是安放心灵的精神家园,寻求心灵的归宿。既然外部的理想世界是可遇不可求的,只好去追寻一种超越世俗之外的理想境界,当人处于自然而然的状态之时,外在的客观世界是否存在就变得不重要了,重要的是,如何把这种超越世俗的追求变成合乎人的本性的自然而然。陶渊明借这样一篇文章,是想表达自己追求平静从容的生活心态以及顺其自然的处世哲学。至此,这篇文章才能称得上结合文本思维逻辑,引导学生向纵深处学习,学生对文本的语言运用的特色以及背后的用意才能有真正的发现和理解。

  语文教学是一个不断深入和优化的过程,也是不断反思的过程,在反思中发现问题,在反思中完善课堂推进过程,在反思中不断建构和优化教学过程。只有这样,我们的语文教学才能真正让学生的思维得到锻炼和发展。

低结构区域活动中大班幼儿的自我评价研究
——以万物镜为例

上海市静安区芷江中路幼儿园　朱思雯

一、研究背景与意义

幼儿的自我评价能力对于幼儿的自我认知能力和社会性发展是具有重要意义的。在2001年教育部颁布的《幼儿园教育指导纲要(试行)》中将教育评价作为一个独立的部分呈现,特别强调了评价主体中包括幼儿,明确了教育评价对幼儿发展的重要意义和作用。国外教育领域对评价在教育改革和儿童发展中扮演的角色十分重视,尤其是对于培养幼儿自我反思和自我评价能力,这已经成为高质量教育的重要内容和主要导向。

从国际视角来看,在经历了"对学习的评价"和"为了学习的评价"这两个阶段后,"评价即学习"这一理念已成为当前的共识。幼儿评价不仅能够为教师提供必要的活动信息反馈,还能够为其发展核心能力发挥先导作用。儿童有权对幼儿园中所涉及的所有方面发表他们的看法,其参与的程度和权利取决于儿童的年龄和能力水平。

由此可见,强调幼儿的自我评价不仅仅体现出重视幼儿的评价主体地位,对于促进幼儿发展也是具有重要意义的。

二、研究方法与目标

1. 目标与价值

本研究以低结构区域活动为研究背景,探寻大班幼儿自我评价的具体表现、总体特征及影响因素，丰富低结构区域活动中幼儿自我评价的相关内容。期望通过本研究丰富相关领域的内容，掌握低结构区域活动中大班幼儿自我评价的基本特点，以此丰富低结构区域活动的评价方式，帮助教师以儿童的视角了解幼儿的发展情况及需求，对低结构区域活动进一步进行调整与改进。

2. 方法与内容

第一，通过观察、访谈及作品分析法了解大班幼儿在低结构区域活动中自我评价的具体表现，进而试析大班幼儿在低结构区域活动中自我评价的基本特征。

第二，结合文献资料及个案访谈对幼儿自我评价的影响因素进行分析，结合自我评价的特征及影响因素提出促进低结构区域活动中幼儿自我评价能力的相关教育建议。

三、研究设计

1. 前测

研究者进入大班组对大班幼儿在低结构区域活动中自我评价的情况进行初步了解与观察，掌握班级中低结构区域活动的基本设置与幼儿的整体情况。

2. 观察记录

（1）观察幼儿在低结构区域活动中的整体过程，包括幼儿对于区域的选择、活动前的计划、活动后的记录等。

（2）以视频与照片的形式记录幼儿在活动中的表现以及教师在低结构区域活动的后置分享环节，其中包括幼儿、教师对于活动的分享与介绍。

研究者从低结构区域活动开始即进行观察，一直持续到活动结束。以视频和照片的形式记录幼儿活动的过程以及教师分享环节。

3. 多维度访谈

（1）幼儿访谈。本研究以上海市市级示范性 Z 幼儿园为研究对象，根据研究所需和实际情况，采用方便抽样法，选取 Z 幼儿园中大班四个班的幼儿，共计 101 人，其中男生 49 人，女生 52 人。

在访谈过程中以录音方式记录交流互动的全过程，便于后期分析。对于幼儿的访谈内容为预设好的访谈大纲，之后根据幼儿的回应进一步追问其自我评价的相关问题。

（2）教师访谈。参与本次研究的还有四个班级的主班教师，教师自身具有一定的低结构区域活动观察及指导经验。

在对幼儿的访谈结束后再对教师进行非结构式访谈，研究者与主班教师共享幼儿的访谈结果，并请主班教师结合幼儿的家庭背景、个性特征等因素进行分析，记录其分析结果。

4. 频次与目的

（1）频次。根据研究的关键主题设置访谈指引，以活动照片为引谈工具，按活动后即刻、活动后一周、活动后一月、活动后一学期（即期末）为访谈频次进行幼儿与教师访谈。

（2）目的。通过观察与访谈，辅以作品分析法试析幼儿在低结构区域活动中的自我评价的具体表现及基本特征，揭示大班幼儿在低结构区域活动中自我评价的影响因素。

5. 数据收集与处理

通过与班主任老师的沟通，在原本计划记录表上增添自我评价一栏，内容为 10 颗镂空星星，以星星数量为幼儿自我评价的表现形式，当幼儿完成低结构区域活动后，可对星星进行涂色、打钩等标记，以表示自己对于今天在低结构区域活动中的自我评价情况。将观察与访谈内容进行收集整理，后期通过软件 NVivo11 将访谈内容进行编码分析，在数据收集并编码完成后，通过核心节点呈现幼儿自我评价的内容指向、归因等数据及其关系。

四、研究结果与讨论

1. 研究结果

低结构区域活动中大班幼儿自我评价的具体表现包括内容指向、评价标准及结果归因。

大班幼儿具有一定的自我评价能力是已经被研究所证实的，他们能够对自身所产生的游戏过程进行评价表述。通过对访谈文本内容的编码及分析发现其内容指向主要分为行为表现、发现、能力、作品、计划、记录、区域选择，以此七个内容指向为编码节点，在此基础上进一步进行核心编码，得到活动准备、活动过程、活动结果这三个核心编码节点。

大班幼儿自我评价标准指幼儿评价自身所依据的价值尺度及界限，主体的需要必须上升到主体意识的需要才能作为主体在自我评价活动中的标准。通过分析发现大班幼儿在低结构区域活动的自我评价过程中所呈现的评价标准主要分为内在标准和外在标准，在此基础上对访谈结果进行编码处理可得到103个自由节点及五个树状节点。

低结构区域活动中，大班幼儿自我评价的结果归因指在认知过程中个体会根据他人某种特定的人格特征或某种行为特点推论出其他未知的特点，以此寻求各种特点之间的因果关系。在本研究中，分析得到的自由节点，根据文献总结将其进一步编码为内部因素与外部因素两个核心节点。从统计结果可以看出幼儿在对于自我评价结果归因时更多会归于自身，如个性、创意、能力等。

2. 研究讨论

结合文献及活动观察对幼儿自我评价的基本特征进行总结、归纳如下：

第一，自我评价内容指向多样化，评价结果偏正向。从访谈资料中可以发现，大班幼儿在低结构区域活动中的评价内容指向是多样化的，其评价内容指向不仅是在低结构区域活动中自身表现或搭建的作品，还包括主体自身的能力、制订的计划及相关发现等，评价内容涵盖了低结构区域活动的活动前期、活动过程以及活动结果这三个不同的阶段。研究者请幼儿以星星数量表示自己今天在低结构区域活动中的表现情况，发现幼儿获得星星数量平均为8.3颗，可见大部分幼儿对于自己在区域活动中的表现评价结果是正向积极的。

第二，自我评价标准多元化，外评内化形成标准。由于大班幼儿自我意识迅速发展，他们通过不断与周围环境、生物群体等进行互动沟通，学习理解并逐步建构自身的三观，对于自我评价的标准也有更多自我意识的参与。幼儿在自我评价过程中会运用不同的标准进行评价，有单一标准，也有内外标准相结合的。尽管在文本数据中大班幼儿在低结构区域活动中的评价标准呈现出侧重于内在标准的特点，但事实上外在标准的内化是幼儿形成评价标准很重要的一部分。只有当幼儿先前已经积累或形成了在自我评价时可采用的评价标准后，才能够基于此，将在低结构区域活动过程中知觉到的自我评价信息与评价标准对照，进而形成自我价值判断。

第三，自我评价结果归因多维化，个体差异性显著。在101位幼儿的访谈数据中，自我评价归因呈现内因与外因两大核心节点，可见幼儿将自身在低结构区域活动中自我评价结果归纳于不同的原因,在数据呈现中自我评价结果归因的 15 个树状节点中有 9 个节点的参考点数小于 5,这是由于幼儿的自我评价结果归因主要以自我经验与认知为构建基底,因此其评价结果归因个体差异性较大。

第四,自我评价结果不稳定,易受影响。低结构区域活动以建构主义理论为基础,强调幼儿在游戏中学习,构建自身认知经验,促进幼儿的发展,而幼儿本身也在随着时间的推移而成长,因此幼儿对于自我评价的标准是受到自身认知发展或外在因素的影响而发生变化的,评价标准发生变化后,对于同一事件的评价结果、归因等都会因此出现改变。

五、主要观点及教育建议

通过对幼儿活动观察、访谈和对教师的访谈基础及综合低结构区域活动中大班幼儿自我评价的具体表现及基本特征,研究认为低结构区域活动中大班幼儿自我评价的影响因素可以总体分为四个方面,分别是幼儿自身、区域类型、评价时间及他人影响。

通过以上研究可见,尽管大班幼儿的自我评价能力尚未发展完善,其评价结果并不稳定,但在低结构区域活动这一特定的情境中可以发现大班幼儿在自我评价中趋于客观、完整。基于低结构区域活动对于幼儿权利的尊重以及对幼儿主体性的重视,可以看到大班幼儿在低结构区域活动中自我评价的标准及归因更偏向于内部因素,其自我评价更主观、更独立。

综合以上结论,研究者提出以下教育建议:

第一,完善评价机制,重视幼儿自我评价的作用。幼儿自我评价需要在一定的契机和情境下才会得以激发。通常情况下由于学龄前幼儿的能力所限,自我评价常以语言表达这一行为为主,而低结构区域活动这一特定情境具有其特殊性,活动中的计划记录表能够成为很好的媒介。教师可以在计划记录表上增加自我评价记录情况,让幼儿可以通过绘画等表现方式进行自我评价,以此为作用点丰富幼儿自我评价的机会。在活动后的环节中通过后置分享或一对一访谈等方式具体了解幼儿自我评价的归因等,帮助幼儿提高自我评价能力,也能更好地了解幼儿,基于幼儿的视角去理解他们的所思所想所需,满足其发展需求。

第二，发挥教师影响，促进幼儿自我评价的多样性。低结构区域活动类型内容涉及广泛，不同类型的区域活动内含不同的隐性目标，教师可以依托于隐性目标的基础引导幼儿进行多维度多元化的评价，教师在分享环节中也可以从不同角度切入，那么幼儿在潜移默化中也会慢慢丰富自身的评价维度和视角，关注到自己更多方面的发展。

第三，增加评价节点，关注幼儿自我评价的变化。家和幼儿园是幼儿生活的两个微观环境，教师可以联合家长的力量，让幼儿自我评价得到更充分的开展。家园互动过程中，教师可以让家长有意识地引导幼儿对于低结构区域活动进行自我评价，一方面可以让家长了解到幼儿在校园里中的状态，另一方面可以促进教师与家长的沟通，让教师了解到幼儿在不同节点的自我评价的情况及其差异，更助于教师发现幼儿的真正需求和发展情况。

六、反思与展望

本研究基于文献资料，综合访谈观察初步了解低结构区域活动中大班幼儿自我评价的具体表现及基本特征，并归纳梳理了相关影响因素，提出了相关教育建议，补充了大班幼儿在低结构区域活动中的自我评价相关研究的空白，重视幼儿作为评价主体在促进幼儿全面发展中的重要作用。

在未来的研究中，可以深入探讨影响低结构区域活动中幼儿自我评价的因素，尝试进一步探索低结构区域活动中幼儿自我评价的能力发展情况以及自我评价的形成路径，从实践研究中获得更细致、更有效的教育策略。

小规则"白相"海派大世界

——低结构理念引领下的海派玩创游戏探索

上海市静安区芷江中路幼儿园 尹亦睿

芷江中路幼儿园二十多年扎根低结构研究,"以幼儿自主学习为核心的幼儿园低结构活动探索"荣获首届国家级教学成果一等奖,为幼教实践者提供了一种开放、自主、凸显以游戏为基本活动精髓的课程实践新样态。

一、激活创造力,低结构活动理念的深入与转变

在"静安玩+"区域玩研共同体的实践引领下,我们深化低结构活动探索理念,遵循儿童学习方式,坚持以游戏为基本活动,着眼于将激活幼儿创造力融入游戏新样态。

我园在长期的实践中看到幼儿的无限可能性,幼儿在活动中会玩乐玩,在各类活动中对传统文化,如老上海的建筑、服装、饮食等表现出极大的兴趣。此外,习近平强调要大力提升文化软实力,彰显"上海文化"品牌标识度和影响力,成为展示中华文化的重要窗口。我们尝试开展以海派文化为背景的户外玩创型互动游戏新样态,打造沉浸式的海派文化游戏场景"白相大世界"。从低结构活动到无结构的海派玩创游戏新样态的实践,既是一日活动的低结构化顺应孩子玩的需要,也思考激活创造力的研究从信息技术到了文化层面。

二、指向自主性,海派玩创游戏的发展与迭代

在实践过程中,我们经历了"芷江里"的几次发展演变。

1. 海派玩创游戏初探

我们与幼儿共同创设了多个幼儿富有兴趣且具有海派文化的游戏环境，打破原有的班级、年龄段格局，以混龄的形式开展沉浸式互动角色游戏，共同约玩、探玩、享玩。但在游戏初探的实践中，我们意识到"约玩"是教师因为便于游戏开展而设置的规则。在角色游戏中，幼儿应该是完全自主的，是自由自在的，甚至是自说自话的，游戏中的规则应完全是幼儿自主建立的。

2. 海派玩创游戏再探

在"静安玩+"项目微研究征集的活动中，老师们纷纷讲述游戏中的儿童故事，我们发现了不少游戏样态中的瓶颈，如海派文化应该既体现在环境里又体现在儿童的表现中，需要关注到海派文化中蕴含的隐性规则与特质。又如幼儿在游戏过程中是无意识的，他们追求游戏体验而非游戏结果，因此游戏中有大量的不确定性。基于此，我们再次聚焦幼儿在游戏中的表现，根据内容指向、表达方式等不同角度进行梳理，将海派文化与角色游戏进一步链接，尝试提供更多的空间与支持。

3. 海派玩创游戏深探

经过实践，我们的海派玩创游戏逐渐成熟，玩什么、怎么玩、和谁一起玩都由幼儿自己选择决定，但游戏经验的不确定性会让不同幼儿组成的角色组合产生大量共性问题。我们选择尊重孩子的经历，给孩子不断试错的机会与空间，我们发现在游戏过程中，幼儿解决问题的方式各不相同，如个性化定制，即时生成新的店铺名称、菜单，多种形式的叫卖等，也能够通过自然材料的即时获取与替代。

三、聚焦真问题，微研究中小切口的梳理与思考

在"静安玩+"玩研团队的共研中，我们将微研究着眼于大班幼儿在"老上海小吃街"中的自主创建规则。幼儿说"小吃街"好玩，除内容接地气外，更因为无论从场景搭建、角色分配、职责分工等游戏规则的建立，还是游戏过程中幼儿真实产生的问题，都来源于幼儿，其内驱力正是孩子的"好玩"。

研究目标主要有三点：一是研究幼儿在"小吃街"中自主创建规则的过程及多种表达及表征方式。二是幼儿如何在游戏过程中认知各类规则并达成共识，

共同遵守规则,培养自律与责任意识。三是梳理"老上海小吃街"中包含的海派文化特征及其相关的特殊规则。

研究过程主要聚焦于三个阶段,第一阶段:基于观察,厘清发展现状。观察收集游戏故事,通过一对一倾听的方式了解幼儿的想法,通过视频、讲故事、教研活动等方式复盘游戏过程并解读幼儿表征。第二阶段:循证研究,提升"规则"阶段。这个阶段主要分为三步走:第一步是梳理现有规则,解决规则适应中的问题。第二步是收集游戏故事,支持规则共建与遵守。第三步是玩创多种方式,鼓励经验共享与创生。第三阶段:经验梳理,形成相关成果。从幼儿角度与教师角度分别厘清激活创造力的抓手与路径,支持幼儿不断完善"小吃街"的游戏规则。

四、创建各规则,幼儿玩转大世界的探索与实践

在实践过程中,我们收集到很多游戏故事及幼儿的表征,我们发现幼儿能够在游戏中自发自主地创造并共同遵守规则,不仅仅局限于"小吃街",其他游戏区域亦是如此,幼儿能够主动将老上海文化的游戏体验与现有的生活经验相结合,从而提升游戏乐趣,值得我们继续深入进行循证研究。

我们发现,由于角色游戏中的自主性,幼儿会在玩的过程中产生大量的问题,如幼儿发现游戏"玩不下去"或者"不好玩",没有成就感。这时就需要想办法,这些办法往往会生成新的玩法、材料替代或是改变互动方式等,从而逐渐形成新的规则。这个过程中,幼儿积累了大量角色经验,社会性发展与规则创建的意识逐步激活,并不断向一日生活的方方面面扩展。

1. 规则创建——基于分享协调的共生

在海派玩创游戏中,很多角色的设置与规则体现了幼儿对不同角色行为的认知,比如店长需要做些什么,点心师要为客人制作点心等。这些规则都来源于幼儿的经验常识,能让游戏顺利开展。但每个幼儿的生活经验不同,对角色的认知水平也不同,因此在游戏中表现的情节与行为就会经常变化。

但我们发现,幼儿的经验积累比我们想象的更快,比如类似"服务员"角色的经验,是可以不断向其他游戏区域迁移的。此外在游戏过程中,幼儿是从同伴身上获得经验的,幼儿能够自发自主地通过多元的途径来获取经验,能够模

仿学习互动交流,以此解决自己的问题。

当幼儿在游戏中出现冲突时,他们会协商彼此之间的行为,如在银行取钱时可以多设置几个窗口避免排队;有的店铺把叫卖儿歌录成录音播放,但其他小朋友提出声音太吵,大家共同商定了几条规则:可以编儿歌、唱歌用嘴巴来叫卖,可以在店门口贴海报,可以到"路上"发优惠券来吸引顾客等,这类规则也适用于日常生活中。

这个过程就是幼儿理解与体验规则的过程,当幼儿能够通过协商、共建、自我约束等方式来创建规则,幼儿的创造力与社会性也得到了发展。

2. 规则制定——激发多元表征的共享

但新的规则是个体幼儿或是部分幼儿的经验,他们如何让同伴也能知道呢?如何让同伴认识到这个规则是什么意思,并一起玩起来呢?规则的表达表征就很重要了。

由于幼儿经验的不确定性,每位幼儿的表征方式也不尽相同,有的会用画画,有的会用标签、图示等,还有的会提出需要记录表。我们发现幼儿能够根据不同对象的情况来进行个性化表征,比如大班小朋友在制作点单便签时,提出中班小朋友可能不会画,他们就针对问题一起讨论,并去询问中班幼儿,最终商定可以用画好的图来打钩。

我们惊喜地发现,幼儿的表征方式各有特点,百花齐放。比如在商定角色后制作工牌,有的店长用太阳,服务员是云朵或星星,有的用数字 123 表示,有的会将负责角色的主要工具或材料画在工牌上。规则相同,但表征方式各不相同。

3. 规则内化——指向自发自律的共识

在观察中,我们发现由于规则来自幼儿的共建,规则玩法均生发于游戏的经验与行为中,所以规则滞后于游戏。由此,游戏中的各类规则是为了游戏的顺利开展以及满足幼儿在游戏过程中的需要而协商产生的,解决纠纷的过程就是幼儿学习和体验规则的过程,他们会体验到不同的解决方法所产生的不同结果。

【案例:黄包车的"生意经"】

黄包车业务作为游戏里的"个体户",深受幼儿喜爱。车资由车夫与顾客自主商议,自由度较高。随着游戏的开展,他们提出"黄包车业务"需要有一个统一的定价标准。

第一次,教师和孩子一起制作了小镇的手绘地图,孩子们在讨论的过程中分别提出了三种不同的收费方式,按人头、按大圈小圈、按路段。经过协商,孩子们决定实行按路段收费,但很快孩子们发现这样的收费方式"太贵了",需要进行重新定价。

第二次,孩子们将车费的定价调整为:"顾客如果只去一个目的地,就按人头收费,每人收一元;如果顾客想要进入小镇观光,可以挑选不同价位的观光路线。"孩子们以小组形式商议、制定了不同的观光路线,体现了幼儿独立思考、解决问题、创新思维的过程。但不同小组对于路线设计的表征形式不同,如何能让所有孩子都能看得懂呢?

第三次,基于之前的经验,在保留幼儿个性化观光路线的基础上,相对地来统一孩子们的记录符号,如起点与终点标识、途经站点、拍照打卡点等符号。并将这些观光路线图制作成《黄包车观光手册》,支持幼儿将创建规则的经验共享给其他幼儿。让黄包车的"观光业务"更便捷、更通俗、更具备普适性。

黄包车的定价经历了三次变革,从"自主商议",到"按路段收费",再到"按单程/观光线收费"。孩子们根据游戏进程中遇到的问题,不断更新、创新游戏规则,并达成共识。

那么,规则一定要遵守吗?

我们认为,角色游戏中的规则来源于幼儿游戏中的问题与冲突,这些规则来源于幼儿,也体现了幼儿游戏的意愿与兴趣。而游戏的自由,不仅包括幼儿在游戏中能够选择自主地开展游戏,还包括是否愿意接受游戏中的规则。

当他们能够理解并接受游戏中的规则,知道这些规则是为了满足自己游戏的需要而产生的,能够提升游戏的体验与乐趣时,就能自觉遵守游戏规则,内化规则,也体现了幼儿的游戏行为从自发性走向了自主性。

五、进一步的思考

1. 室内外的深度融合

进一步思考不同场地功能与儿童游戏的关系,追随幼儿的游戏情况,将海派文化渗透到一日生活的各个环节中,满足幼儿的游戏需求,提供更多样的材料与空间。

2. 混龄游戏的多样尝试

在实践中深挖混龄的意义,不断尝试多样的混龄形式来支持幼儿的深度学习,如同年龄混区域、混年龄同区域等,在这个点上延伸研究。

当孩子在"白相"芷江里的时候,会在游戏中听到不同的声音。幼儿会在游戏中逐步尝试接纳和尊重不同的角色和观点,并自主建立游戏规则。幼儿在游戏中会碰到各种交往互动、探究表达等问题,他们会大胆尝试,和同伴讨论分享,利用室内外的环境资源,创新使用材料等方式解决问题。海派文化海纳百川的开放、包容的精神,勇于创新的创造精神,会在孩子的游戏中一一有答案。

在低结构活动中主动学习
——以"视力+"区域为例

上海市静安区芷江中路幼儿园新梅园　俞玮黎

基于儿童立场的教育支持,助推更多有意义的教育的发生,体现了对"幼儿发展优先"的价值追求。在低结构活动中,如何创设使幼儿感受到尊重和支持的环境,并通过多种材料的提供,激发幼儿游戏、学习的兴趣与需要,促进幼儿的发展,对许多教师而言是一个极大的挑战。下面,笔者以一个从小班持续到大班的低结构活动案例,来展现如何通过观察和倾听幼儿的兴趣、问题和需要,不断理解幼儿、走近幼儿,以游戏、材料、师幼互动架构起幼儿的"学"与教师的"教"之间的桥梁。

一、一次视力检查引发的游戏

入园后,小班孩子在幼儿园进行了第一次体检,随后便出现了各种模仿医生查视力、量身高等行为。有的摸摸同伴的肚子,问问有什么不舒服;有的给同伴检查视力,问:"看得见吗？是什么？"……孩子们还将这种模仿行为迁移到了娃娃家游戏中。笔者设想:如果增加一些材料,孩子们的游戏又会如何发展。于是,笔者在教室一角提供了与体检时一致的动物视力表以及体重秤、身高尺、医疗箱等物品。孩子们在这里比身高、称体重、查视力,体验相应的角色行为,一个"小小体检中心"的雏形出现了。

二、对自己的眼睛产生探究的兴趣

一次,在"小小体检中心"检查视力时,有孩子开始好奇自己的眼睛长什么样。看到孩子们开始对自己的身体部位感兴趣,笔者决定带着他们探究自己的眼睛。笔者给他们每人一面镜子,让他们观察、记录自己眼睛的特征。于是,他们观察自己眼睛的细节,并通过比较发现了不同之处。有的说"我的眼珠很大很黑",有的说"我的眼角红红的",有的说"我的眼睛一个大一个小",有的发现了"我的眼睛眯起来了"等变化,还有的将眼睛肿、黑眼圈等与"我昨天睡得很晚"的生活经验相结合。

孩子边照镜子边互相比较,有了更多的发现。琪琪问杨杨:"你为什么要戴眼镜?"杨杨说:"妈妈告诉我戴眼镜才能看清楚。"琪琪问:"那你不戴眼镜看到的东西是什么样子的呢?"

孩子们产生了疑惑:戴不戴眼镜看起来真的会不一样吗?戴上眼镜是什么样子的呢?此时,笔者考虑到不能真的让每个孩子都去戴一戴眼镜,因为这会伤害眼睛。那么,如何让孩子们亲身感受到眼睛不好的小朋友眼中的世界是什么样子的呢?笔者联想到,植物角有用于观察的凹透镜、凸透镜、平光镜,用这一系列透镜正好能让孩子理解视力不好的同伴看到的物体是什么样的。

孩子们透过平光镜看物体时,发现与平时用眼睛直接看没什么区别。他们透过凸透镜发现物体变大了,远处的玩具就像近在眼前。他们把两面凹透镜同时放在自己两只眼睛前,发现面前的同伴好像变小了。一天,孩子们将五面凸透镜排成一列,想知道透过它们看物体会有什么样的结果。有的孩子基于之前使用一面凸透镜的经验,猜测这样可以放大物体,可结果却让他们吃惊,原来不是镜片叠得越多,看到的物体就越大、越清晰。他们感受到两只眼睛要相互配合才能看到更大范围内的物体,才能看得更清晰。经过体验,孩子们发现如果视力不好,需要戴上眼镜,真的是太不方便了,原来眼睛这么重要,一定要好好保护。

考虑到家庭资源也是课程资源的重要组成部分,笔者鼓励孩子们回家做亲子小调查:"怎么才能保护眼睛?"第二天,孩子们进行了一次经验分享。有孩子说:"我带来了一本书,上面说多吃胡萝卜、蓝莓、开心果对眼睛有好处。"有孩子说:"爸爸妈妈告诉我要多看绿色的东西,看电视、iPad 时不能太近也不能太远。"有孩子说:"奶奶说太阳太大时刺得眼睛都睁不开,不要对着太阳看。"还有孩子说:"我爸爸是戴眼镜的,他告诉我每看一段时间就要让眼睛休息一下。"……通过调查与分享,孩子们懂得了一些保护眼睛的常识。此后,他们将这些护眼经验迁移到了生活中,平时开始注意用眼卫生。

三、从"小小体检中心"到"眼科医院"

升入中班后,"小小体检中心"仍深受孩子们的喜爱,于是我保留了这个区域。

一次,在幼儿园进行常规视力检查后,孩子们对于检查视力这件事产生了莫大的兴趣,"小小体验中心"的视力表前总是"大排长龙"。琪琪说:"我等了好久,再多几个医生就好了。"伊伊说:"要是再多几张视力表,就会测得更快。"

基于孩子们的建议,笔者在保留动物视力表的同时增加了标准 E 视力表以及检查视力用的小棒和遮眼板,以满足孩子们的需求。"小小体检中心"渐渐演变成了"眼科医院"。

孩子们沉浸在游戏的快乐中,与此同时,我发现孩子们检查视力的方法不标准。例如,一个"医生"发现被测者看不见较小的一个字母 E,便建议被测者:"你往前走两步来看。"结果被测者一直走到视力表前才表示看清了。这说明他们并不清楚测视力时是需要保持一定距离的。又如,一个"医生"指着从上往下数第四排的一个字母 E,被测者表示看不清,"医生"便马上换到视力表最下面一排继续提问。这说明他们并不明白字母 E 的大小与视力好坏之间的关系。再如,被测者为了看清楚视力表,喜欢用两只眼睛一起看,挡板的使用率很低,"小医生"也不知道要提醒同伴遮住一只眼睛。

这时,我没有立刻介入教他们正确的方法,而是继续观察孩子们的游戏,思考介入的必要性、时机和方法。在观察一周之后,我发现孩子们并不会随着游戏经验的增加而自然学会正确检查视力的方法。于是,我决定介入。

在一次游戏后的分享环节中,我邀请因近视而定期去医院检查的杨杨来告诉大家自己是如何测视力的。杨杨说:"医生让我坐在一把椅子上,这把椅子离视力表很远,我要一直坐在上面,直到两只眼睛都测好才能离开。"杨杨指着班里的标准视力表比画:"医生会先指最上面的,就是指最大的 E 给我看,然后一排一排往下指,E 也越来越小,一直指到我看不清楚为止。"

大班的视力检查安排在中班之后,所以,我联系了保健医生,准备利用这次机会带着中班孩子们去观察医生是如何给大班哥哥姐姐测视力的。他们发现每次医生都是先指上面大的 E,如果哥哥或姐姐说对了,医生就往下指小一点的 E。如果哥哥或姐姐没说对，医生就会再指一个同样大的 E 问能否看清楚。等大班孩子测试完毕，我问："哥哥姐姐刚才离视力表有多远呢？"孩子们七嘴八舌，最后决定用尺子测一测视力表到椅子的距离。从教室拿来一把米尺，几个孩子便用"接力"的方法测量距离，最后发现差不多有 5 把米尺那么长。通过这次观摩，孩子们知道测视力时要保持一定的距离，还要遮住一只眼睛，并用手势表示 E 的方向。带着这些共同的发现，孩子们在后续的"眼科医院"游戏中开始使用正确的检查视力的方法。

四、对标准视力表的探索

视力检查报告出来了，保健医生给我的反馈是，我班孩子的视力检查结果不佳率为 26.6%。这一数据怎么会这么高？孩子们的视力真的这么不好吗？我决定去探究其中的原因。经过和孩子们一对一的沟通与交流，我发现，小班时使用的是儿童视力表，上面是苹果、鸭子、杯子等图案，辨认起来相对简单。而中班时使用的是标准 E 视力表，虽然在测视力前，我教过孩子们如何辨认 E 的开口方向，如何用手势表示上下左右四个方向。但基于中班孩子的年龄特点，有的孩子将 E 中的竖线认成了指认标志，有的孩子对于辨认 E 的开口存在困难。最后我通过统计发现，有 62.5% 的孩子并不理解视力表的含义，是他们对字母 E 的方向不清楚而导致检查结果不佳。

在观摩哥哥姐姐检查视力的过程后，孩子们开始关注视力表的细节，产生了很多关于视力表的问题：为什么视力表上的字母有大有小？可以有小花小鸟视力表吗？字母 E 的排列顺序有什么秘密吗？有没有彩色的视力表？……我对孩子们的问题进行了记录与梳理，思考如何在角色游戏中进一步激发孩子们对视力表的探索愿望，促进孩子通过观察以及与同伴互动进一步了解检测视力的方法。

我尝试将视力表拆分成一个个独立的元件。我将标准视力表上的字母 E 拆解、打散，设想让孩子们拿着一个个字母 E 上下左右来回摆弄时，能更直观地感受 E 的开口方向；我选取视力表上 5 种规格的 E，将其做成磁性字母，并提供磁性底板，设想孩子们通过摆弄能理解视力表上字母按大小排列的意义；我还把磁性字母 E 设计成红、黄、蓝三种颜色，以满足孩子使用彩色视力表的愿望。

1. 发现标准视力表上的 E 是有不同方向的

一天,有个孩子在磁性底板上排列了几种大小的字母 E,并积极为同伴测视力,但同伴提出了疑问:"你这个视力表有点简单,E 的方向应该不一样才对啊!"于是,他们参照旁边的标准视力表,把从上到下的每个字母 E 调整成了不同方向。就这样,孩子们在拼摆视力表的过程中,知道了 E 是从大到小排列的,也观察到字母 E 有上下左右四个开口方向。之后,孩子们经常会通过组合字母 E 来自制常规视力表。

2. 图形视力表的创作

在轻松愉快、开放和谐的游戏氛围中,孩子们摆弄材料的兴趣得到进一步激发。一天,孩子们在磁性墙面上用不同颜色的字母 E 创作了特别的视力表,有的拼了机器人,有的拼了小兔……孩子们发现不同大小的字母 E 也可以成为拼搭材料,呈现丰富的画面。

在之后的一段时间里,我并不急于推动孩子的游戏,而是耐心观察环境、材料会带给孩子怎样的暗示和启发。

一天,一个孩子发现自己在墙面上摆放的几个字母 E 就像一朵花,由此决定制作小花视力表。他先用较小的橙色的 E 围合出花蕊,又在花蕊外面用较大的紫色的 E 围合出花瓣。最后,他用绿色的 E 连成一条直线来表现花茎,还在花茎两侧添加了叶子。另一个孩子在旁边拼出一只蝴蝶加以呼应,说:"我的小蝴蝶来采蜜喽!"

就这样,孩子们将一个个字母 E 视作表达创意的元件,利用材料的颜色、大小、方向等相关特性继续创作。孩子天生就具有创造潜能,他们与材料发生了更多的互动。爱心、太阳、皇冠、小树等有趣的视力表在孩子们手中诞生了。

五、戴上彩色"眼镜"测视力

孩子们的游戏不会一成不变,他们常常会产生预设之外的新玩法。一天,有个孩子从"材料超市"拿了一张茶色玻璃纸在观察。他告诉我,他妈妈在太阳很大时会戴上太阳镜。我想,太阳镜也是能保护眼睛的,如果在区域中投放一些彩色的眼镜,在增加情境性和好玩性的同时是否会增强孩子们保护视力的意识呢?于是,我在镜片颜色的选择上进行了一些思考。孩子对鲜艳的颜色很感兴趣，尤其对颜色叠加、过滤等现象有着敏锐的洞察力和探索欲。那么，如果把红、黄、蓝三原色两两组合叠加，又会产生什么神奇的效果呢？最终，我决定用彩色玻璃纸来自制红、黄、蓝三原色的"太阳镜"并投放到区域中，让孩子们初步感受颜色在叠加、过滤后所产生的变化。

这天，蓝衣服男孩戴着红色"眼镜"指着黄衣服男孩说："你的衣服是橘色的。"黄衣服男孩说："不对不对，我穿的是绿色的衣服。"原来他戴了一副蓝色"眼镜"。他俩摘下"眼镜"后都笑了。材料让孩子们产生认知冲突，进而激发他们进一步探索。在一段时间里，新材料"三色眼镜"成了"抢手货"，孩子们用它们呈现了更多的探索行为。有时他们会同时戴两副"眼镜"，不同的颜色两两组合会变成第三种颜色。我鼓励他们将新变出的颜色记录下来。通过数次实验，孩子们发现了"红＋黄＝橙，红＋蓝＝紫，黄＋蓝＝绿"的颜色叠加规律。

经过尝试，他们发现戴着红色眼镜去看同样是红色的字母时会看不清，而戴着红色眼镜去看蓝色字母或黄色字母时会更清楚。他们就在这样的游戏中初步体验到了颜色的过滤现象。

六、隐形视力表诞生

回顾之前的经历，我看到孩子们关心自己和同伴的眼睛，认识了视力表，了解了许多护眼小技巧，我更看到孩子们的无限创意，同伴间的合作与学习，以及他们探索材料时的专注与反复实验时的坚持……鉴于该区域玩法多样，有无限的可能，我给这个区域取名为"视力＋"。

升入大班后，孩子们在资料区的一个新发现成了推进"视力＋"区域活动改进的契机。他们对儿童画报中的魔法红色闪卡很感兴趣，常常围在一起用它看出书中隐藏的秘密。这天，圆圆指着书上的一角说："这里有只海龟。"安安说："没有啊，我只看到许多红色线条。"圆圆移动覆盖在画上的由红色玻璃纸制成的闪卡，说："用这个红色镜片就能看清楚了！"透过闪卡，画中隐藏的图案果然显现了出来。

我发现这些红色线条给孩子既带来了探索的乐趣，也带来了挑战。孩子们被这一神奇现象所吸引，虽然并不清楚其中的原理，但是通过反复探索总结出了一系列规律。经过一段时间的探索，孩子们似乎已不满足于找图案了，他们希望能自己设计图案。为了达到良好的视觉效果，我通过反复实验和对比，配合"三色眼镜"设计了红、黄、蓝三色网格纸（用彩色玻璃纸裁出若干1厘米宽的长条形，将其网格状地排列在塑封纸上，塑封而成）。我特意将彩色网格线条的粗细设计成与字母 E 的彩色边框一致，还在网格纸四角镶上磁铁。这样，孩子们就可以先在磁板上用彩色字母 E 拼搭出设计图形，然后再罩上彩色网格纸，让图案"隐身"。

投放彩色网格纸这一新材料后，孩子们与之产生了怎样的互动呢？孩子们发现视力表字母的颜色在遮上彩色网格后会产生一系列的变化，比如变色（蓝色 E + 红色网格 = 紫色图案）、遮挡（红色 E + 蓝色网格 = 能看到紫色和红色两色图案）、过滤（红色 E + 红色网格 = 图案隐形）等现象。新的材料激发孩子新的创想，"隐形视力表"就此诞生，可见投放材料时需要给孩子留出"跳一跳"的空间。

这天，宇宇拼了一个长颈鹿的图案，问其其："你看得见这是什么吗？"其其说是长颈鹿。宇宇接连拿来两张红色网格纸覆盖在长颈鹿身上，问："现在你还看得清是什么吗？"其其说看不清。宇宇建议其其戴上红色"眼镜"。其其看了一会儿，说："我看得清它的头、尾巴，还有它的脚，但怎么看不见脖子了？"原来红色"眼镜"过滤了网格的红色和长颈鹿的红脖子，产生了脖子"隐形"的效果。

在"隐形视力表"游戏中，孩子们先自由创作视力表，接着探索字母元件与镜片、网格纸三者之间的关系，可以说孩子们在不断探索视力表后将多种玩法进行了整合。孩子们的游戏还在继续，更多的故事还在发生……

总之，在一系列游戏中，孩子们始终是游戏的主导者。在游戏的不同阶段，他们发挥主观能动性，想出不同的玩法，满足自己的需要。他们合作讨论，解决问题，一步步推进自己的游戏。而我作为教师，则扮演着观察者、支持者、引导者的角色，适时给予回应和支持，推动孩子多领域核心经验以及学习品质的提升。

深入游戏　看懂孩子

上海市静安区广中新村幼儿园　冯　焰　高　勍

在深入贯彻落实上海教育综改目标背景下,以"十四五"学前教育高质量发展为契机,我园在芷江中路幼儿园发展共同体成果推广应用的引领下,践行"幼儿发展优先"的理念,以"静安玩+"的项目开展,聚焦"创造力",坚持以游戏为基本活动。作为一所高质量建设园,我园积极探索幼儿园不同结构化游戏活动样态的深化与创生。

在郑惠萍老师低结构教育研究院的"探索指向创造力激活的幼儿游戏活动新样态"游戏玩+项目研究小组的共研中,我园开展玩家项目循证实践研究,确立"解决在幼儿游戏中,教师如何看懂幼儿游戏行为"的问题。我园通过关注幼儿游戏现场,深入教师玩研研究,去思考和实践。

一、关注幼儿游戏现场,支持幼儿游戏行为

参与幼儿游戏时,教师往往用"我以为"的观察角度来看待幼儿的游戏活动,如在游戏中揣测幼儿游戏行为,认为幼儿游戏无价值等,从而让游戏从"玩"变成了"教"。因此在游戏现场分析中,我们以视频解析法、案例分析法来观察幼儿的游戏轨迹,渐渐教师的"我以为"被幼儿真实的游戏所打败了。大家一致达成共识,游戏是儿童的游戏,而非成人的游戏。

案例1　我们的动物园(小班)

从孩子们提议把原本在教室里的饮料店搬到户外平台后,原来教室里的面包、饮料区域就空了出来。于是教师和孩子们展开了讨论。千艺:我想玩玩具!开心妹妹:那开个玩具店吧。老师:开玩具店的话,需要些什么呢?怡怡:要很

多很多玩具。飞飞:那还要个架子,放玩具。千语:我们没有那么多玩具。米奇:开个游乐场! 然然:游乐园里再建个城堡! 谦谦:爸爸妈妈带我去动物园! 我们开动物园吧。舟舟:我也去过动物园,还去喂动物了。老师:开个小小动物园也不错呢,我们投票来决定吧! 最终,在孩子们的投票后,动物园诞生啦。

根据孩子们的讨论,教室里新增了动物园。他们将动物玩具拿出来,纷纷放在地垫上。动物散落在地垫上角角落落。舟舟问:动物应该在笼子里的呀,用什么做笼子呢? 孩子们去材料架上的低结构材料区看一看。兵兵拿来了材料架上的纸盒,把动物放在一格一格的收纳盒里、杯托上做动物的新家。然然提出了疑问:乌龟怎么能和狮子老虎住在一起呢? 千艺:还有一条鱼,不能放在一起的!

在游戏分享时教师和孩子们一起讨论了这个话题——动物住在哪儿? 孩子们提出乌龟和鱼是住在水里的,北极熊需要住在冰冷的地方。游戏中,孩子找来了蓝色垃圾袋代替乌龟和鱼生活的水环境;白色泡沫盒子假装北极熊生活的冰山。在倾听中,教师发现孩子们会主动寻找低结构的材料进行想象、替代,能讲自己的游戏故事。

我们发现,要相信幼儿的游戏能力,他们天生就是游戏玩家,支持幼儿游戏行为,让他们在游戏中发挥想象力和创造力。

二、深入教师玩研现场,关注教师游戏解读

幼儿游戏的解读,教师需要去看懂游戏,那么看什么,怎么看? 如何解读幼儿的行为表现、表达表征,如何一对一倾听,真实了解幼儿的想法与发展? 如何通过游戏解读,提高教师分析、思考、改进的能力?

原先我园的玩研教研是书本学习、资料收集、个别发言,然而我们发现这样的教研,根本解决不了游戏中的问题。教师在游戏中还是观念不清,行为不前。文本和实践差了一大截。于是我们开始循证实践,教研从大教室的坐着聊,到聚集到孩子们的游戏中,聚焦真实问题,聚焦反思验证。从一次次的实地观摩,一个个真实现场,教师们将理论与实践相结合,从而回归游戏的本质。

案例2 我的宠物（小班）

小罗把北极熊单独拿了出来，放在了一个盒子里的一格。然后说："我要喂它吃东西。"她去货架上找来了一条鱼和一只虾，各放在北极熊旁边的两个格子里，然后离开了动物园，去向了户外的咖啡店。一会儿，她又折回来，问："什么东西可以给北极熊挡雪呀？"教师给了她一张纸巾，假装白色的雪。小罗把北极熊躺在纸上。她捡来了一片树叶，把它盖在了北极熊的身上，说："给你盖被子，这样就不会脏了。"

小罗向大家介绍："这是北极熊，是我的宠物，我要带它出去玩。它住在笼子里面。下面是它躺着的冰雪。"老师问："它能站起来放吗？"小罗（试着摆了摆）说："不行，站起来它就倒下来了。"他接着指着树叶告诉大家："这上面的树叶是它的被子。北极熊不怕冷，这个被子可以挡灰尘。旁边还有它的食物，北极熊喜欢吃虾、喜欢吃鱼。"

玩研小组对游戏视频进行了分析与解读，教师如何观察游戏中孩子表征情况，如何去支持幼儿的游戏进程。

在不断地循证实践研讨中，教师们对照《幼儿园保育教育质量评估指南》中提出"根据一段时间的持续观察，对幼儿的发展情况和需要做出客观全面的分析，提供有针对性支持"，以及提出"重视幼儿对自己经历过的游戏活动进行表达表征，教师能一对一倾听并真实记录幼儿的想法和体验"的内容。我们结合实地关注幼儿游戏的过程，提出三个举措。

1. 游戏故事分享会

我们开展幼儿游戏故事分享会。在幼儿游戏中，教师尽可能以儿童视角来撰写游戏故事，有意识地回归儿童立场。真实记录幼儿的想法和体验，关注一对一倾听的解读。教师将自己对幼儿的解读转化为一个个游戏小故事，通过一个个游戏故事的分享，帮助教师观察幼儿，看懂幼儿在游戏中行为背后的原因。让教师静下心来听幼儿的想法，了解幼儿的兴趣点，解决他们关心的问题，支持他们的学习方式。

在一学期一次的游戏故事中，教师们有"哇时刻"的分享，它是孩子们精彩瞬间；有"咦时刻"的分享，它是孩子们想法的不同呈现；也有"呀时刻"的分享，它是孩子们一阶段重复的游戏，是孩子们还未结束的游戏，也是孩子们没有结果的游戏，但是却充满了无限的可能。

2. n 分钟游戏实录

在一个小时的游戏时间中,我们任意截取 n 分钟的游戏实录,教师自身通过游戏实录,看见自己在情境中的行为,通过复盘进行反思,在反思中调整自己的行为。

项目组在游戏实录中观察,找到教师的闪光点。比如,在玩+的教研分析中,通过观察教师在游戏中的语言、行为、策略等方面,寻找师幼互动的有效方法策略。有的是间接的策略,如环境的支持、物理空间的支持、游戏材料的支持,有的是直接的策略,如教师是游戏者、参与者、观察者等。在研讨互助中,逐步养成教师的分析—反思—调整—实践的能力,助推玩研团队的成长。

3. 棋游戏记录书

幼儿与教师共建一本棋游戏记录书,书里有幼儿棋游戏经历的童趣话语,有孩子们设计的棋游戏材料的使用,有棋游戏的玩法,还有教师在棋游戏记录书中的支持性回应。这是一种教师与幼儿的双向奔赴,在一段时间持续记录互动中,记录下幼儿玩棋的各种经历、各种体验,实现棋游戏的各种可能性。

棋游戏有其特殊性,记录玩棋过程中的信息是复杂的,书里的记录方式以孩子的表征为主,书中有孩子的绘画,有孩子的撕贴,还有孩子的录音记录。通过师幼共同记录棋游戏记录书,探讨从不同角度给予幼儿支持,让相应的支持行为有依据,能持续。

案例 3　远足游戏棋(大班)

在远足活动后,有 5 个孩子想讨论设计远足游戏棋。他们将远足游戏棋设计意图画在了棋游戏记录书中,在棋游戏活动中,5 个孩子按设计远足游戏棋的图稿组队玩。

修宇:这个丝巾我是要用来做陷阱的,上面的蛋糕托如果碰到掉下来了就是输了。

君泽:这个丝巾我觉得这样放是不对的呀。

一禾:这是我设计的游戏,我说这样放就这样放。

青青:你们别吵了,都要没时间了,少数服从多数,就听一禾的。

玥婷:我觉得就这样放,再加一个规则,丝巾不能踩到的,踩到了就输了……

从孩子的图文记录中教师发现孩子们的创意思维,但孩子们之间的想法并不能相互理解。于是教师开始关注 5 个孩子的远足游戏棋活动进程。通过看棋游戏记录书与实地观察幼儿玩游戏棋相结合,发现孩子们一遍遍在玩中不断改进。很多孩子一开始画了设计图马上开始玩,玩之后发现了问题,重新修改设计图,这个过程循序往返,不断前进。

孩子们不断地修正之前的图稿。有些图看不懂,他们就问老师要点读笔录音记录自己的想法,让其他孩子了解远足游戏棋的玩法。渐渐地,孩子的远足游戏棋的内容丰富了,自主规则确定了,更多的孩子参与远足游戏棋的玩乐中。

师幼共同记录棋游戏记录书,帮助教师支持幼儿在游戏中用自己的学习方式,积极探索,寻找答案,解决问题。

三、幼儿需要的游戏环境,均可予以支持

"游戏玩+"项目研究小组浸润式地参与幼儿游戏活动,逐渐养成教师在幼儿游戏中静下心来观察倾听,理解幼儿游戏行为,不断支持幼儿游戏发展。

在幼儿自主游戏中,经常有孩子向教师提出"教室里人很多,我可以到外面玩吗""游戏场地可以大一点吗"等问题,刚开始有教师很担心,觉得游戏场地大了,幼儿分散开来,控场难了,安全怎么办?

于是玩研组通过解读《幼儿园保育教育质量评估指南》中提出的"支持幼儿自主选择游戏材料、同伴和玩法,支持幼儿参与一日活动与自己有关的决策"内容,与教师一同商议如何满足幼儿对场地的需求,大家一起勘探园内所有场地,最后达成共识。根据幼儿的需要,商议在安全的保障下,为幼儿提供游戏环境,帮助实现他们的游戏构想。

教师和孩子一起将幼儿园的新游戏场地绘制成孩子看得懂的地图,分享给孩子们,让他们根据自己的需要自主选择游戏场地。教师根据幼儿自主选择的场地进行准备,开展游戏。现在我园游戏场地,从教室逐步延伸到走廊,延伸到操场,甚至延伸到小区,到幼儿园的周边。

"静安玩+"的项目让教师从一个人的研究到大家共同研究:从一个人的玩研到一群人的同玩共研,实现教与学共相长。玩家既是指孩子,也是指教师。引用玩研共同体的理念——"让孩子表现自己,让教师发现孩子",同时让"教师发现自己",创造在师生互动中相互生长。

在探玩万物镜中激活幼儿创造力

上海市静安区大宁国际幼儿园　林　瑜

一、缘　起

中华人民共和国教育部颁发的《幼儿园保育教育质量评估指南》中提出：幼儿园以游戏为基本活动，教师应因地制宜为幼儿创设游戏环境，提供丰富适宜的游戏材料，支持幼儿探究、试错、重复等行为，与幼儿一起分享游戏经验。结合对文件精神的领会和学习，我以"探玩万物镜"为例，呈现幼儿在玩万物镜的过程中，提出幼儿自己感兴趣的问题，一步步寻找解决问题的答案，发现好经验好办法，看到探究成果真实而快乐的经历，以及教师如何通过聚焦问题情境、创设任务情境环境、丰富游戏情境、游戏环境创设、游戏材料支持等途径，给幼儿留有足够的探究空间和时间，支持幼儿主动探究、主动学习，激活幼儿创造力的一些思考。

二、拟解决的主要问题

如何支持孩子多样化的探玩？
万物镜只能在低结构活动中进行探究吗？
在探玩万物镜的过程中，怎样的环境与材料能够支持幼儿创造力发展？
围绕这三个问题，我尝试在与孩子探玩万物镜的过程中，通过环境创设、材料支持、高低结构活动设计等策略支持幼儿持续游戏与探究。

三、理论依据

1. 解析低结构材料，与幼儿创造性学习步骤建立联系

万物镜是"基础教育国家级教学成果一等奖"的物化产品，已经成为我们幼儿园低结构材料资源。结合前期文献梳理中，美国米歇尔·雷斯尼克教授所提出的"幼儿创造性学习螺旋六步骤"（即想象—创造—游戏—分享—反思—新的想象），让我发现了"万物镜材料"与"创造力发展"之间具有紧密的互动关系，相互促进又互相补充，也为进一步开展本研究提供了理论基础（图1）。

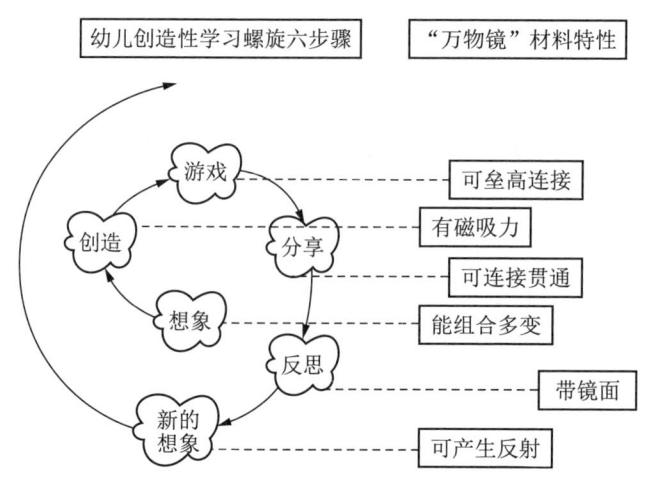

图1 创造性学习步骤与万物镜材料

2. 解码幼儿创造力，形成基于观察分析的有效支持

本研究中的幼儿创造力是指幼儿根据已有的认知、经验产生新颖、独特的有个人价值的产品的能力。这里的个人价值指幼儿萌发了对万物镜的兴趣，建构起玩万物镜的经验，愿意探索万物镜的多种方法，发现了有些材料的辅助能让万物镜变得更好玩的关系。

我园依托《3—6岁儿童学习与发展指南》《上海市幼儿园办园质量评价指南》，形成了园本化"幼儿创造力发展的观察内容与水平表现"。聚焦好奇心、想象力、反思力等维度，对幼儿的创造力行为表现进行观察，并通过大小教研的深入研讨与实践，逐步解读幼儿的创造力表现，明确幼儿创造力发展目标，解码了

小班、中班、大班幼儿创造力激活重点,即小班聚焦"乐于发现问题,愿意提出问题",中班聚焦"善于观察联想,尝试建立联系",大班聚焦"敢于提出疑问,寻求持续改进",初步形成指向幼儿创造力发展的观察与支持要点。这也为我的研究中,形成基于幼儿创造力发展观察分析的有效支持奠定了基础,提供了有效证据。

四、研究路径

研究中,我借鉴了幼儿创造性学习螺旋六步骤,采用循证研究方法,从探究支持路径设计、环境支持、材料投放、活动结构转化等角度出发,建立"发现—探究—创造"的循环思维模式,并以此为基础设计了研究路径(图2),以持续优化"探玩万物镜"的环境与材料支持,激活幼儿创造力。在此过程中,通过连续性的观察,分析幼儿在"探玩万物镜"过程中创造力行为表现,收集支持幼儿创造力激活经典案例,为我在开展"探玩万物镜"中激活幼儿创造力的研究提供真实有价值的素材。

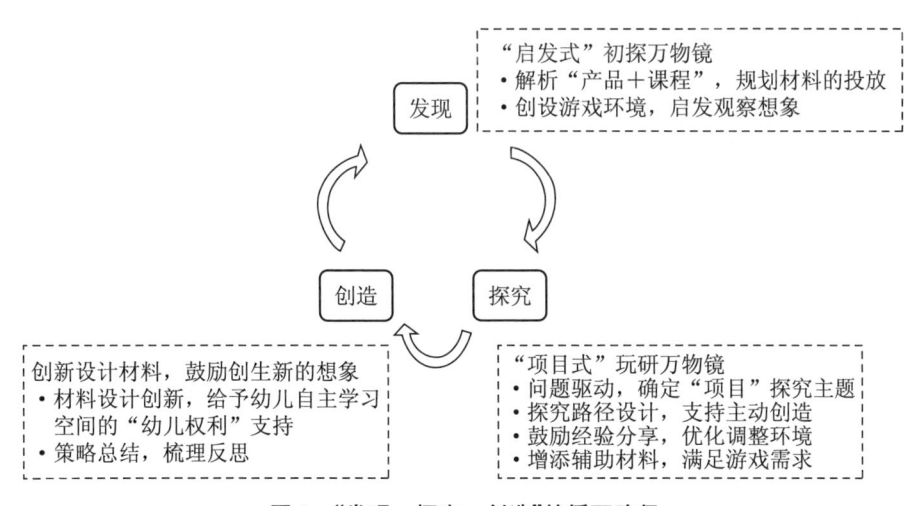

图 2 "发现—探究—创造"的循环路径

第一阶段——发现:"启发式"初探万物镜,激发幼儿探究兴趣
第二阶段——探究:"项目式"玩研万物镜,促进幼儿持续探究
第三阶段——创造:创新设计材料,鼓励创生新的想象

五、实践案例

[缘起]

孩子们在玩万物镜的过程中,结合了很多的辅助材料,产生了很多的玩法:将彩色玻璃纸固定在万物镜纸筒上(图3),用手电筒照射形成了色彩斑斓的霓虹灯;孩子们将不同的霓虹灯组合在磁性墙上,设计制作班牌(图4);在黑暗的房间中,用霓虹灯开派对(图5)……

图3 制作霓虹灯　　　图4 彩灯班牌　　　图5 灯光派对

[观察实录]

探究一:问题与计划

孩子们在活动室用自制的"霓虹灯"开派对时,可乐发现影子的有趣变化,可乐对朋友们说:"你看这个影子有不同的大小和形状,和我们之前玩过的皮影戏很像。"这个想法得到了朋友们的一致认可,他们决定用这个自制的霓虹灯再来玩一次不一样的皮影戏。

"怎样用万物镜来播放电影呢?"问题引发了他们的思考和讨论。孩子们开始讨论具体的计划了……

"我们可以先起个队名。""就叫电影小队吧。""好,我同意。"

"那我们表演什么电影给大家看呢?""我喜欢爱莎公主,我们演爱莎。""我们队伍男生比较多,我们不能表演公主。""你们觉得汪汪队怎么样?""汪汪队我没有看过。""我有一个好主意,就用狗熊分饼吧,正好我们上课的时候表演过的。"

就这样孩子们决定好了表演内容,将成员的学号、小组名称、电影内容记录在计划纸上,紧接着孩子们在计划纸上又记录下了故事中的角色、需要的材料工具和接下来的制作步骤。

"我们只需要用剪刀剪出熊和狐狸的形态,贴在万物镜上就能照出影子了。"

"那我们需要剪刀、手工纸、胶带、万物镜、手电筒这些材料就够了。"

"那我和可乐还有航航来制作大熊和小熊,你和琳琳去做狐狸大婶。"

探究二:探索与尝试

计划制订好了,孩子们便去整理材料进行制作了,大班的孩子对于简单工具的使用非常熟练,可是一开始把握不好大小,剪得太大了,经过几次的尝试,将大小进行了调整。剪好之后便将角色使用封箱带贴在了万物镜上,两组选手制作完自己的角色便迫不及待去进行了尝试。

"我这个特别成功,和故事中的狐狸大婶一模一样。"

"那我们来试一试吧,你拿好你的狐狸大婶,我们来演大熊和小熊。"

初次表演发生了很多的问题,孩子们根据问题又开始了讨论。

探究三:反思调整与再次尝试

孩子们在首次的表演之后发现了很多的问题,通过讨论,针对问题商量了几个调整办法。

问题:

- 故事断断续续,不知道接下来该谁来说;
- 表演区域应该有一些背景道具;
- 大熊的影子有时候很小,小熊的影子很大。

解决办法:

- 讨论分工,制定演员表;
- 制作一棵树、一条路来作为背景展示;
- 万物镜道具离手电筒越远,影子就越小,离手电筒越近,影子就越大;
- 狐狸大婶是反派角色,所以可以用红色的玻璃纸做背景。

探究四:成果展示,经验分享

调整后,孩子们给观众们进行了一场演出,获得了大家的一致好评。

探究之后,孩子们和老师共同进行了游戏过程的分享和梳理,孩子们参与到主题墙的共建中来。

电影小队的成员们一起商量、记录了游戏中的问题和解决办法,并用图示、录音的方式记录了下来:对于情节不熟悉,说话断断续续,大黑小黑大小不匹配,影子会被遮挡住等。

孩子们在讨论的最后,还决定了之后的表演内容:小马过河。期待他们之后的游戏故事和表现。

六、收获与反思

1. 作用于教师的专业发展

一是课程理念上的变化,相信幼儿是天生的创造者。

相信幼儿是天生的创造者,教师将教学目标内隐于环境与材料中,让幼儿在一个开放的环境中积极主动地探索,在"发现—探究—创造"的过程中积累经验。教师给孩子更大的自主空间,让幼儿充分地表现自己。善于发现孩子的教师才能更细致地发现每一个幼儿的特点和发展水平,才能真正基于幼儿的需求去组织教学,从而推进他们的发展。

二是提升了教师有效的教育行为,支持每个幼儿成为小小探究家。

教师将观察到的行为表现作为后续教育支持的有效证据,通过一对一倾听、观察、支持、环境创设、活动设计及组织来支持幼儿全面发展。教师是幼儿主导的环境材料的支持者和合作者,教师是活动过程中的发现者和引导者,教师是幼儿发展的评估者和欣赏者。

2. 作用于幼儿的创造力发展

一是迁移项目探究经验,提升解决问题的能力。

本研修中鼓励幼儿迁移已有的项目探究经验来进行万物镜游戏,在面对真实问题时,幼儿运用各种已有经验来尝试解决。在过程中不断探索,运用已有经验,构建新的经验,并将已有经验与新经验不断融合来解决问题,提升自己解决问题的能力和信心。

二是多元玩法设计,激活创造性思维。

万物镜游戏为孩子们提供了一个充满可能性的空间,他们可以在这个空间里尽情释放自己的想象力,创造出属于自己的独特世界。通过万物镜游戏,孩子们学会了如何从不同的角度、不同的层面去思考问题,并寻找解决问题的不同方法。

三是积极与同伴互动,培养团队合作能力。

同时,我们也注重培养孩子们的团队合作能力。在解决问题的过程中,孩子们需要与同伴共同协作,集思广益,相互启发。这种合作与交流的过程不仅能够帮助孩子们更好地解决问题,还能够培养他们的团队合作精神和沟通能力。

对于项目研究,教师还应不断反思,如基于万物镜材料镜面等特性,游戏场地大多为室内,万物镜材料是否能够满足幼儿在户外游戏的需求,教师应该提供哪些材料、环境等支持幼儿户外游戏的探索等问题。

"竹"智多谋

上海市静安区大宁国际第三幼儿园　张超杰

一、背　景

竹棍是大班幼儿非常喜欢的游戏材料,它形态较多,长短粗细各不相同。

孩子们借助不同形态的竹棍创造了各种各样的玩法,他们将竹棍与滚筒、垫子进行组合,有的利用竹棍进行撑杆跳,有的借助竹棍进行支撑在滚筒上平衡走,还有的将竹棍搭建成障碍物进行钻爬。通过对竹棍的探索,他们不但玩出了许多花样,其动作技能也得到了发展。由于幼儿的喜爱,我们将竹棍从原本的游戏材料投放到了低结构运动中。

直到有一天,孩子们搬来了竹梯,他们会让竹棍和竹梯碰撞出怎样的火花?竹棍和竹梯的故事会有怎样的进展?

二、实　录

实录一：乐趣玩法初体验

运动初始,幼儿将木架与竹梯组合,手持竹棍,在有一定高度的竹梯上侧身前进。在运动的过程中,有的幼儿将竹梯放置超出木架很多,幼儿一旦踩上去,梯子会如同杠杆一样发生翘起;有的幼儿将竹梯保持与木架齐平放置,幼儿花了很多时间爬上梯子。在探索的过程中,有的幼儿使用较短的竹棍,全程弯腰使竹棍接触地面,侧身前进;有的幼儿则使用较细的竹棍,在前进的过程中身体变得晃动,从梯子上掉落下来。

为了让自己更方便站上梯子,他们不断尝试,发现将竹梯的第一个横杠与木架齐平放置,既不会翘起来也可以让自己有地方踩,从而站上竹梯(图1)。在不断尝试的过程中,他们也发现又粗又长的竹棍,在玩的过程中可以让自己身体直立,更不容易掉下来(图2)。

图1

图2

实录二:经验迁移再挑战

在此次尝试中,他们手持竹棍,身体向前在一定高度的竹梯上双脚交替前进。有的幼儿在梯子的下层走,为了避开竹梯间的横杠需要双脚交替前行;有的幼儿在梯子的上层走,高度变高后幼儿变得更加小心翼翼。在前进的过程中,幼儿每走一步梯子都会摇晃,部分幼儿因为失去平衡从而掉落下来。在探索过程中他们发现,竹梯与木架间的缝隙会导致竹梯在前行的过程中产生晃动,从而导致重心不稳;当身体位于竹梯上层时,随着高度的改变,很难在行进中保持身体平衡。

经过相互讨论,孩子们使用绑带将竹梯与木架固定,挑战的时候竹梯不再晃动(图3)。经过不断尝试,他们通过屈膝弯腰降低重心并减缓速度的方式来保持身体的稳定不掉落(图4)。

图3

图4

实录三：":"竹"智多谋再拓展

幼儿在此次活动中选择双杠作为辅助材料，有的手持一根竹棍，分腿支撑在双杠两侧向前进(图5)，有的手持竹棍，并腿支撑在双杠侧身前进(图6)。与此同时，他们发现由于双杠下方有滑轮，前进的时候经常晃动。他们相互协商，决定一人扶住双杠，一人挑战，最终挑战成功。

图 5　　　　　　　　　　图 6

三、分析与反思

在低结构运动中幼儿是游戏的主人。实录中，幼儿在一定高度的物体上进行身体位移的游戏。在运动过程中，幼儿需要通过竹棍作为支撑点以保证自己的安全稳定，同时还需要不断前移以通过路径。在整体过程中，由平衡、支撑、走等动作组合完成，对于幼儿的四肢力量、核心稳定、身体平衡及手眼动作协调都有一定的挑战。

1. 通过材料的组合与运用拓展玩法，发现身体动作的可能性

在"实录一"中，幼儿使用的材料主要有竹棍、梯子和木架等。但是在挑战的过程中可以发现，不同的材料及相同材料不同的形态，都可能在与幼儿的互动过程中产生不同影响，选择竹棍的长短不同，会导致他们用不同的身体动作进行挑战。选择较长的竹棍可以保持身体直立，而选择较短竹棍的幼儿在前进的过程中需要弯腰以保持身体平衡，间接增加了挑战的难度；选择较粗竹棍的幼儿，因为竹棍与地面的接触面积大且较容易抓握，更便于幼儿保持身体平衡，而选择较细竹棍的幼儿，由于竹棍与地面的接触面积小且不便于幼儿抓握，幼

儿在前进过程中身体的晃动更为明显,从而跌落的概率更大。

在"实录二"中,虽然用的是相同的材料,但是通过身体姿势的改变拓展出了新的玩法。在此次尝试中,他们手持竹棍,身体向前在一定高度的竹梯上双脚交替前进。在原有玩法的基础上,他们进行了动作的创新:从单一方向的侧身走,变为身体朝前的双脚交替走,及左右双向的侧身走;材料的创新:增加绑带;玩法的创新:从梯子下层到了梯子上层。虽然使用的动作技能相似,但是在前进的过程中,为了避开竹梯间的横杠需要双脚交替前行,使得挑战难度增加。

在"实录三"中,孩子们对于竹棍的使用与保持身体平衡的技能也越来越熟练。于是他们将经验迁移,又创造了新的玩法,进行了材料的创新:选择双杠作为辅助材料;动作的创新:使用了分腿支撑;玩法的创新:减少竹棍的数量、改变身体方向。通过运动,孩子们的手指抓握力、上肢臂力、身体平衡、身体移动中的协调性、在晃动材料移动过程中的核心力量都得到了提升。

2. 在发现问题与解决问题的过程中相互合作,提升运动智慧

在初次探索的过程中,孩子们有了两大发现。第一,竹梯摆放的位置很有讲究。如果竹梯超出木架,一旦站上去,梯子会如同杠杆一样发生翘起,而如果保持与木架齐平,又会产生上梯的不便。第二,竹棍种类也是影响他们挑战成功的重要因素。使用短的竹棍需要弯腰,使重心发生偏移;使用细的竹棍,减少了触地面积,增加了身体晃动。那么他们是如何解决的呢?针对竹梯摆放位置的难题,他们通过不断尝试找到了竹梯与木架摆放位置的平衡点。而在材料选择的问题上,他们发现又粗又长的竹棍既利于抓握,又利于保持身体的稳定。

在"实录二"中,随着玩法的创新,又产生了新的问题。第一,他们发现竹梯与木架间的缝隙会在前行的过程中产生晃动,从而导致重心不稳。第二,当他们位于竹梯上层时,随着重心的改变,很难在行进中保持身体平衡。这次他们又是怎么解决的呢?孩子们通过增加绑带解决了梯子晃动的问题。为了解决如何在竹梯上层保持平衡的问题,他们在不断试错中探索身体动作的可能性,通过屈膝弯腰降低重心来保持身体的稳定。

最后在"实录三"中他们发现由于双杠下方有滑轮,减少了触地面积,所以变得不稳定。但他们相互协商,通过同伴间的合作解决了问题。

3. 在反复尝试和不断探索中自主学习,激发创造力

在运动最初,幼儿自主探索,用自己的方法完成挑战。当出现问题或同伴出现更有趣的玩法时,幼儿之间或相互模仿讨论,丰富自己的经验。在实践中

我们发现，竹棍与不同的材料组合会产生不同的玩法。孩子们在探索的过程中与材料进行充分互动，在不断探索的过程中发现材料与动作的更多可能，相应的运动能力也会得到发展。通过师生、生生间的有效互动、共享经验，促进幼儿间相互合作，能力不断拓展。

在之后的活动中，随着探索的深入，孩子们根据竹棍的特性诞生了许多拓展的玩法。比如利用竹棍坚硬的特点，有的坐在滚筒和滑板车上用竹棍作为支点，帮助自己保持平衡、产生位移，有的利用竹棍滚动的特点，把竹棍铺在地上，借助辅助材料帮助自己前进，有的利用竹棍的长度作为自己肢体的延伸够到原本够不到的地方，有的利用竹棍表面光滑的特点，将竹棍和大型木架组合固定作为滑滑梯，有的幼儿将竹棍放在地上作为障碍物，用各种身体动作快速通过，有的幼儿合作玩竹棍，迅速抓住对方松开的竹棍，有的幼儿助跑跨跳到竹棍上的垫子，稳稳落地后向前滑行。

四、支持与展望

作为教师，首先关注的是幼儿的安全与健康，当幼儿将材料组合好后，需即时观察，材料之间是否衔接牢固，路径是否冲突，规避运动风险。教师需始终基于儿童视角，给予幼儿充分的时间和空间去自主尝试、探索、试错，满足幼儿的好奇心和探究兴趣。尊重幼儿个体差异，给予适当适时的支持与帮助，使其动作技能得到可持续发展。通过提供丰富的材料，鼓励幼儿大胆尝试，自主学习，激发幼儿多种动作技能及组合的产生。

通过观察、记录，有效了解幼儿在低结构运动中的实际情况。分析每位幼儿的发展现状，并进行个别化指导，推动幼儿动作技能和创造力的发展。一日生活中，组织幼儿开展不同形式的活动，通过相互启发解疑，解决幼儿在运动过程中遇到的问题，让其创造出更多的游戏内容和玩法。用自己喜欢的方式进行表征、记录，并在之后的活动中将自己的想法进行实践。

在整个运动和分享讨论再实践的过程中，教师也和幼儿相互启发。当幼儿有了创意的玩法难以实现、动作技能无法熟练运用时，教师通过共同创设、设计集体活动等方式帮助幼儿实现自己的想法，熟练动作技能，也使课程资源更加丰富。最后在环境重建的过程中，赋予材料新的意义。玩以创新，促进幼儿创造力的发展，使其成为无限可能的运动者。

一起"趣"运动　越来越"慧"玩

上海市静安区大宁国际第三幼儿园　童雅妮

《幼儿园保育教育质量评估指南》(简称《指南》)中明确提出户外活动对幼儿学习与发展的重要性。《指南》中也指出在"户外2小时活动时间,有不少于1小时的运动时间"。

基于儿童立场,我园进行了运动游戏的实践与探索,支持幼儿在其中深度发展和有意义的学习,对标"静安玩＋"区域多样态试验区研究指南,摘取了"持续性观察""素养导向"来激发幼儿创造力的发展。

我们认为观察识别是了解幼儿发展的最佳途径,既能促进幼儿的发展,又能促进教师的专业成长。

一、研究背景

低结构运动是一种以幼儿为主体,以自主性和探索性为核心的运动形式。与其他运动样态相比,其预设目标隐性、活动内容开放、活动形式自由,能够给予幼儿更宽松、开放的活动空间与深度学习机会。它改变了以往教师为主的运动模式,教师作为活动的观察者、运动的参与者、材料的支持者,将运动真正还给孩子,让孩子成为运动的主人。

根据前期基础,我们对幼儿基本运动能力进行了梳理,形成了整体发展序列与内容序列。以"走"基本动作为例,我们不仅关注儿童在"走"这一基本动作中的整体发展,还关注儿童在"走"的二级动作发展中的内容序列,这为教师关注幼儿运动能力的发展奠定了扎实有效且科学的基础。

二、进行持续性观察，关注幼儿创造

1. 定点持续观察，助力幼儿不断探究

在持续性观察中，我们采用定点连续观察的方式，用白描的方法记录幼儿在运动中的表现，再对定点持续观察到的内容进行分类与总结。

通过一段时间的定点观察，我们发现，幼儿是从起初对于材料单一的使用与玩法，逐渐过渡到多元的使用，并且能够与同伴自行商议游戏的规则与场地，从而变化出更多的可能性。其中，幼儿对于材料的理解与使用、遇到问题时解决的办法与策略、动作的多元呈现都得以展现。

在此过程中，教师需要有起点意识，意识到幼儿需要熟悉材料和运动技能，给予他们探索的时间和机会，追随幼儿的兴趣，发现其中的变化，助力幼儿的不断探究。

2. 复盘幼儿数据库，发现幼儿的创造力

在运动中，我们会拍摄记录下幼儿运动的瞬间，通过动作、个体幼儿、日期等多方面照片与视频的分类，形成幼儿数据库。对于不同的内容进行标注与整理，进行定期的复盘。

教师对于幼儿活动数据库进行整理与分析，发现幼儿在低结构运动中的尝试与变化，发现幼儿在其中的创造力。

数据库的建立与使用，是教师理解与等待意识的体现。幼儿的创造力并不是一蹴而就的，而是在不断的积累中，在水到渠成中呈现出来的。数据库可以帮助教师复盘幼儿的表现，发现幼儿创造力的过程。

三、结合"素养导向"，支持幼儿主动创造

1. 挖掘活动场地，激发幼儿的创造力

幼儿园里的活动场地有着不同的特点，狭长形的塑胶跑道能够满足幼儿跑动的需求，具有坡度的山坡能够激发幼儿探索的兴趣和意愿，多变的沙地可以带来不同的体验感与运动野趣……

[案例]

班中的孩子们看到了在草地上的滚筒与滑滑梯,他们说:"滚筒可以和滑滑梯在一起玩吗?"说完他们马上行动了起来。合力将滚筒搬到了滑滑梯的楼梯上,在一旁的孩子说:"你们看!滚筒变成了一个通道!我们可以走在滚筒上!"孩子们在一旁准备登上滚筒。

有的孩子看到滚筒旁的扶手,立马抓住扶手,一步一步地踩在滚筒上向上行走(图1),而有的孩子发现周围没有可以辅助的材料,选择俯下身体,手脚协同地向上爬去(图2)。

图1

图2

就在这时,有的孩子发现了滚筒上有凹槽:"我们可以踩在凹槽上,这样会牢固一些。"孩子们纷纷模仿了起来。

不同的场地对于幼儿而言,都是一次新的尝试与体验,从场地的布置到同伴的选择,每一个阶段都能发现幼儿在活动中的"哇时刻"。最初所有的场地与材料都是零散且割裂的,通过幼儿的自主探索与挖掘,场地的布置与玩法得到了不断的丰富与提升,幼儿在其中越玩越有深度。可见,不同的运动场地给予了幼儿不同的运动经验与能力,激发了幼儿的创造力发展。

2. 探寻材料多元,支撑幼儿的创造力

在前期运动观察与记录时,我们投放了幼儿常见且喜爱的运动材料,随着运动的开展,我们又挖掘了更多的材料。

幼儿可以用无穷无尽的方式,搬运、组合、排列、拆开,他们可以单独地使用,也可以与其他材料结合在一起,变成任何他们想要的事物。材料支撑着孩子们创造力的发展。

[案例]

一天,在网架与彩色筒的组合中,孩子们创生出了"运动健身车"的新玩法。双手扶住网架,脚踩在圆筒上,孩子们利用双脚连续地踩动,使得滚筒快速旋转,周围的孩子都被新的玩法吸引了过来。可原先的材料只能满足一辆"运动健身车",这可怎么办呢?

每一位幼儿都想来试一试,就在这时,有孩子商量说:"如果我们多造几辆,是不是可以一起玩了呢?"说完孩子们就去寻找网格与彩色筒,将他们聚拢在一起,形成了多辆"运动健身车"。

通过幼儿的深入交流与探讨,他们发现调整游戏的方式与规则,可以多人同时一起玩。在这一过程中,教师看似没有干预幼儿,但事实上给幼儿创设了一个无形的自我体验空间,使幼儿在矛盾与冲突中获得一些必要的经验,这些经验使得幼儿的动作在探索中得到了更大的发展。

3. 把握动作核心,激发幼儿的创造力

借助于运动观测表进行记录与分析,我们发现轮胎作为主材料时,走、爬、攀等动作出现频率较高;软棍作为主材料时,击打、推拉、抛接等动作出现频率较高。

通过数据分析,可以看出幼儿在与材料的互动中,熟知了材料的特点和功能,积累了运动经验,他们不再满足于简单的基本动作,而是想要探索更多元的玩法。

4. 创玩经典游戏,拓展幼儿创造力

低结构运动不仅仅体现在自主运动中,在我们的体育游戏中也得到了体现,孩子们会改变人数、材料、空间,赋予传统游戏新的认识。

在体育游戏中,孩子大胆地提出他们的问题与想法。于是,在这样的契机下,游戏木头人加入了孩子们喜欢的足球材料,运球的同时还需要关注"木头人"的转身。孩子们的马兰花不仅仅是数量的配对,更是颜色与动作的组合配对。

四、循发展规律,创生运动的智慧

我们遵循儿童视角,在低结构运动中充分给予孩子"材料自由""玩法自由"

"玩伴自由",激发幼儿的运动兴趣,发挥幼儿的主动性,发展其创造力,在此基础上,我们积累了一些观察与识别的经验。

1. 在教师运动观察中,变"差距"为"差异"

在静安玩+创造力项目中,创造性=新颖性×适用性,这让幼儿的创造力得到加倍的增长。

我们不是关注孩子在创造力上的差距,而是关注每一个个体在自己原有经验上产生的新的行为,这是我们创造力的特点。

通过观察,形成案例,借助于案例分析,解读每位幼儿不同的运动行为,关注个体的发展,以及其行为背后所体现的创造力发展。

2. 在识别反思契机中,变"偶然"为"必然"

教师在观察过程中往往会捕捉孩子在运动中不经意的新发现,这便成了教师的一个教育契机。教师在事后的总结反思中,看似一个不能模仿和复制的教育行为,却能带动大家一起从偶然中发现必然的规律,掌握必然的窍门,成为一个共享的教育策略。

我们从"埋头实践"转向"反思性实践"。观察不再只是停留在看见幼儿的行为,而是真正引发教师思考及改变现状的愿望,进而尝试把最具可行性的建议付诸行动。再从"预设的执行者"到"生成的实践者",通过对观察的分析与运用,从幼儿实际出发,充分挖掘幼儿的兴趣点,抓住"偶然"出现的时机,将其变为"必然"的过程。

3. 在儿童自我表征中,变"个体"为"全体"

我们的运动故事,来自孩子和老师两部分。在孩子的运动故事中,通过他们的表征,再现现场、回忆经验、提出问题,最大限度地满足幼儿对于运动的思考和碰撞,培养幼儿的创造力。

在老师的运动故事中,结合幼儿具有连续性探究的特点,在分享活动中,教师可以更直接地捕捉幼儿运动的兴趣和关注点,从中寻找有价值的问题进行推进,关注幼儿的表征,透过表征读懂幼儿的内心,为幼儿搭建分享交流的平台,实现从个体中来、辐射全体的完整运动体验。

只有"看见",才能更好理解幼儿,促进幼儿的发展,进而提供适切的支持。通过观察每一位幼儿,分析每一个行为,解读每一个含义——在全面了解幼儿的过程中,在实践反思中,实现双向奔赴,这才是"看见每一个"的创造智慧。

附 录
自评报告

上海市静安区基础教育国家级优秀教学成果推广应用工作自评报告

上海市静安示范区

作为基础教育国家级优秀教学成果推广应用示范区,自 2020 年起,上海静安示范区在全区推广应用上海市电教馆"研究型课程大规模实施智能支持平台研发及实施模式探索"、上海市静安区教育学院附属学校"后'茶馆式'教学——走向'轻负担、高质量'的实践研究"和上海市静安区芷江中路幼儿园"以幼儿自主学习为核心的幼儿园低结构活动探索"三项成果。三年来,上海市静安区按照教育部、中国教育学会、上海市教委的要求和部署,以一以贯之的坚定信念、持之以恒的扎实行动,积极推广应用国家级优秀教学成果,促进区域教育教学改革不断深化,助力教育高质量发展迈上新台阶。

一、目标与定位

静安示范区对于重点推广应用的这三项成果,有着自己的思考:第一,基于基础教育教学成果有别于一般意义的研究成果,所选的成果都是本区或本市的优秀教学成果,代表未来教育的发展方向;第二,全区所有教育单位都可以广泛参与,充分体现区域特征;第三,注重成果本身的生长性,对静安区优秀教学成果的孕育和创生有示范作用。基于这样的认识,静安示范区明确了"促进成果赋能增值,激活优质教育资源,优化区域教育生态"的总体目标,提出了推广应用工作"基于共性、尊重个性;注重优化、互动创生"的基本原则,谋划了"三个结合""三个同步""三个保障"的推广思路。经过三年的实践探索,教育教学研究氛围呈现出蓬勃发展的良好态势,区域教育生态不断优化。

二、举措与成效

（一）应用工作规划与方案

1. 制订高起点规划

自项目启动之初，静安示范区就在教育部、中国教育学会、市教委的指导下，制订了《静安区三年推广应用计划（2020—2023年）》（简称《计划》）。《计划》明确了以促进成果自身完善和迭代升级，探索形成并不断完善优秀成果推广、转化、应用的平台和机制为工作目标；以课程、研修、培训、平台、论坛等形式的推广为重点任务；以多方协同、点面结合、一体推进、加强评估为实施策略，并确立了人员、经费和制度的保障措施。同时，静安区还在三年计划的基础上，制订了2021、2022、2023年的分年度推广应用计划，工作目标明确，重点任务清晰可行，保障了各项工作有序、高效的推进。

2. 实施个性化应用方案

静安区遵循全国优秀教学成果推广的工作要求，结合区域特点，为在本区推广应用的三项成果分别制定了个性化的《基础教育国家级优秀教学成果推广应用工作手册》（简称《手册》）。《手册》包含实施总体目标、阶段性目标、分年度工作安排、保障措施、评价方法等，实施目标连续递进，内容具体可操作。在实施过程中，根据应用校的需求，动态调整和优化，形成了面向本区域各级各类学校开展成果普适推广、成果深入推广和成果优化推广的推进策略，促进了区域各级各类学校达成对优秀成果的普遍知晓、付诸实践、高度认同三层次的发展水平。

（二）应用工作实施与推进

1. 建立多轮驱动的工作团队

静安示范区成立了基础教育国家级教学成果推广应用工作领导小组，由区教育局局长陈宇卿担任组长，组员包括区教育局副局长邱中宁、区教育学院院长陈青云、区教育学院副院长汪振兵、区教育局中教科科长陈佳彦。此外，静安区还成立推广应用工作专业核心团队，包括区教育学院教研室、科研室、师训部、干训部、发展室、信息中心等部门。三项成果持有方也分别成立由校长、副校长、教研组长、师训专管员等老师组成的优秀教师团队。

2. 形成协同发力的工作机制

（1）全区联动的顶层架构

在成果推广应用过程中，静安加强教育行政（区教育局）、教育业务（区教育学院）、成果持有方及成果应用方之间的多方协同，形成了全区统筹、上下联动、各方协调的工作推进机制。教育行政部门发挥领导、组织、协调功能，教育业务部门发挥专业支持功能，成果持有方发挥示范引领功能，成果应用方基于对成果的充分了解和本校实际，理性务实地找到生长点、发力点。

作为专业支持机构，区教育学院相关部门通力合作，积极推进成果推广应用工作：干训部与进修部支持协作，形成多样化课程；教研室组织教研活动或举办专题研讨，在全区不同学段及群体中加以推广；在有关成果课程化的基础上，以进修部、干训部为主体，其他业务部门协作参与，开办、设立成果推广应用的培训班；信息中心在已建成的区域教育网络信息平台上，设立专门窗口或专题链接；发展室组织统筹静安教育学术季活动等。

（2）建立深度沟通机制

静安示范区构建了区教育局、区教育学院、成果持有方、成果应用方四个协作主体之间的深度沟通机制，搭建了良好的桥梁。一是静安示范区作为组织方，与成果持有方线上线下相结合的沟通每学期不少于2次；二是作为行政主管部门，要求成果持有方与成果应用学校/幼儿园的沟通每月不得少于1次；三是示范区和成果持有方共编辑发布成果推广简报34期，形成了书面沟通的机制。各方主体沟通研讨渠道明确、对接顺畅，更好地促进了成果推广应用。

（3）建立常态调研机制

为了学习发现、总结提炼本示范区实验校应用工作的成效、亮点和经验，解决推广应用过程中的困惑，静安示范区深入开展调研。2022年9月，静安区成果推广应用工作小组和成果持有方深入彭浦初级中学、大宁国际幼儿园、市西初级中学等三所实验校开展了访谈调研活动。2023年6月，静安示范区迎接中国教育学会"基础教育国家级优秀教学成果推广应用工作"调研组调研指导，三项成果持有方的负责人分别做交流发言，随后还进行了分组调研，彭浦初中、市西初级中学、大宁国际四幼等学校的教师团队参与访谈。对于调研过程中实验校提出的困惑与问题，工作组分类整理，从教育局、教育学院、成果持有方等方面予以妥善解决，切实保障成果推广应用工作的深入推进。

(4) 建立媒体宣传机制

静安示范区成果推广应用工作充分利用媒体报道、文章刊发、成果出版和网络推介等多种形式进行宣传。各类新闻媒体如人民政协网、第一教育、《文汇报》、《新民晚报》、上海静安等在微信公众号等平台进行宣传报道。媒体给予了高度评价："国家级优秀教学成果的推广应用具有启迪智慧、共创未来的重要意义，正契合了静安区教育内涵发展的迫切需求。静安区高度重视这项创新性工作，大力给予人财物等政策支持，推广应用工作正呈现出多元创新的良好局面。"

3. 夯实基础，创新路径

(1) 制定个性化实施方案

静安示范区与成果持有方商议协作，针对应用方的不同特点和不同应用需求，制定了成果推广的个性化实施方案。

静安示范区和上海市电化教育馆深入应用方调研其研究性学习开展情况、研究性学习教师及学生信息化应用能力，形成了 MOORS 平台"一校一策"的推广应用路径，结合调研分析制定适合学校的个性化方案，成效显著，实验校数量持续增加。静安区共有 50 所初高中学校将 MOORS 平台结合至学校日常的综合实践活动中。通过制定"一校一方案"，大大提升了学校研究型课程开展的效率，规范了研究性学习的流程，取得了阶段性成果。

静教院附校实施了指向成果优化与创生的"双主体"推广应用路径，针对应用方的不同定位给予个性化的分类指导，赋予各应用方较大的学习主动权，采用主报告集体学、小论坛分散学、汇总疑惑集体议的组合式培训方式，充分调动基层学校的积极性，展现教学成果的实践价值。

芷江中路幼儿园实施了基于教学实践的"产品＋课程"推广应用路径，将成果开创性地设计成可操作性、可复制性、可视化的低结构材料、玩具等，以 18 家基地园为基点，逐步对整个示范区公办幼儿园进行芷江低结构玩具的打包派送，使成果以"产品＋课程"的形式辐射，使更广大的幼儿和教师受惠。

(2) 搭建成果共建共享平台

静安示范区不仅充分发挥已有平台的功能，而且开创了科研流动站、教育研究所和静安教育学术季等制度，更加全面深入地推广教学成果。

一是科研流动站制度。目前三家试点运作流动站均是国家级优秀教学成果单位，包括静教院附校、静安区安庆幼儿园、静安区教育学院。进站教师可以选择加入流动站学习教学成果；同时，流动站也可以派出教师到区域内其他学校进行成果分享。用"走进去"和"派出来"相结合的方式，实现教育科研成果最大化。

二是教育研究所。静安区成立了上海静安低结构教育研究院、上海幼儿游戏研究所、上海市后"茶馆式"教学研究所、上海愉快教育研究所、上海成功教育研究所。各个研究所充分发挥组织协调和服务管理职能，积极提供条件、资源或理论支持，促使成果对教育发展发挥更大的效益。

三是静安教育学术季。静安区自 2016 年开始，在全区范围内持续开展了以"学术精进，专业卓越"为指导思想的静安教育学术季活动。一季持续三个月，已连续举办了九季。每季围绕一个主题，开展区级主题论坛、区级专题活动、校级学术研讨、展示活动，着眼于优秀教学成果的孵化、孕育、推广。

（3）开展全国性交流推介

三年间，静安示范区共组织、参加了三次全国性的展示交流活动。

第一次是 2021 年 9 月，静安区教育学院副院长汪振兵赴北京，在全国大会上进行了主题为"上海市静安区基础教育国家级教学成果推广应用的实践与思考"的交流分享。

第二次是 2022 年 5 月，静安区作为主办区，主持开展了"基础教育国家级优秀教学成果推广应用第九期线上交流研讨活动"，静安区教育局中教科科长陈佳彦以"落地·转化·创生"为主题，分享了区域推广应用国家级优秀教学成果的模式与路径。来自全国 60 个推广应用示范区、74 项成果持有方代表、部分省级教育学会代表等教育界同人，数千余人参加了此次线上交流研讨活动。

第三次是 2023 年 2 月，静安区教育学院院长陈青云、副院长汪振兵等一行四人赴北京参加"第二届中国基础教育论坛暨中国教育学会第三十四次学术年会"。陈青云向教育部部长怀进鹏汇报了"以成果推广涵养良好教育生态、赋能基础教育高质量发展"的静安经验，分享了以"路径·环节·证据"为题的静安实践，得到与会领导和专家的高度评价。

（4）开设丰富的培训课程

静安示范区推广应用的三项国家级优秀教学成果经过多方研磨，研发了"后'茶馆式'教学""以幼儿自主学习为核心的幼儿园低结构活动探索""走进研究型学习"三门区级专题培训课程。三门课程作为区级专题培训课程顺利开班。截至目前，"后'茶馆式'教学"课程共有 1 319 人次报名学习，涵盖学校 100

多所;"走进研究型学习"课程共有277人次报名学习,涵盖学校30多所;"以幼儿自主学习为核心的幼儿园低结构活动探索"课程共有491人次报名学习,涵盖49所幼儿园。教师们高昂的报名学习热情是优秀教学成果的最好佐证,目前学习平台上有200余人次正在学习进行中,报名人数仍在逐步攀升。

4. 工作保障

(1) 经费保障

为促进优秀成果的推广应用、转化与成果再发展,促进教育增值,静安区教育局设立了成果推广应用工作专项经费,并纳入年度财政预算,并就经费的使用给予项目持有方更大的自主权,支持促进有关项目在全区乃至更大范围推广应用。

(2) 人员保障

静安示范区成立了来自教育局、教育学院和优秀成果等多方人员组成的项目组,讨论制订相关计划,确定实施路径,明确推广方式。同时,还聘请上海市教委、上海市教科院、上海市教委教研室以及华东师范大学、上海师范大学的有关教授组成专家团队。专家团队涉及理论指导、实践指导、管理指导、应用指导,为成果的推广、转化与应用提供支持。

(3) 制度保障

一是科研课题保障。从"十四五"开始,静安区在区级课题申报指南中设立了"优秀教学成果推广应用领域"专项,鼓励教师申报成果推广应用的课题,鼓励在区域内形成"在推广中研究、在研究中推广"的氛围。

二是激励保障机制。静安区建立了完善的精神激励和物质激励制度。每年的静安教育学术季活动,会举办基础教育国家级教学成果推广应用专题论坛,给予成果持有方和应用方充分的展示交流机会。同时,对于参与成果推广应用的学校给予年终绩效奖励,让老师们有切实的获得感。

三是培训学分保障。课程采用线上网络课程与线下面授课程相结合的推广方式,面向全区教师开放,鼓励有兴趣的老师选修,赋予区级研修学分;鼓励成果应用方开发校级研修课程,赋予校本研修学分。

(4) 物资保障

区教育局设立专项资金,支持保障芷江中路幼儿园"以幼儿自主学习为核心的低结构活动探索"成果,以"产品+课程"组合推广,由中国教育学会学前教育专委会委托相关玩具生产单位,将芷江中路幼儿园开发的系列玩具产品化,并支持完成了专利申请,在整个静安示范区公办幼儿园全面进行芷江低结构玩教具的配送投放,形成成果推广的良好生态。

(三)应用工作成效与影响

1. 目标达成度

对照"静安区三年推广应用计划"(2020—2023年),静安示范区高质量地完成了各项既定目标:一是以国家级优秀教学成果的推广应用促进区域成果迭代创生,以优质资源集群的集成创新推动全域教育创新发展,推广应用工作呈现多元创新的良好局面。二是应用校教师的循证改进意识和能力得到增强;实验校教育教学质量得到了提升,学校发展的新思考新实践新经验得以沉淀、凝练和凸显。三是国家级优秀教学成果在静安的推广应用中进一步滋养了区域教育学术文化,推动区域教学成果的大批涌现。

2. 应用效果

(1)成果滋养:不断丰润区域师生的成长

静安示范区在推广应用三项教学成果的过程中,得到了师生的积极参与,影响辐射面广泛。静教院附校的国家级优秀成果"后'茶馆式'教学——走向'轻负担、高质量'的实践研究"面向静安区教育局下属5所初中学校,上海市后"茶馆式"教学研究所48所中小学,静安区后茶馆科研流动站8所中小学,聚势而行,以点带面推进区域教育高质量发展。

芷江中路幼儿园"以幼儿自主学习为核心的幼儿园低结构活动探索"的成果,在静安区教育局的大力支持保障下,由点及面从静安示范区18个基地幼儿园逐级向面上的35个幼儿园共计390个班级,进行芷江低结构玩教具的配送,共计投放1 950套,如以一个班级28名幼儿计算,芷江低结构玩具让静安示范区10 920名幼儿操作受益。

上海市电化教育馆"研究型课程智能支持系统研发及实施模式探索"的成果,在静安区50所初高中学校中推广,他们将MOORS平台结合至学校日常的综合实践活动中,累计形成了29 360条学生综合数据,数据包含讨论组、灵感笔记、研讨圈、收藏、意见反馈等多个数据维度。静安区使用平台的学生总数为30 361人,形成课题13 825个。

(2)成果辐射:推动新的教学成果的涌现

静安区通过优秀成果的推广应用,努力使原有的教学成果保值增值,并不断培育新的教学成果,使教育发展在高原的基础上不断创造高峰。静安区在

2022 年国家级教学成果奖评选中获得 5 项二等奖，在 2022 年上海市优秀教学成果奖评选中获得 5 项特等奖、8 项一等奖、9 项二等奖。

表 1　2022 年国家级教学成果奖静安区获奖学校名单

	成果名称	学　校	获奖等级
1	玩学相伴、趣思同行——幼儿数趣活动 30 年实践研究	上海市静安区安庆幼儿园	二等奖
2	寓学于乐　玩学互融——幼儿园"游戏与学习"整合优化的实践研究	上海市静安区南西幼儿园	二等奖
3	素养导向的初中学科实践性学习活动的设计与实施	上海市风华初级中学	二等奖
4	深度整合式教学：义务教育阶段课程统整实施新样态	上海市静安区教育学院附属学校	二等奖
5	从创造启蒙到创新素养培育——四十年小学创造教育实践	上海市静安区和田路小学	二等奖

表 2　2022 年上海市优秀教学成果奖静安区获奖学校名单

	成果名称	学　校	获奖等级
1	走向创造无边界——和田路小学创造教育新实践	上海市静安区和田路小学	特等奖
2	玩学相伴、趣思同行——幼儿数趣活动 30 年实践研究	上海市静安区安庆幼儿园	特等奖
3	素养导向的初中学科实践性学习活动的设计与实施	上海市风华初级中学	特等奖
4	快乐玩中有效学——幼儿园"游戏与学习"整合优化的实践研究	上海市静安区南西幼儿园	特等奖
5	深度整合式教学：国家综合类课程统整实施新样态	上海市静安区教育学院附属学校	特等奖
6	指向因材施教的初中数学教学"趣"范式 25 年实践研究	上海市市北初级中学	一等奖
7	父母眼中的孩子——婴幼儿早期关键行为及其养育的实践研究	上海市静安区延长路东部幼儿园	一等奖
8	行走的教室：跨学科深度学习的教学实践	上海市新中高级中学	一等奖
9	职初教师（2—5 年）胜任力发展区域设计与运行——以上海市静安区为例	上海市静安区教育学院	一等奖

续表

	成果名称	学　　校	获奖等级
10	基于评价的区域个性化教学的循证实践	上海市静安区教育学院	一等奖
11	小学生活力生长的区域激发与行动	上海市静安区教育学院	一等奖
12	小学生科学素养提升的学校实践推进	上海民办彭浦实验小学	一等奖
13	指向深度学习的课堂生态变革——基于十二年的田野研究与实践	上海市静安真爱梦想教育进修学院	一等奖
14	"做更好的自己"——挑战教育二十年探索与实践	上海市静安区永和路幼儿园	二等奖
15	基于"儿童立场",小学愉快德育课程的构建	上海市第一师范学校附属小学	二等奖
16	指向深度学习的高中数学教学变革与实践研究	上海市市西中学	二等奖
17	共融共生:综合实验室支持下小学科学ETA教学新样态	上海市静安区闸北实验小学	二等奖
18	有温度的改革——初中随迁子女衔接教学的系统设计与循证实践	上海市静安区实验中学	二等奖
19	科学育人:关键领域校本学生评价变革	上海市静安区教育学院附属学校	二等奖
20	陪伴教育:内地西藏班育人方式23年探索	上海市共康中学	二等奖
21	筑卫星之梦——区域青少年高水平创新人才培育	上海市静安区青少年活动中心	二等奖
22	上海聋人高中英语课程建设的研究与实践	上海市聋哑青年技术学校	二等奖

(3) 成果引领:教学成果在迭代中创生

静安示范区不仅有效实现了三项成果自身的迭代,而且促进了应用方实验校新经验的创生。静教院附校在推广自身的优秀成果时,从未停留在功劳簿上,而是在深研新课程新课标要求和跨学科课程、学校德育等方面持续深入攻坚克难,成果"深度整合式教学:国家综合类课程统整实施新样态"获得2022年上海市基础教育类优秀教学成果评选特等奖。安庆幼儿园是2018年国家级基础教育类优秀教学成果一等奖获得单位,静安示范区在安庆幼儿园设立了教育科研流动站,推广其关于幼儿评价的获奖成果。幼儿园探索成果"玩学相伴、趣思同行——幼儿数趣活动30年实践研究"获得2022年上海市基础教育类优秀教学成果评选特等奖。静安区大宁国际幼儿园在推广应用"以幼儿自主学习为核心的幼儿园低结构活动探索"成果时,经历了从用产品到催生新的课程理念和课程架构的过程,正是这样的过程成为幼儿园自身蜕变的催化剂,2021年被评为市示范性幼儿园。

3. 满意度

根据调研数据显示,三项成果持有方对静安示范区在成果推广应用工作中的组织、沟通与配合等方面的满意度达到95%以上,成果持有方对静安示范区应用成果的阶段性效果满意度达到95%以上。

三、特色与创新

（一）构建成果推广应用的三维立体互动模型

静安示范区在成果推广应用过程中构建了"三个结合""三个同步""三个保障"的三维立体互动模型。"三个结合"是成果推广应用工作的主导思路,是指锚定与开放相结合、专项与日常相结合、阶段工作与长远谋划相结合。"三个同步"是成果推广应用工作的运作机制,是指同步推广、同步研究、同步培训。"三个保障"形成区域成果推广应用工作的立体保障,即人员保障、研究保障和经费保障。

（二）把握教学成果推广应用过程中的关键环节

静安示范区在推广三项成果的过程中,深入分析优秀研究成果的特点、持有方特点以及应用方特点,抓住优秀成果推广应用所要经历的"落地—转化—创生"三个关键环节。三个环节指向不同的目标和重点任务,但呈现递进关联、螺旋上升的过程和特点。

环节一:落地。静安区将科研成果转化为教学资源的实施形式主要有课堂教学资源、实验教学课程资源、创新实践项目以及学术专题讲座等。此外,主要通过依据推广应用双方特点而共同设计的产品、工具、平台等成果可视化载体的设计与运用,使实验校教师产生了以兴趣激发、深度思维、问题解决等为特征的深度学习活动,为教师在课堂上教学中应用成果打下了基础。

环节二:转化。转化环节是实验校从单纯学用到自主创生的中间环节,具有承上启下的链接作用。这个环节里,实验校将成果重新情境化,不断从自身的机制设计上促使成果应用形成良性循环,进而产生再学习—再实践—再改进的递进循环。静安区鼓励应用学校和教师带着问题、带着思考将成果重新情境化,形成校本的应用路径图,架构校本的推广机制,观察收集成果应用过程中的证据,不断实践、反思、调整,开展循证实践,提升成果应用的质量。

环节三:创生。静安区通过系列举措实现了优秀教学成果自身的迭代创生和应用方实验校新经验的创生,成果的理论引领力和实践影响力不断提升,区域教育教学新经验和新品牌不断形成。

(三)聚焦教学成果推广应用中的证据因素

在成果推广应用过程中,静安示范区强调以证据指导实验校实践,以证据支持推广应用工作的循环改进,注重四类证据的收集与分析。

一是经验证据。关于成果的推广应用,实验校和持有方都有一些好的做法,也可能存在一定的困难或困惑。静安示范区通过深入实验校访谈和与持有方定期研讨,发现成功的经验证据,发现存在的不足和需求,以提供针对性支持和帮助。

二是量化证据。静安示范区成果推广应用工作是以实验校为重点面向全区开展的工作,区级共享课程和逐步扩大实验校范围是一条独具特色的推广路径。在静安示范区推广应用的三项国家级优秀教学成果经过多方研磨,研发了"后'茶馆式'教学""以幼儿自主学习为核心的幼儿园低结构活动探索""走进研究型学习"三门区级专题培训课程。

三是理论证据。静安示范区建立研究机制,在区级课题申报管理中,常设了"优秀教学成果转化应用领域"专项,鼓励学校和教师开展相关研究。区教育学院副院长领衔立项了区级重点课题"优秀研究成果推广转化的特征与实施路径研究",以区域三项优秀研究成果为研究对象,力求为成果推广转化这一难题的破解提供区域层面的思考与实践。

四是典型案例。静安示范区结合区域优秀研究成果推广转化的实践,通过质性观察、深度访谈、实物采集等方式,挖掘成果推广应用中的典型案例,剖析成果转化的关键环节和要素。目前积累的案例涉及推广载体设计、学校应用机制设计、教师行为转变等。

四、反思与展望

静安示范区以国家级优秀教学成果的推广应用促进区域成果迭代创生,以优质资源集群的集成创新推动全域教育创新发展,推广应用工作呈现多元创新的良好局面。应用校教师的循证改进意识和能力得到增强;实验校教育教学质量得到了提升,学校发展的新思考新实践新经验得以沉淀、凝练和凸显;国家级优秀教学成果在静安的推广应用中进一步滋养了区域教育学术文化,推动区域教学成果的大批涌现。

展望未来,静安还需要不断完善成果推广的实施过程:一是进一步加强对优秀教学成果推广应用关键要素、关键环节的研究,推进区域优秀研究成果不断深化发展,促进成果自身完善和迭代升级。二是进一步关注实验校教师循证改进日常教学的实践,通过针对性的调查研究和扎根性的探索研究,去发现中小学教师循证改进应用成果的实践样例,不断完善相应的支持系统。三是进一步促进新的教学成果的孵化创生,提升推广应用的价值和推广工作的有效性。

玩研创凸显儿童本位，
探索凝练成果推广应用的新模式

——"以幼儿自主学习为核心的幼儿园低结构活动的实践研究"成果自评报告

上海市静安区芷江中路幼儿园

自 2020 年 7 月，教育部基础教育司启动了成果推广应用工作，上海市静安区芷江中路幼儿园荣获首届基础教育优秀教学成果一等奖的"以幼儿自主学习为核心的幼儿园低结构活动的实践研究"被遴选，与上海静安和北京朝阳两个示范区共同开展成果推广应用工作。

回顾三年，作为成果持有方围绕成果推广工作规划和推广方案，成立了上海静安低结构教育研究院，组建了推广工作专家团队和工作团队，一步一个脚印，一年一个台阶，构建推广机制以扎实深入实施和推进推广工作，涌现出了具有学前教育特质、园本个性特色的推广新模式、新路径，形成了丰富的推广资源，凝练推广典型案例，由点及面逐步大面积推广，获得上海静安和北京朝阳示范区推广工作组及示范区实验基地幼儿园的高度评价，借助国家级教学成果推广应用工作组搭建的线上线下分享会进行经验交流。

一、规划与方案——目标明、任务清、阶段侧重小步递进

（一）明确成果推广应用的定位：辐射引领与服务，体现责任担当

1. 基于调研，协同共商达成高度一致，规划凸显"四个一"特色

成果推广应用过程中的深入调研，与上海静安示范区、北京朝阳示范区经过多次线上线下视频会议、电话等沟通，基于成果推广应用示范区及示范区基地园的情况和条件等个性化需求，深入分析示范区、基地园推广应用中存在的

实际问题，与静安示范区和北京朝阳示范区成果推广应用核心工作组双方达成一致，形成了北京朝阳示范区和上海静安示范区的"一示范区一方案""三年一规划""一年一计划""一阶段一评估反馈"的"四个一"特色。

2. 目标明确、任务分解、具体细化可操作性强

（1）目标明确，内容具体，精确体现成果特质。

在整体目标的制定过程中，以中国教育学会、上海市教育学会关于成果推广工作的相关文件为精神引领，结合北京朝阳与上海静安两个示范区学前教育整体发展现状、优势与需要，制定推广工作三年发展规划总体目标，确定五个方面的总体目标：其一，凝练升华，转化生发，增强成果的二次转化与集成创新。其二，理念引领，实践导向，优化教师队伍建设，教师建立信念与方法同步共进。其三，视角转变，方法变革，创新活动范式，儿童视角的树立是关键。其四，幼儿发展本位，载体创新，实现儿童自主学习。其五，形成模式，探索路径，构建推广应用的芷江模型。助推示范区基地园低结构活动理念有效传播、低结构活动推广试验落地，低结构活动的教育价值彰显。助推学前教育改革，成果深化与推广获得双赢。

（2）任务分解，重点凸显，侧重点有进阶。

在与示范区多次沟通交流后，根据示范区当前发展现状与亟须解决的难题，结合当前学前教育热点和改革重点，围绕预期目标，细化形成了阶段性目标。一是点面结合，探索凝练，优化队伍建设。其一，点面结合，"菜单式"自主选择，推广因需而行。其二，整体把握，重点深入，理念传播更有效。其三，理念落实，价值彰显，培养一批种子教师。二是形成模式，优化成果，合作共赢。其一，总结经验，探索模式，完善机制。其二，借助平台，稳中求进，分片推广。其三，优化成果，搭建平台，取得双赢。三是大面积推广，成果本土化，儿童视角树立。其一，注重"两个结合"，实现大面积推广。其二，本土化改造，实现创新。其三，儿童视角树立。

（二）基于个性需求，细化方案，动态调整和优化

研究成果注重对上海静安区和北京朝阳区学前教育教学的指导、改进作用，注重成果推广应用的本土化落地，逐渐增加推广成果数量，逐步扩大推广范围。

作为成果持有方，深刻认识到所肩负的使命和职责，紧紧围绕以立德树人为根本，充分发挥基础教育国家级优秀教学成果的示范引领作用，打造成果推

广与运用的芷江特色,为普及高质量学前教育提供新的动力与内涵。

二、实施与推进——以"产品+课程"推广为重点,形成芷江发展共同体成果推广应用工作的"1234 模型"

(一)围绕一个中心:寻找适合每一个孩子的教育,让孩子表现自己,让教师发现孩子

国家级优秀教学成果推广应用工作以贯彻落实推进教育现代化建设"普及普惠、优质安全的科学育儿和学前教育体系全面建成"为引领,围绕"寻找适合每一个孩子的教育,让孩子表现自己,让教师发现孩子"这一中心,预期通过成果"以幼儿自主学习为核心的幼儿园低结构活动探索"推广应用实践研究,进一步总结凝练教学成果,深入持续研究,突出时代性、创新性、实效性,将成果转化的"产品+课程"固化为办学品质,充分发挥示范引领作用。

(二)组建两个团队:成立项目团队和一支推广培训师队伍

1. 强化领导,双主体协同发力,构建"1+X"组织架构

成立基础教育优秀教学成果"以幼儿自主学习为核心的幼儿园低结构活动实践"推广工作组,并设立子项目组。由成果持有人特级园长、特级教师、正高级教师、芷江中路幼儿园发展共同体理事长、上海静安低结构教育研究院院长郑惠萍担任领衔人,芷江中路幼儿园发展共同体党支部书记、园长、高级教师陈佳妮任项目组组长,芷江发展共同体各园园长任子项目组长,核心团队 10 人,学士占 100%,硕士占 30%,正高级 1 人,中高级教师占 50%,一级教师占 30%,教研组长、教师为组员,承担推广实验班任务。建立并合理优化项目推广组织结构,明确职责,使职能更清晰、权责更到位,确保推广应用工作按计划有序推进。

推广工作组——由园长全面主持和负责各项工作,统筹规划、顶层设计,全面负责构建推广应用方案、组建研究队伍、制定操作措施及建立项目保障机制。

各分项目组——负责分项目具体落实推广应用过程管理,承担组织协调操作实施的工作。项目成员充分认识优秀教学成果推广应用工作的重要价值和现实意义,积极向推广组反馈其应用成效等。

2. 智力支持,资源库建立,培训推广师资提升

成立上海静安低结构教育研究院。在静安区教育局领导的关心和经费支

持保障下,在推广工作组的统一领导下,成立上海静安低结构教育研究院,初步构建形成多层次、多领域的专家资源库,由成果持有者芷江中路幼儿园发展共同体理事长、特级教师、特级园长、正高级教师、上海静安低结构教育研究院理事长、院长郑惠萍主持引领,教育部基础教育教学指导委员会、学前教育保教指导专委会副主任委员、华东师范大学教授华爱华担任副理事长,邀请华东师范大学学前教育专家教授、幼儿园名园长、特级教师团队等作为专家,对成果的推广应用提供智力支持与推广指导。

成立一支推广培训师队伍。通过前期对培训师的培训,提升其对成果整体深度认识、内涵的理解、研究内容方法的把握,从而使培训师具有与成果相匹配的综合素养。

3. 加强管理,提供制度保障

推广工作组制定项目管理、学习、研讨和激励制度,围绕推广工作方案,每月一次组织线上线下灵活结合的推广活动,全方面涵盖了培训、现场观摩交流活动、玩教具研修工作坊活动、一对一个别指导、专家咨询和研讨等,展示优秀成果和先进经验,以保证项目研究的顺利进行并完成预期的阶段性成果。

其一,财力支持。努力获得上级相关部门的项目经费支持,上海市教育学会、静安示范区教育局、成果推广应用工作向幼儿园提供经费支持,幼儿园设立专项经费用于成果应用推广,做到专款专用,如邀请专家指导、"产品+课程"的研发、自制玩教具专利申请、课程研发等,以确保项目推广计划顺利完成。

其二,时间保障。每月安排一次专门的项目会议,会议过程有专门记录。此外,本项目作为幼儿园教科研重点工作,将结合幼儿园常规保教工作等活动开展。

其三,信息支撑。加强信息化支撑,及时跟进资料设备,建立网络科研平台。配足配齐资料设备,为推进与示范区学校定期进行线上或线下的观摩、研讨互动的顺利开展提供物质保障基础。

(三)"3+3+3"推广实施路径、形式和方法

第一个"3":即有重点的"三步走"推广实施路径。根据成果内容,推广分三个阶段,不同的侧重点(材料、孩子和教师)。

2021年,从材料出发。将低结构幼儿操作的经典材料与玩具+配套活动,进行组合式打包推广。

2022年,从孩子出发。看孩子,看懂孩子行为、支持孩子发展。以欣赏孩子

"三部曲"研究作为推广看孩子的方法策略进行推广,以利于"站在孩子的立场"实施低结构活动,从而促进教与学的视角转化,让每一个孩子玩出精彩。

2023年,从教师出发。教师的理解孩子的专业核心素养的提升是关键。根据基地园实际情况,提升教师观察、分析、理解孩子的能力,探索教师培养的策略方法和路径,从根本上转变教师的儿童观、教育观、课程观,建立信念,提升专业综合能力。

第二个"3":以儿童本位,探索形成三阶段的"产品+课程"的成果推广链。

第一阶段是成果物化,提供同玩共研支架。这为后续示范区幼儿园的同玩共研互生打下扎实基础。

第二阶段是成果产品化,创新推广载体。经成果推广应用组与教育局双主体的协同发力,顺利推出了以经典自制玩教具"视力+""万物镜"为代表的"产品+课程"系列。

第三阶段是产品普及化。在教育局专家智囊团的支持及人力、物力、经费和技术的保障下,以"视力+"和"万物镜"为例,由点及面从静安示范区18个基地幼儿园逐级向面上的35个幼儿园共计390个班级辐射推广,共计投放1950套,芷江低结构玩具让静安示范区万余名幼儿操作受益,为扎实推进"游戏中的学习"探索提供有益路向。

第三个"3":推广应用三个方法。

鉴于静安示范区的实际情况和已有研究基础,因地制宜动态调整细化推广应用方案,尝试推广应用三个方法策略。

第一,学着做,学习复制成果。对于基础相对薄弱的基地园,可以通过学着做的方式,将成果中可复制的内容,如低结构环境材料玩具、低结构的活动样式等进行借鉴模仿。北京朝阳示范区教育体量大、民办转普惠幼儿园占83%。对于一些基础相对薄弱的幼儿园,可以通过学着做的方式,将成果中可复制的内容如低结构环境材料玩具、低结构的活动样式等进行借鉴模仿。推广分层联动,第一层面是持有方项目组对接朝阳区项目组培训(种子选手),第二层面是北京朝阳区项目组对接面上的幼儿园分层或集中培训。第一层面以线上培训为主,带动种子团队。第二层面以面对面的探讨培训与过程性互动反馈为主,线上线下结合两层联动,实现北京的"以优带优""以优培优""以优创优"。

第二,共同做,合作运用成果。对于有一定研究基础的示范区基地园,由成果持有园进行指导,尝试在园本实践中寻找适合的点进行实践。

第三，变着做，创造性运用成果。对推广成果既要学习继承，又要有所发展，有所创新，不断形成园本化的特色与风格。2022年，当低结构物化成果"产品+课程"辐射到大宁国际幼儿园和大宁国际第四幼儿园，两园尝试两种模式的园本化实践，如大宁国际第四幼儿园，就尝试将低结构的理念与其童蒙探究课程进行了有机融合，形成了具有其园所特色的游戏活动新样态，为"静安玩+"游戏提供个性化的游戏典型，生成"静安玩+"区域游戏生态。

（四）"四个结合"推广运用实施策略

1. 以点带面、循序渐进，全面发动和试点研究相结合

坚持以点带面、循序渐进原则，第一阶段在示范区遴选的15个基地园进行推广，第二阶段通过立体的、分层的课程培训进行分片选点推广，第三阶段开展全方位、多层面的大面积推广，形成试验园联盟。

2. 整体把握、抓住关键，整体性推广和重点应用相结合

其一，整体学精髓，关键抓落实。理解成果的指导思想和核心精髓，做到整体把握、抓住关键，选择重点应用部分制定方案并落实。

其二，全面学，重点用，小步循进。2022年，将研究成果转化为"十四五"区级共享课程重要内容之一。全区有500余名教师参与学习，全区幼儿园可根据需要选择培训内容进行园本培训，教师也可通过平台进行自主学习，在落实全区分层分片推广的基础上，借用成果推广的力量根植教育力。

3. "产品+课程"、行思合一，实践操作与教学研究相结合

项目组以芷江特色的玩中研制度为机制保障，通过"儿童与玩具"工作坊的形式互动交流，采取线上线下相融合的方式，静安示范区18家基地幼儿园教师代表参与现场互动，并通过网络向北京朝阳示范区15家基地幼儿园直播，使更多对低结构活动理念感兴趣的教师能够从中受益。从探索低结构材料出发，教师发现了：材料是教师理解儿童学习与发展的中介，材料更是在成果推广迁移过程中，让教师学习和理解课改理念最能直接见效的教材。培训引发了以儿童视角的区域教研联动的变革与创新，同时形成区域内更广泛联结的研究共同体，营造浓厚的低结构学术研究氛围，使行思合一的理念在上海静安、北京朝阳两地的基地幼儿园园所的土壤里生根发芽。

4. 搭建平台、多方推广，多样平台的搭建与利用的结合

通过搭建报告会、经验交流会，增加品牌的宣传力度，同时应该利用借助不同层面的平台，提高品牌的深度与推广度，取得双赢。

三、成效与影响——创新、改变、突破,向上优化 向下扎根,幼有善育高质量新发展

在成果推广应用中,促进成果自身的迭代升级,将学习推广与改革创新充分结合,其间9个市级项目、20余个区级重点项目已完成结项或在研中,丰富了对于低结构理念内涵的认识。重视成果创生改造,鼓励基地园根据自己的实际情况、教育特色,寻找合适的结合点进行创造性推广,从15家实验基地幼儿园由点及面到北京395所幼儿园、80多址普惠办园点,将成果内化并融入自己的知识体系,在付之于实践的基础上充分发展主观能动性,如静安区18家实验基地幼儿园+15个玩研共同体,区级项目子项目研究为引领,在进一步的再研究与再开发的过程中,通过向上优化,即在更高理论层面的凝练,向下扎根,即对具体的操作细则加以完善,从而促使成果得到进一步的深化与升华。

(一)创新:驱动本土教学成果创生

2022年5月13日,由中国教育学会主办,静安区教育局、静安区教育学院承办的基础教育国家级优秀教学成果推广应用第九期线上交流研讨活动举行,4 800余人参加了线上交流研讨活动。芷江中路幼儿园国家级教学成果推广应用项目组的三位代表在会上进行分享交流。全国各地学前教育同人纷纷表示这是一次"提供幼教资源全国共享"的机会,各类新闻媒体如北京人民政协网、第一教育、《文汇报》、《新民晚报》、上海静安等在微信公众号等平台进行宣传报道。北京市教育学会在关于成果推广应用的专题微信推送中特别提到"上海市芷江中路幼儿园郑惠萍团队深化成果沿用,实现成果课程化和产品化的两次转化",《新民晚报》以"静安数百名教师今天云端相聚 琢磨如何把国家级教育宝藏用得更好"为题对此次成果推广进行报道。文汇App以"让孩子表现自己,让老师发现孩子……在这些幼儿园里,博物馆、万物镜搬进了课堂"为题对芷江中路幼儿园的成果推广进行了全面报道。

该成果不仅在全国学前教育引起了强烈反响,被点赞评论为"说出了幼儿园教师的心声""一场幼教界的全国盛会",并引发了中小学校的课程改革的关注,如在荣成市蜊江中学、淄博市周村区市南路小学等多省市中小学中引发了热议。

（二）改变：推动了静安示范区幼儿园课程与教学改革的深化

静安区幼儿园以游戏为基本活动的实践探索在上海市非常有特点，研究实力雄厚。基于发展水平高的区域推广，更注重的是强强联手，合作发展，在转化、融合中创生。在示范区领导的指导下打造了"静安玩+"多样态游戏的品牌，提质增效。

低结构物化成果"产品+课程"辐射到基地园，基地园之一的大宁国际幼儿园基于前期的学习与领悟，教师们对材料实践应用提出了一致的观点，即发挥材料作用，注重对幼儿的观察，强调教师的支持，引发幼儿探究的乐趣和主动学习行为。但是，教师对如何实践应用产生不同的思考。基于对教师差异的尊重，园所尝试开展两种模式的实践。通过"启发式"重点研究"产品+课程"的应用，通过"项目式"与已有特色相结合，实现创生，两者都离不开"看懂孩子、读懂孩子"。"产品+课程"应用与创生还需要研究和积累，让教师有更多的发现和感悟，同时需要进一步创新教研机制，让教师会讲孩子的材料，以培养能看懂孩子、支持孩子的教师团队。

北京朝阳示范区学前教研部对15个协作片区的15所基地幼儿园开展"以自主学习为核心的低结构活动实践探索"调研，共调研220名园长、保教干部和实验班教师对成果的内涵与理念的学习情况，其中泛海幼儿园（14.55%）、定福家园（12.73%）、三里屯幼儿园（12.73%）参与人数居总人数的前三位。近两年，北京朝阳示范区15个基地幼儿园围绕国家级优秀教学成果推广开展专题教研，如清友实验幼儿园"低结构活动中幼儿学习品质评价及支持策略研究"等共计30个专题，主要涉及了低结构活动的环境创设与材料投放、活动内容的设计与设施、教师的观察解读与支持评价、幼儿的学习能力与品质的发展等4个方面。

（三）突破：呈现北京朝阳区幼儿园低结构不一样的精彩

低结构成果是静安示范区孕育的国家级成果，在区内辐射的同时，向北京朝阳区推广，探索共同构建量身定制的"533"推广应用机制。

1."五个结合"推广运用实施策略

具体指的是推广的形式和内容相结合，全面推广和试点研究相结合，全面学习和重点应用相结合，实践操作与教学研究相结合，资源共建与共享相结合。

2.实施有重点的三步走推广路径

第一步侧重低结构的材料，帮助老师理解材料是活动的载体，低结构材料对幼儿发展的价值意义引发课改意识。第二步侧重孩子及其与材料的关系，观察孩子主动作用于材料的创造性行为。第三步侧重教师如何帮助理解孩子。教师理解孩子是教师专业核心素养提升的一个关键，以玩中研的研修为重点，通过教师和孩子一起玩，通过孩子利用玩具材料的活动过程，帮助和引导教师进行有效的观察、分析、理解、支持。

3. 实现了"1+3+N"三级共同体

以15个协作片区为单位，每个片区有1所基地幼儿园作为龙头，带动片区内有研究基础的3所普惠幼儿园，由片区内的1所基地幼儿园和3所普惠幼儿园组成的实验共同体，带动片区内的所有幼儿园。

2021年，北京朝阳示范区的三里屯幼儿园的"基于幼儿自主学习的幼儿园低结构体育活动的探索"、福怡苑幼儿园的"幼儿探索性学习中教师有效支持策略的行动研究"等2个课题经中国学前教育研究会批准立项，惠新里幼儿园的"低结构材料支持体育锻炼的实践研究"、群星幼儿园的"具身认知视角下幼儿自主探究的实践研究"、水碓北里幼儿园的"幼儿美工区低结构活动实践研究"等3个课题经北京市教育学会批准立项。三里屯幼儿园、北辰福第幼儿园、劲松第一幼儿园荣获3项北京市教育教学成果奖。

四、特色与创新——以"成果孵化＋项目引领"为特色创新，充分发挥示范辐射的优势与品牌效应

结合教育部组织的国家优秀教学成果的推广要求和市教育综改项目"静安玩＋"多样态幼儿游戏活动研究，以成果孵化与项目研究引领，助推区域项目研究园的共同发展，促进园际先进办园理念、办园特色的深层次交流，各园根据自身发展需要进行有意识的组织变革与文化重建，实现互惠互助共同成长。

（一）成果孵化，推进实验园成果的园本化创生

1. "2+2"促进自我完善与迭代升级

其一，实现两个转化。以国家级优秀教学成果的辐射推广为契机，一方面促进成果自身完善与迭代升级，另一方面实现成果两个转化，即成果培训课程化、玩具产品化。"产品＋课程"组合式推送，固化办学品质，充分发挥示范引领作用。

其二，组建两支团队。一是成立项目团队，由成果输出园与成果实验园，即由北京朝阳区 15 个园所、上海静安区 18 个各级幼儿园组成；二是成立一支推广培训种子队伍，由输出成果的芷江集团组成。研制成果推广孵化方案，明确推广目标、任务、路径与方法。

2. "4＋3"路径方法实现共学共研共发展

实行"四个结合"推广运用实施策略，有重点的"三步走"（从材料、孩子、教师出发）推广实施路径。可供选择的推广方法：第一，学着做，学习复制成果。第二，共同做，合作研究，转化运用成果。第三，变着做，创造性使用与升华成果。实验园根据实际需要选择方法，使成果辐射 30 多家实验园。

（二）项目引领，支撑项目研究园理念引领、实践落地高质量整体提升

1. 双主体协同，构建"2＋2"生长型组织架构

借区教育局平台，形成集团＋上海静安低结构教育研究院的项目研究中心。其运作方式是构建生长型组织架构，包含两个层面，第一层面即"集团＋低结构"教育研究院发起组建研究团队，招募项目研究园，成员自选，组建公民办、示范园、一两级园等 15 个幼儿园组成的玩研团队。第二层面即各个幼儿园形成由园长、教师组成的项目研究团队，形成项目研究共同体。该组织架构像树根一样，由点及面辐射影响，"静安玩＋"理念的根系慢慢渗透到每个园所。每一个教师都是研究主体，每一个幼儿园都是玩研共同体。

2. 基于园所个性特色，实行嵌入式项目研究引领

根据研究项目的目标内容形成子项目。引领园芷江集团嵌入三个组，其任务是实现对项目实验园在合作开展玩研中起到核心引领作用，项目实验园自选内容形成研究小组。每一次的研究由侧重小组突破，点面结合，关注现场研究，解决理论到实践的落地难点。对游戏与教学的关系、游戏与课程等问题进行深入探讨。每一个实验园和实验班的教师园长都有获得感。用园长的话总结："这种实打实的项目研究，我们不仅明确如何将'一日活动以游戏为基本活动'落地可见，最主要教师的课程领导力提升，课程质量提升了，办园水平也随之提升了。"

3. 打造"无界"多样态游戏活动生态圈

玩研共同体探索激活创造力的游戏活动跨界联动，打造基于园所文化特质的游戏活动样态品牌，打破园所场域固有边界。玩创中提升幼儿核心素养，深化幼幼、师幼、园园之圈。达到项目预期成果：构建游戏新样态、打造新品牌、培

育新队伍、开发新资源,最终建立起一批整体办园质量高或有个性特点的优质幼儿园。

成果推广应用工作总结过去,立足当下,锚定未来,芷江中路幼儿园国家级优秀教学成果推广应用工作组将继续在研究中行走,持续聚焦以儿童权利为主体的低结构理念落地生根,以低结构教育品牌的圈层效应,持续推动新时期学前教育高质量新发展。

正如上海市静安区芷江中路幼儿园成果推广应用项目组长、特级教师郑惠萍所说,成果自我完善,其价值在更大的范围验证与丰富,并从示范区的实际问题出发,形成研究共同体,合作探究,细化推进策略,聚焦成果本土园本化,从而使成果在吸收、转化中创生,使更多的孩子受益,更多的幼儿在游戏中快乐地成长。

以深度实践汇聚前行力量

——基础教育国家级优秀教学成果推广工作自评报告

上海市静安区教育学院附属学校

上海市静安区教育学院附属学校的国家级优秀成果"后'茶馆式'教学——走向'轻负担、高质量'的实践研究"在教育部的统一部署规划下,面向山东省淄博市教育局下属37所试点学校、山西省长治市教学研究室54所试点学校、贵州省金沙县教育科技局下属24所试点学校,上海市静安区教育局下属5所初中学校,上海市后"茶馆式"教学研究所48所中小学,上海市城乡互助项目10所中小学,静安区后茶馆科研流动站8所中小学,杭州、宁波、安徽9所合作校开展成果推广。成果持有方秉持着成果价值在于实践的广度与深度的推广理念,将其视为一项全新的教育实践研究,开展规范、广泛和深刻的推广研究。不但使成果推广示范区学校得益,而且锻炼了成果持有方的教师队伍,同时提升了教学成果自身的实践价值和学术价值。

一、推广工作规划与方案

（一）强化目标导向,制订工作规划

2020年12月,基础教育国家级优秀教学成果推广应用工作正式启动,旨在落实全国教育大会、全国基础教育工作会议部署,构建高质量教育体系,充分发挥基础教育国家级优秀教学成果的示范引领作用。作为有幸入选本项目的成果持有方,学校团队深入研读《教育部办公厅关于开展基础教育国家级优秀教学成果推广应用工作的通知》(教基厅函〔2019〕48号)和《教育部办公厅关于做好基础教育国家级优秀教学成果推广应用示范区有关工作的通知》(教基厅函〔2020〕35号),完成了成果推广应用工作手册的撰写,制订了三年推广整体工作规划。结合我校成果的特点和4个示范区的发展现状,分别拟定了本成果推广的预期目标、阶段性目标和年度目标,设定了分年度的工作计划和进阶发展要求。与4个成果推广示范区的教育同人一起携手合作,聚势而行,以点带面有序开展成果推广工作,推进区域教育高质量发展。

(二) 坚持需求导向,优化工作方案

在教育部及中国教育学会、上海市教育学会的统一部署领导下,成果持有方开展了前期的工作调研和成果应用示范区的负责部门领导以腾讯会议、电话访谈、实地拜访(贵州毕节示范区领导来上海畅谈需求)等方式,初步掌握4个成果推广示范区的个性化需求,确立了面上全面推广、点上分类指导的差异化推广原则,制定了目的明确、内容具体、措施可行的实施方案。

同时,秉持着基于但不限于后"茶馆式"教学成果推广的原则,延展成果推广工作的内容。结合"双减落地""五项管理""5+2课后服务""新课标出台"等诸多教育改革的热点问题,开发出《"双减"背景下课堂教学与作业设计的深度思考》《控制学生作业的量 提高学生的质》《两种教学样态支撑课堂教学质量的提高》《课堂教学改革的教学方式视角》等专题报告,将成果持有方最新的研究成果与全国各地的教师共同分享,帮助各地教师进一步理解国家教育政策的新发展、新动向,不断优化和发展成果推广的工作方案。

二、推广工作实施与推进

(一) 培育三级发展型推广管理团队

三级推广管理团队的支持方是成果持有学校即静教院附校,及上海市教委批文成立的后"茶馆式"教学研究所,实现后"茶馆式"教学成果推广工作的顶层设计和整体管理。

一级核心管理团队:静教院附校和4个成果推广示范区负责人为核心管理团队,顶层设计成果推广的路径,及时汇总各示范区在成果推广工作推进中的需求和问题。

二级实践管理团队:各成果推广示范区的项目主管部门根据各地成果推广工作的需要,选择实验校,以及基于区域、学校的自身需求自愿报名参加的校长,组成与后"茶馆式"教学研究所直接联系的实践管理团队。

三级校本管理团队：各示范区的校长结合学校的实际，组建起教师研究团队和技术支持团队，为成果推广提供技术支持和信息保障。

随着成果推广活动的不断深入，三级校本管理团队又呈现出自发展的特征，团队成员动态调整，不断壮大，不断扩充。团队成员的任务分工也悄悄发生着变化。如校本管理团队中的教师研究团队由刚开始的静教院附校研究团队——各地实验校研究团队单向管理，发展为静教院附校研究团队——各地实验校研究团队和各地第一批实验校研究团队——各地第二批实验校研究团队多向的协同管理。校本管理团队中的技术团队成员由原来的信息科技老师发展为数字化平台开发公司和学校数字化平台管理人员。

（二）建立常态化推广运行机制

1. 高频率培训提升机制

成果推广过程中保持了与成果推广示范区实验校每月 2—3 次高频率的互动交流，确定每周周五上午是固定的成果推广活动时间，设计了线上会议、自主阅读、教师论坛、专家讲座、互动答疑、任务驱动（教学设计评比等）、案例分享等与成果推广相匹配的活动，在各类活动中检测和评价各地实验校的成果掌握程度。帮助各示范区不同层次的教师快速完成对本成果的三步进阶发展：对成果形成理论层面的认识——形成理论与实践的勾连——本土化的移植与创生。

2. 分阶段专题研修机制

成果推广过程中除常规的工作例会之外，成果持有方还会和 4 个成果推广示范区的主管部门召开专题研修活动，了解上一阶段成果推广工作效果及各地的进展，沟通下一阶段的工作侧重点和初步想法。在研修交流中，进一步修正实施方案，注重成果推广的可行性和实效性。

3. 育典型试点推进机制

与示范区协商建立"基地校 + 示范校 + 成员校"的推广体系，帮助各示范区选择基础比较好的学校培育成果推广的典型样例学校，在区域层面逐步推开，共同探索成果在不同区域普适推广的全新实践。如贵州金沙毕节地区，以金沙县第四中学为基地校，成立推广应用项目组，由金沙教育研究院教研员和示范校校长组成工作团队，首批推广应用示范校六所。坚持点面结合，逐渐实现县域东、中、西片区优秀教学成果推广应用全覆盖。

4. 区域成果展示交流机制

为 4 个成果推广示范区搭建学习展示的平台，鼓励不同层面的老师分享学习收获和体会。如中国教育学会主办的成果推广应用全国首场展示活动中,张校长推荐4个成果推广示范区的区域领导,实验校的校长、教导主任、一线教师开展分享。学校的专家团队支持贵州金沙县教育科技局开展了"教学设计交流研讨活动",山东淄博市基础教育研究院开展了"后'茶馆式'教学听课评课活动"和"后'茶馆式'教学实践研究中小学论坛活动"。

5. 学习考察双向联动机制

为了进一步判断各示范区老师掌握后"茶馆式"教学核心技术的程度,以及创新移植到各地区教学实践中的生成性问题,双向互动的实地学习考察是一种有效的途径。如贵州金沙县教育科技局常务副局长彭洪祥带队到上海亲自拜访张人利校长,共同商议如何推动后"茶馆式"教学在金沙生根落地。2022年7月,张人利校长带着学校专家团队远赴金沙,与当地的校长、教师直接对话,把脉问诊,探索实现后"茶馆式"教学本土化移植的新路径,推动后"茶馆式"教学成果的推广和应用。

山东省淄博市周村区新建路小学赵洪燕校长带着学习中的困惑问题赴学校深入了解学习,就后"茶馆式"教学的一些疑问进行交流。赵洪燕校长的体验式学习,更深刻地勾勒出新小要追求的有效课堂的轮廓:高效课堂必须是能促进学生深度思考的课堂,是让孩子真正"心动"的课堂。2023年7月,高副校长和周副校长带队走访了山东淄博的多个实验校,送教上门,精准指导,为当地校长和教师答疑解惑,同时发现了当地开展成果推广工作的诸多可取经验。

(三) 开发数字化平台共建推广资源

秉着构建后"茶馆式"教学成果推广学习共同体的理念,与信息公司合作开发了后"茶馆式"教学成果推广数字化交流平台,实现共建、共享、共发展,平台资源的使用者与创造者融为一体,即所有资源的建设方和使用方都是资源的创造者。

1. 教师自主阅读的论文专著资源

各地区参与成果推广的学校对于后"茶馆式"教学的了解程度存在较大的差异,有的学校早有耳闻,已经亲临静教院附校取经寻宝,有的学校刚刚接触,对这一成果知之甚少。但是,各地学校都有强烈的学习热情,期待这个国家优秀教学成果能够帮助学校获取新的发展。基于以上的现状分析,静教院附校的专家团队汇编了后"茶馆式"教学的12篇论文、69篇各学科的教学设计、4本后"茶馆式"教学相关的专著,上传数字化平台,供教师随时下载阅读。

2. 答疑解惑的专题辅导报告资源

汇总各地教师的问题，加以归纳整理，形成后"茶馆式"教学专题解读，运用网络直播的方式精细化解读后"茶馆式"教学的成果、实践过程及效果。同时，与各地区的学校的校长和老师展开互动对话，明晰后"茶馆式"教学与各地课程和教学改革典型成果的异同，帮助各地区的教师确立正确的教育改革理念，建立教学成果与一线教育教学工作的关联，明确成果推广的方向和目标。线上辅导报告结束之后，我们及时上传数字化交流平台，教师可以反复学习。

3. 关键技术解析的课堂教学实录资源

一线课堂教学是各地教师比较感兴趣的培训内容，结合学校每月的校园开放日活动，我们向各示范区的实验校教师开放我们的后"茶馆式"教学的中小学课堂教学现场。根据各区域的情况可以选择线上观摩、线下观摩或是录像回放的方法，走进静教院附校的后"茶馆式"教学的课堂，理解"如何暴露学生的相异构想""如何开展问题群、问题链的设计"等关键性核心技术在不同学科教学中的运用。

4. 建设教师共享培训课程资源

在静安示范区成果推广工作中，我们开发了十讲的区级共享课程——后"茶馆式"教学。共享课程以张人利校长为主讲教师，同时吸纳中学语文李英娥老师和小学体育汤亮老师共同参与，实现共享课程既有理论解读又有实践现场的多样化呈现，共享课程以线上培训课程的形式实施。于2021年10月28日顺利完成共享课程研发工作，福泽全区教师。课程一上线就受到广大教师的热捧，目前已经开展三期的培训，参训人员接近一千人。

5. 区域共享跨校成果推广校本资源

随着成果推广工作的不断发展，各示范区也积累了一些比较优秀的后"茶馆式"教学设计、教师教育教学的论文和案例，优质的后"茶馆式"教学课堂教学实录，还有与"茶馆式"教学相关的命题试卷等。我们将这些彰显各示范区参与成果推广的学习成果上传数字化交流平台，各学校教师都可以共同学习，以此促进资源的不断积累、生成、扩展，实现跨校共建共享资源。

（四）探索成果推广"三四五"推广模式

1. 三方联动协同管理

以腾讯、钉钉等信息平台为支撑，建立三个成果推广工作群：组织方和推广学校管理者群，学校分管领导和对应学校老师群，组织方信息技术团队和各校信息技术人员群。三个群分别对应三级管理网,各司其职,保障各项工作、各级培训工作的开展,实现第一级服务,一杆到底管理。

2. 四重学习循环递进

(1) 融合教学理念

各地区的教育主管部门、实验校的校长和教师普遍知晓后"茶馆式"教学这一优秀的国家级教学成果的内涵和内容,对后"茶馆式"教学理念形成普遍的文化认同,教师能够用先进的教育理念审视课堂教学,明确教学改革的方向,了解后"茶馆式"教学的操作体系。

(2) 研磨教学设计

各地区的教育主管部门、实验校的校长和教师通过"学—研—评"的方式开展多轮后"茶馆式"教学设计的学习,学习静教院附校教师的教学设计,理解并结合各地实际开展后"茶馆式"教学设计互动交流和评比展示,提升教师的理解力和设计力。

(3) 深耕课堂实践

各地区的教育主管部门、实验校的校长和教师基于文化认同走向文化自觉,愿意将后"茶馆式"教学付诸课堂教学实践之中。静教院附校相关学科教师运用循环实证的方法开展听课评课的教研活动,多次循环,多校循环,帮助各地、各类学校依据校情和学情灵活运用后"茶馆式"教学开展课堂教学。

(4) 聚力专题研讨

紧跟新时代教育的发展需求,聚焦"双减""五项管理"等热点问题,建立成果推广与当下教育教学工作的关联,开发系列培训课程,如《"控制学生作业量,提高学生作业质"——双减背景下的科研视角》等。组成相关讲师团队,以推广学校自主选择和成果持有方针对性推送的方式,推进不同层次、不同水平学校的后"茶馆式"教学成果的运用和实践。

3. 五种策略持续发力

策略一:线上研修和线下研修相结合。

为了克服疫情和地理差异,研发了线上线下相结合的混合式教师培训策略,将信息技术融入全国优秀成果的推广之中,运用网络直播、腾讯会议、校本信息化教学管理平台等多技术支撑的方式,为全国各地的与会教师提供了高质量的线上培训体验。对于有条件有时间的地区提供线下参观考察、课堂观摩、对话交流等培训体验。

策略二：文本研修和实践研修相结合。

各地区参与成果推广的示范校、实验校都带有各地区课程改革的烙印，有着多样化的课程改革实践经验，在成果推广的初期，需要各地区的学校开展自主学习，通过书中学的方式，初步了解后"茶馆式"教学是什么，与书本对话、与自我对话，在理念上形成共识。之后再逐步进入课堂教学设计，进入课堂教学的实践。

策略三：接受研修和研究研修相结合。

以成果讲师团"问题导向"的培训方式检测各地区教师是否真正理解并学会了后"茶馆式"教学，成果持有方创设问题情境，各地教师开展研究性学习，组织专题研讨，暴露相异构想。在此基础上以个性化诊断的方式给出培训处方，定制主题报告，进一步完善各地区对后"茶馆式"教学的理论学习。

策略四：集中研修和分散研修相结合。

为实现成果推广服务于各地区教育改革发展的功能定位，在成果推广的过程中赋予各地区教育局较大的主动权，采用主报告集体学，小论坛分散学，汇总疑惑集体议的组合式培训方式，充分调动各地区教育部门和基层学校的积极性，将后"茶馆式"教学成果融入各地区教育教学改革的大背景下，展现教学成果的实践价值。

策略五：全国推广和本地推广相结合。

将全国的成果推进和本地区的项目推进相结合，培训资源向上海市强校工程项目、上海市城乡结对互助项目、上海市见习教师培训项目、上海市德育实训基地培训项目共享，实现成果推广活动的增值效应。

三、推广工作成效与影响

（一）目标达成度

1. 达成推广工作规划目标

一是成果推广实验校的校长和教师对后"茶馆式"教学理念形成普遍的文化认同，教师能够用先进的教育理念审视课堂教学，明确教学改革的方向，了解后"茶馆式"教学的操作体系。

二是部分教师基于文化认同走向文化自觉，愿意付诸课堂教学实践之中，不仅在公开课的教学中,而且在日常的课堂教学中有所转变。

三是成果推广实验校产生了一批符合后"茶馆式"教学基本理念的典型的教学设计、课堂教学实录,以及符合不同学段、不同学科、不同课型的教学微方法、微手段。

2. 有效落实工作方案中的既定任务

一是与4个成果推广示范区联动确定后"茶馆式"教学成果推广的实验学校,全面了解实验校的学情、校情,设计培训方案。

二是组建后"茶馆式"教学培训团队,形成系列宣讲报告,部分教师能够掌握后"茶馆式"教学成果。

三是各示范区根据自身的实际,在教学设计、课堂教学实录、教学微方法等实践的某一个方面有所突破,有所积累。

四是完成过程性资料积累,根据教育部和中国教育学会的要求每年制订工作计划,完成工作总结。

(二) 推广效果

1. 广大教师收获专业成长

(1) 参与成果推广的教师队伍不断壮大

目前,形成了两支成果推广的队伍,两股力量相互作用,相向而行,实现成果推广活动的广度延展。

一支是成果持有方的专家团队由2020年的校级领导8人核心团队,扩展为教研组长、学科带头人、骨干教师组成的50余人的研究团队,呈现日益壮大的趋势,教师们在帮助他人的过程中也促进了自身的专业发展。

另一支队伍是示范区和实验校的教师队伍,由原来的区域"教研室+校级领导+信息技术团队+试点学科教师"的组合,向实验学校更多学科教师扩展,有的实验校已经覆盖学校全学科的试点。贵州省金沙县的试点学校已由原来的7所实验校扩展到24所实验校,基本覆盖初中学段的所有学校。山东淄博2021年第一批实验校14所,2023年启动第二批实验校23所,共37所实验校积极参与成果推广工作。在2022年5月举行的静安区成果示范区的全国展示活动中,上海静安区的5所实验校校长、教师代表与全国同人分享了"从课堂之变观教师赋能""后'茶馆式'教学信息化平台的学校应用""课堂上我真的多讲了吗?""后'茶馆式'教学'逼'我跳出'舒适区'""'三议'的后'茶馆式'教学模式初探"等主题发言,受到与会专家的一致好评。

(2) 教师课堂教学行为的可视化转变

实验校的校长和教师对后"茶馆式"教学理念形成普遍的文化认同,教师能够用先进的教育理念审视课堂教学,明确教学改革的方向,熟练掌握后"茶馆式"教学的操作体系。更多的教师基于文化认同走向文化自觉,愿意付诸课堂教学实践之中,不仅在公开课的教学中,而且在日常的课堂教学中有所转变。

如上海市静安区彭浦初级中学的符老师以课堂教学行为中 PPT 数量的减少表达了对后"茶馆式"教学引发课堂教学结构变化的数据化分析。她原来的课堂是以教师为中心,注重知识的讲授,一堂数学课需要制作 30 余张 PPT,内容囊括了教师能搜罗到的学科知识点和大部分例题,教师讲得多,学生思考空间小,运用了后"茶馆式"教学之后课件缩减至 10 张 PPT,引导学生开展独立学习和合作学习,学生议论的时间大大增加,学生成绩反而呈现上升趋势。

2. 激活学校教育科研活动

我们把成果的推广看作一项全新的教学实践研究,带动各示范区和实验学校一起开展基于成果推广的教育科研活动,开拓了教师开展教育科研的路径,激发了教师参与教育科研的热情。

山东省淄博市周村区积极设立后"茶馆式"教学成果推广专项课题,鼓励教师参与后"茶馆式"教学成果的相关研究。上学年,经过学校初选、区域复评,该区共有 10 项后"茶馆式"教学成果推广专项课题成功立项。

此外,该区先后有 5 项课题被山东省教科所立项为市级教学成果推广专项课题。周村区以课题研究为抓手,定期组织区域内开展课题研究成果交流会,增进校际成果推广与交流。经过课题带动,许多成果推广教师参与到专项课题研究中来,对后"茶馆式"教学成果的深入转化起到了积极的助推作用。

上海实验校的研究在新一轮的上海市基础教育教学优秀教学成果评选中尤为凸显,这是上海学校教育科研的高规格奖项。成果持有方学校依托成果推广项目开展深化研究,凝练出"深度整合式教学"获得国家级基础教育教学成果二等奖、上海市基础教育教学优秀教学成果特等奖,"科学育人:学校关键领域的校本学生评价研究"获得上海市基础教育教学优秀教学成果二等奖。不仅如此,持有方还帮助崇明区的实验校——上海市崇明裕安中学斩获了两个上海市基础教育教学优秀教学成果二等奖,这对于一所初中强校工程学校而言是非常喜人的成绩,也为教育走向优质均衡开拓了新的路径和方法。

3. 扩大社会影响力

我们将成果推广工作与上海市强校工程、上海市城乡结对互助、上海市见习教师培训、上海市德育实训基地培训等项目加以整合,扩大成果推广工作的影响面,并成功创新了以上项目的研究,取得了良好的社会赞誉。学校还依托"绿之桥"微信公众号,凝练工作经验,撰写通讯报道,及时推送成果推广的相关报道,加大社会影响力。

各示范区每次活动结束都会组织教师开展学习报道的撰写,并借助各地媒体宣传,让广大实验校的家长了解实验校推进成果推广项目的相关改革。如山东省淄博市还在山东教育卫视中专门介绍了淄博市基础教育开展后"茶馆式"教学成果推广的报道,淄博市周村区新建路小学的赵校长介绍了学校开展后"茶馆式"教学改革和实践的学校新发展和新变化。

(三)满意度

成果持有方注重听取示范区及实验校的需求和意见,通过腾讯会议或实地访谈等方式了解示范区和实验校对成果持有方的培训、指导、咨询和研讨等专业服务质量满意度,基本达到 80% 以上。示范区和实验校对成果持有方推广工作的组织、沟通、资源提供等方面的满意度也达到 80% 及以上。

四、推广工作特色与创新

(一)共建成果推广的数字化平台

1. 成果推广数字化平台的运作机制

平台资源包括"教学设计、教学实录、命题试卷、作业设计"等多项成果推广内容。平台由信息公司负责软件开发和日常维护,有意向加盟的学校和计算机公司签订合同,交付一年的维护费。定期将成果推广过程中的讲座、教学设计、课堂实录等资源上传该网站,方便各地区学校老师开展自主学习。以后"茶馆式"教学设计为例,数字化平台记录了各地实验校参与成果推广的学习轨迹。

从最初推送 28 份静教院附校青年教师的教学设计,各地自主学习,之后推送 41 份静教院附校全学科的教学设计,各地区教师参照后"茶馆式"教学设计评价表开展评价,以此来检测各地区教师对后"茶馆式"教学设计的理解程度,评分越接近教学设计评分常模带的教师,其对后"茶馆式"教学设计的理解度越高。之后，要求各实验校上传1—3份学校认为最好的后"茶馆式"教学设计，各地区的教师互相学习，互相评价，累积了109份来自全国各地多学科教师的后"茶馆式"教学设计，以上合力成为信息平台的共同维护者。

平台运作还设定了流出机制，如果某学校只想享用平台资源，不上传自己学校的资源，来年将被自动流出。

2. 成果推广"数字化平台"的独特优势

（1）显现互动性

成果持有方和使用方可以依托平台开展多种方式的互动。如教学设计的循环改进，就是使用方和后"茶馆式"教学设计学科专家团队的线上互动对话；持有方还在平台上发起了学科命题研究，提供A/B两个不同年级不同水平的学科命题试卷，平台使用方在学习后也需要提供相应的命题试卷，逐步建立起全国各年级各学科命题常模数据。

（2）显现便捷性

平台使用不受时间、地点的限制，可以根据使用者自身的情况灵活操作。随时随地就能展开研修学习，这种学习，可以是教师个体的研修，也可以是学校群体的研修，具有极大的便捷性。

（3）显现再现性

所有资源汇总并留存在平台资源库中，可供使用者无限次地使用与研究。现实工作中，纸质的学习材料已经慢慢被弱化，信息资源的永久性、可循环、可重复的优势已被广大教师所青睐。平台上的资源，不仅可以便捷地取用，而且其取用次数不被限制，优质的资源更是会被长久地留存，使用者可以在需要使用时进行重复的提取。

（4）显现归纳性

平台上传的资源，能在平台上分类分栏设置，以便平台使用者快速查阅、调取，充分体现信息技术的优点。目前，平台上分设有"教学设计、报告视频、课堂实录、论文专著、命题试卷"五个类别栏目，呈现的资源不仅根据文本、视频等文件类型分类，还可根据各个学段、各个学科、各个年级分层呈现。同时，平台提供的检索窗口突出分类的有序性，使用者能在最短的时间内找到需要的资源展开研究学习，从而带来更多的学习效益。

（5）显现丰富性

平台资源涵盖教育各个领域的研究，如专题论文、主题报告、各学科教学设计、各学科课堂实录等,不受篇幅、不受容量的影响。在现今多学科融合的研究环境下,主题性、项目式、探究式、跨学科式的综合课程是需要我们去探索的,平台资源的丰富性,恰好提供了这样一个多样、多元的学科资源环境,使用者不仅可在这个平台里就自己的学科内容进行探讨、学习、研究,还可以去了解、学习其他学科的内容,这样的丰富性是其他平台所不具备的。

(二)共研成果推广的本土化创新

1. 组建起本土化培训团队

各地实验校经历了一年的培训之后,形成了一批后"茶馆式"教学种子教师,他们发挥这些种子教师的示范引领作用,实现了本土教师从接受培训转变为培训者的角色。

如山东淄博周村区域教研室在前期参与学习的基础上设计了"后'茶馆式'教学的内涵阐释""后'茶馆式'教学的操作体系"等专项培训课程,对区域内实验校教师开展滚动式培训。选拔实验校的优秀教师组织后"茶馆式"教学送教活动,加强地区实验校之间的交流。送教教师对送达学校进行后"茶馆式"教学培训,开展后"茶馆式"教学示范课,指导教师开展教学研究,通过送教,互通有无,互补短板,抱团成长,促进课堂教学成果交流共享,不断提升教学实验校教师队伍整体素质。

2. 形成具有学校特色的后"茶馆式"教学方法

实验校在系统学习了后"茶馆式"教学成果后,结合各实验校教学实际,开展课堂教学优化提升的探索研究,逐步总结出适合各实验校且具有学校特色的教学方法。

如山东淄博周村正阳路小学在成果推广过程中,逐渐打造出"茶"式"3E"教学法。"3E"是"议异义"的简称。后"茶馆式"教学在实践中凸显一个"议"字,强调多维度、有指向的自由对话,与自己对话,与他人对话,与客观世界对话。由此学生的相异思维得以展现,在实践活动中获得成长。因此,我校从后"茶馆式"教学理念的学习过程中提取了"议""异""义"三个核心理念。三者环环相扣,相互催生,构成了课程教学的基本形态。"议"是基石,是方式,"异"是"议"催开的花朵,是一种过程性的价值体现,而"义"是"议""异"的回归与必然追求。

3. 后"茶馆式"教学策略的学科再造

上海市彭浦初级中学将后"茶馆式"教学策略应用于学校的多门学科之中,形成了"一减""二乘""三放"的教学策略再创造。

一减,如初一数学组根据"学生先学最大化"策略,利用"随身课堂"信息平台,课前发布预习任务单,及时掌握"哪些知识点是学生自己能学会的""哪些需要师生共同探究",极大地提高了课堂效率。

二乘,如理化生教研组应用"做中学与书中学并举"策略,借助NOBOOK虚拟实验室,将课本和实验有机结合,先动手做,再书中学,感悟科学原理,体会知识生成。

三放,如吴老师深受"学生先解疑,教师后解疑"策略的启发,开展以学生为主讲,视频为媒介的"'学生自媒体'模式在初中数学教学中的实践"区课题研究。讲课学生不仅口头表达能力得到提升,而且对于知识点的理解也更为深刻。

五、推广工作的困难和建议

（一）推广工作的困难

1. 区域发展的不均衡

成果推广工作开展至今,有的成果推广示范区呈现发展慢、活动参与热情低等问题,我们的推广活动受到地域的限定,更多地期待示范区教育行政主管部门基于行政力量的支撑和保证。形成鲜明对比的就是区域行政部门比较重视的地区,效果相对明显,教师成长较快。成果推广中广度和深度的不均衡由此显现。

2. 管理人员的不稳定

区域层面分管领导和实验校校长若发生调整,对于推广工作需要有一段时间的适应期,对于此项工作的顶层设计存在一个再理解、再设计的过程。我们期待成果推广是一项长期、持续、连贯的工作,区域的政策和机制设计决定着此项工作的推进走向。

（二）推广工作的建议

1. 建立有效的体制机制

期待教育部能结合成果推广工作的特点出台相应的通知或要求,进一步规范各地区的成果推进工作。如可以将成果推广纳入各地区的"十四五"教师培训之中,参与学习的教师可以给予学分的积累,确保更多的教师能积极主动地参与此项成果推广工作。

2. 投入一定的研究经费

成果持有方开发的数字化平台投入了比较多的经费，随着成果推广的不断深入，数字化平台的功能还在进一步开发和完善过程中。期待教育部可以协同区域教育行政部门给予相应的经费支持。

研究型课程大规模实施智能支持平台

——成果推广自评报告

上海市电化教育馆

根据教育部的部署,基础教育国家级优秀教学成果推广应用工作于2020年12月正式启动。作为其中之一的成果持有方,"研究型课程大规模实施智能支持平台"(即MOORS平台、配套资源和实施模式)是为了支持学校大规模开展综合实践活动,利用信息技术解决出于研究主题难确定、教师指导与课程资源不足、管理与评价困难等原因,导致的研究型课程开设率低、水平不高等问题,最终达到提升课程教学、管理和评价效率的目的。

这项成果在2018年获国家级教学成果一等奖,获奖之后,在上海市教委的支持下,我们继续深入研究。结合与静安区的合作推广,近几年又取得了一些新的成果:一是根据上海市中考改革的相关要求,完成初中阶段MOORS平台的研发及使用推广,贯通了学生初高中研究档案,作为上海市中考招生的参考依据。二是进一步构建了学生研究性学习行为评价体系,借助人工智能研究成果,如自然语言处理技术、机器学习技术等,对学生在线学习行为、文本数据、视频资源数据进行挖掘,由对单源单模态的数据分析变成对多源多模态数据分析,提取师生行为特征,构建学生画像,赋能自适应学习效果。

经过两年多时间的持续推广跟进,现已取得显著成效。现做此自评报告,从工作规划、工作实施及工作成效等方面对推广工作进行具体总结。

一、推广工作规划与方案

1. 推广工作规划

根据MOORS平台的自身特色和情况,我们对三年的推广工作做出了详细的规划。

第一年时间主要是区域调研及平台宣传。与静安区教育局、教育学院深入沟通,采取分批分阶段的推进策略,开展区域研讨会了解静安区整体研究性学习的开展情况。

第二年时间主要是通过试点学校建立"一校一策"。对三类不同情况的学校给出不同的研究性学习开展方案,确保方案贴合学校实际情况,使平台得到有效使用。

第三年时间根据前期试点校得到的经验,辐射周边其他学校,扩大平台使用率。

2. 推广工作方案

按照"静安区三年推广应用计划(2020—2023年)"中的工作目标,结合MOORS平台特征,我们制定了"一校一策"的应用推广方案。通过前期与各个学校沟通,我们梳理了静安区各中学研究性学习的开展情况,总体可分为以下三类:

第一类学校:校内有研究领域和内容较丰富的课程体系,学校的软硬件基础可以承载学校学生完成研究性学习活动开展的需要。同时,学校经过多年的开展沉淀,在研究性学习方面有完整的思考,并拥有本校特色实施方法和管理流程。

第二类学校:校内有一定数量的课程可供学生选择,有一定的成果,但在研究性学习活动管理、指导等方面还不够完善,没有形成统一的开展流程与方法,也不易沉淀学生的研究成果。

第三类学校:校内支持活动开展的课程资源和硬件相对缺乏,可开展的课程种类与数量有限,学生较难逐一结合自身兴趣选题。同时,部分学生在实施中也缺乏专业指导,开展研究性学习的规范性不强。

针对以上三类不同情况的学校,我们提出了不同的实施方案与建议。

针对第一类学校,可将本校的特色课程、研究流程等个性化内容融入MOORS,构建集课程开设、内容发布、合作研究、分析评价于一体的线上线下融合式研究性学习开展模式,形成学生在线上学习课程、查阅资料、提交任务,在线下开展实验、合作交流、撰写报告相结合的研究性学习方式。同时学校可以基于学生画像的学习偏好分析,及时调整教学课程开展的策略。

完整的研究过程通过MOORS平台进行记录,一方面可以帮助学校更好地了解活动开展情况,适时指导、激励。另一方面研究成果的数据沉淀也可为后续活动开展提供研究基础,为招生选拔提供参考。

针对第二类学校,可以结合 MOORS 平台内的研究流程、统计管理等功能,规范学校开展研究性学习的过程管理。在实施过程中,探索课程管理的优化方式,以此推动学生按照科学的研究方式开展研究性学习,逐步形成适合本校实行的开展方法。在通过一段时间的实施后,达到逐步提升管理效率、丰富校本课程资源体系的目的,为开展更加贴近学生兴趣特长、更加满足创新实践素养培育需求的综合实践活动奠定基础。

针对第三类学校,可利用 MOORS 本身具备的资源,按照学科进行学习,再与本校的课程相结合,优化课程内容。提升学生按照流程开展研究性学习活动的意识,完成研究性学习报告并同步至综评,达成基本的学校管理与需求。通过几轮研究性学习活动的开展,学校可初步形成适用于本校的开展方式,并按照流程稳步推行。

二、推广工作实施与推进

1. 推广团队成员结构、质量

根据推广工作实际情况,我们组建了一支经验丰富的推广团队,以下是团队成员基本信息介绍:

姓名	年龄	性别	学历	职务	主要资历、经验及承担过的项目
杨亚	33	女	本科	技术支持服务主管	1. 具备 5 年以上软件技术服务支持经验,4 年以上教育行业应用平台技术服务支持经验。 2. 深入了解研究性学习智能支持系统功能服务及研究性学习相关流程,掌握技术支持服务技巧及最新业务知识。 3. 掌握项目流程管理,软件工程等项目专业知识。 4. 具备组织实施系统分析、系统架构设计能力。

续表

姓名	年龄	性别	学历	职务	主要资历、经验及承担过的项目
安闯	30	男	本科	软件开发工程师	1. 具备5年以上软件技术服务支持经验，3年以上教育行业应用平台技术服务支持经验。 2. 深入了解研究性学习智能支持系统功能服务及研究性学习相关流程，掌握技术支持服务技巧及最新业务知识。 3. 掌握项目流程管理，软件工程等项目专业知识。 4. 具备组织实施系统分析、系统架构设计能力。
高杰	32	男	本科	软件开发工程师	1. 具备5年以上软件技术服务支持经验，3年以上教育行业应用平台技术服务支持经验。 2. 深入了解研究型课程自适应学习平台功能服务及研究性学习相关流程，掌握技术支持服务技巧及最新业务知识。 3. 掌握项目流程管理、软件工程等项目专业知识。 4. 具备组织实施系统分析、系统架构设计能力。
王星	35	男	本科	前端工程师	1. 具备4年以上软件技术服务支持与开发经验，3年以上教育行业应用平台技术服务支持经验。 2. 深入了解研究性学习智能支持系统功能服务及研究性学习相关流程，掌握技术支持服务技巧及最新业务知识。
楚文涛	33	男	本科	成果推广项目负责人	1. 具备6年以上软件技术服务与技术支持经验，3年以上教育行业应用平台技术支持经验。 2. 深入了解研究性学习智能支持系统功能服务及研究性学习相关流程，掌握技术支持服务技巧及最新业务知识。
周纯	39	女	本科	数据库工程师	1. 了解研究性学习智能支持系统功能服务及研究性学习相关流程。 2. 具备熟练掌握平台涉及数据库相关技术，具有数据分析、数据清洗经验。 3. 深入了解业务应用，具有数据敏感性，善于通过数据分析发现业务系统问题。 4. 具备3年以上数据分析、数据处理及清洗工作经验。 5. 具备较好的数据库设计分析能力。

续表

姓名	年龄	性别	学历	职务	主要资历、经验及承担过的项目
姜天资	30	女	本科	项目推广团队成员	1. 具备3年以上软件平台技术支持服务经验。 2. 具有较强的协调能力和统筹管理能力。 3. 具有较强的语言表达能力及沟通能力，责任心强。 4. 熟知行业法规和相关政策。
孙钰然	26	女	本科	项目推广团队成员	1. 具备3年以上软件平台技术支持服务经验。 2. 具有较强的协调能力和统筹管理能力。 3. 具有较强的语言表达能力及沟通能力，责任心强。 4. 熟知行业法规和相关政策。
王丽娜	25	女	本科	项目推广团队成员	1. 具备2年以上软件平台技术支持服务经验。 2. 具有较强的协调能力和统筹管理能力。 3. 具有较强的语言表达能力及沟通能力，责任心强。 4. 熟知行业法规和相关政策。
刘积跃	23	女	本科	项目推广团队成员	1. 有较强的执行能力、表达能力及沟通能力。 2. 熟知行业知识及平台具体操作。

2. 推广工作基本制度、运行机制和沟通机制

（1）设立完善的推广工作基本制度和运行机制

建立推广运行机制

建立标准化、规范化的推广服务流程，便于推广工作能够有序、规范地进行，更方便以后进行类似推广工作的顺利开展。通过建立多种平台技术支持服务方式（这里综合支持部可以配合客服人员一起完成），建立问题处理机制，在第一时间解决各类问题并记录，提供问题处理报告、变更记录等文档。

本项目执行过程中运营规范主要是通过流程规范进行体系化保障，并通过完成的业务闭环为甲方提供稳定的技术支持。本项目服务规范包括以下几个方面：

◆ 建立以辅助学校开展研究性学习为中心的团队文化；

◆ 对于收集的信息，定期（每周）发布信息数据汇总统计表和数据统计分析报告，通过数据分析报告进行学校情况分析；

◆ 不断完善和统一数据收集标准；

◆ 在推广过程中，充分发挥数据分析工具、机器学习工具的价值，通过以往的经验给予学校最实用的建议；

◆ 对平台使用时校方提出的各类问题做出及时反馈，配备完善的培训方案，确保学校使用 MOORS 平台的稳定；

◆ 重点注意各校特色分析，对数据进行归纳整理，确保完成"一校一策"的初始预期目标。

建立多平台技术支持服务方式

在技术支持手段中将采用多平台的方式进行沟通，方式主要包括电话、邮件、QQ 群与微信群等。在必要时，使用腾讯会议、钉钉等在线辅助工具，协助学校顺利推进研究性学习的校内开展工作，并在平台内完成完整的研究性学习报告。

（2）沟通机制

一是与静安区教育局、教育学院深入沟通，采取分批分阶段的推进策略。二是组织并开展了多次成果推广研讨会，了解静安区整体研究性学习的开展情况，形成完整的推广实施方案。三是组织入校调研，了解静安区各中学的研究性学习活动开展情况与方式，结合学校的师资力量、开展流程、硬件条件等情况，针对性制定各校基于 MOORS 平台开展研究型课程的实施方案，并配合学校确保课程的顺利开展，为学校提供各类技术支持服务。四是建立点对点跟踪反馈机制，分析、总结不同基础学校的实施情况和存在问题，并与静安区及相关学校协同探讨下一步的实施策略，实现成果迭代和区域研究性学习实施效率提升同步推进。

3. 成果推广应用手册

MOORS 平台推广活动涉及区级、校级、教师、学生等多个维度。根据参与角色的不同使用不同的推广方式，以此加深学校对 MOORS 平台的了解与认知，最终达到使 MOORS 平台融入学校日常研究性学习活动的目的。

成果推广应用手册，分为区级推广应用手册、学生版推广应用手册和教师版推广应用手册。

4. 培训资源建设、积累及生成情况

截至目前，平台汇聚了 3 680 分钟研究型课程教学微视频或动画、206 份优秀研究报告范本、350 万字方法指导与案例。基于 MOORS 平台现有的资源情况，我们还对主题课程资源进行了补充，扩展了资源种类，将资源标签及元数据进行完善，确保资源满足系统用户使用需求和提升平台资源自适应精度，提高

学生在线学习效能。对此,我们做出以下几点:

第一,补充研究性学习课程资源,完善资源标签体系。在MOORS平台现有资源的基础上,协助采购方更新资源框架,并通过资源拍摄、资源定制加工等手段,丰富新资源框架下研究性学习课程资源的覆盖类型。在此基础上,完善课程资源元数据及标签,在现有MOORS平台标签库的基础上,丰富MOORS平台的课程资源标签,并根据资源自适应行为数据不断优化标签体系,为研究性学习过程中资源自适应匹配提供有效的支撑。

第二,探索研究性学习课程,共推共建新模式。联合研究性、探究性学习教研部门,共同推进研究性学习课程建设,推进研究性学习课程开展,营造以研究型课程为基础、MOORS平台为支撑的新型研究性学习开展模式。探索基于研究性学习的学科内拓展及跨学科融合教学方式,帮助各区一线教师在研究性、探究性学习开展上,实现差异性、个性化、精准性教学,更好地匹配教育教学场景。

第三,通过线下服务探索研究性学习资源服务体系。通过线下培训、专题研讨等方式,面向教师提供基于MOORS平台及在线资源体系的研究性学习课程服务,提升研究性学习综合服务质量,提升一线教师的研究性学习教育教学能力及信息化素养,探索数字资源自主生成模式。

第四,形成完整的课程资源建设体系,确保课程资源的高质量。构建完善的专家团队,专家组在课程建设方案的修订、课程建设的过程指导及资源建设完成后的审核等多个环节进行参与,通过专家组"一课一审"的方式,保障课程建设质量符合建设预期。最终完成主题系列课程开发共18套,包含视频资源、文本资料及课程PPT,使平台内供师生学习的资源更加丰富。

所有开发的课程资源均可通过登录MOORS平台进行查看,对于需要资源的学生及老师,可以随时进入平台的"研课堂"版块进行资源的在线学习,无须再进行多余的操作。

5. 专业服务方式与举措

本项目的质量保证措施主要从项目执行过程的角度设计,确保项目按照预先定义的过程进行执行和实施。质量保证的目标是为管理提供保证,使得预期方案中定义的过程、目标在项目过程中得到遵循和保持。

本项目的质量保证措施主要有以下几个方面:

◆ 指定角色

在项目启动后,有专门组建的QA小组来负责本项目的质量保证活动。项目 QA 小组成员参与项目早期的方案设定,包括学校分析,制定推广方案、调研计划及学校推广情况跟进。

◆ 定义合适的推广过程

一个好的推广过程,必须针对项目的实际情况,确定成果推广流程,明确各阶段的进入条件和退出条件,进行有效的过程控制与管理,在提高效率和项目的成功率的基础上进一步保证项目交付物的质量。

◆ 明确项目目标

对于任何项目过程而言,目标不仅是一个不可避免的环节,还是项目执行的基础。往往需求明确、与平台匹配率高的学校推广效率就高。但是,在实际推广中,学校明确的目标总是在项目进入中后期时,出于各种不同的原因而发生变化,这就给项目过程执行带来不确定因素。因此,在项目执行过程中,为了保证项目的顺利进行和最后交付的产品质量,应该提前对学校的总体情况进行一个清晰的认知。

6. 对示范区应用工作建议情况

根据静安区的项目推广情况来看,目前需要继续完善"一校一策"深入调研,优化试点校现有方案,使之更加贴合学校实际情况,最终形成多种可适应不同类型学校的方案。然后从试点校向周边校辐射,以样本校为中心,逐步向周边校辐射,根据前期积累的经验和建立的方案,为周边校建立合适的研究性学习课程开展体系,辅助学校更好地开展研究性学习。

对于精准化分析学校,给出制定方案这样的策略,在推广过程中显示出了很好的推广效果,可以作为主要思路开展工作。

三、推广工作成效与影响

1. 规划目标达成度

通过这一段时间的推广使用,"一校一策"在不同类型的学校产生了一定的成效。如上海市风华中学形成了本校的特色课程中心,学生可以自主选择报名本校的特色研究型课程,同时基于课程特色形成了本校独特的研究过程;上海市育才初级中学基本形成了在初一、初二开展两轮课题的推行方式,代课教师在授课时,结合 MOORS 平台,告知学生探究性学习报告的填写方法,并逐步培养学生探究性学习的逻辑思维。

截至目前,全区总用户数量已达 18 348 人,高中累计生成课题 16 005 个,初中累计生成课题 3 793 个,高中同步课题数量 7 673 个,初中同步课题数量 3 657 个,收获了学校的一致好评。

2. 方案任务完成度

根据最初设定的推广方案,我们共形成研究型课程智能支持系统 MOORS 调研报告两期,调研报告内包含我们在静安区学校内调研所做的"一校一策",对每所学校进行了情况分析、研究性学习基本情况收集、研究性学习开展过程中遇到的问题及解决办法、学校应用平台情况分析及建议,对各类学校结合 MOORS 平台开展研究性学习起到了重要推动作用。

3. 问题解决程度及区域影响力

我们对目前已经在使用 MOORS 平台的学校进行了走访和满意度调查。包括学校在使用平台中的体验感、平台实用性、服务质量等。许多学校给我们提出了宝贵的意见和建议。截至目前,静安区共有 58 所初高中校将 MOORS 平台结合至学校日常的研究性学习活动中,其中有 30 所为项目小组推广校。MOORS 平台在各校的使用,从资源学习角度、研究性学习开展的规范性及合理性等方面来说,都对各校的研究性学习产生了正面影响。

4. 成果迭代升级

随着 MOORS 平台在静安区各学校得到使用,平台上会积累大量的数据,具体可以分为业务数据和行为数据。业务数据主要是与研究课题相关的数据,比如课题名称、课题研究背景、研究内容及方法以及课题研究群组聊天记录等。行为数据基于 xAPI 采集数据的粒度和维度,主要是学生在线学习行为的记录,包括操作行为(登录、登出、检索、观看视频、浏览文档、收藏等)、认知行为(学生评价、学生提问等)、协作行为(基于讨论组的交流信息、课题分享等)和问题解决行为(课题成果、结论等)。业务数据和行为数据为绘制学生的用户画像提供了数据基础。

根据线上和线下的融合体系,对评价体系进行完善后,作为用户画像标签库的部分指标,再从用户属性维度、行为维度、课题维度等方面完善用户画像标签。一部分根据结构化数据和量化数据,采用 NBC(朴素贝叶斯分类)算法,对目标数据进行分类,再根据分类标准,对用户画像进行完善和扩展;一部分根据非结构数据,包括文本数据、视频图片数据等,采用 NLP(情感分析)对教师评语和文字描述进行分析处理，采用 KNN 算法对图片视频等进行特征提取，分类计算，最后进行汇总，完善用户画像标签库。

对用户的量化评价数据、诊断评价数据、增值评价数据进行数据汇总和数据指标划分，采用 K-Means 聚类算法，进行 TF-IDF 和归一化处理，对每个评价指标进行分类标记。当前 MOORS 学生画像主要包括心理测评、综合素质评价以及实践创新能力三个层次。心理测评主要是霍兰德测试、批判性思维测试以及多元智能测试结果性数据，综合素质评价主要提供了学生 12 个科目的学习数据，实践创新能力主要包括问题解决、合作能力和思维创新三个指标，共同形成用户画像的多维度评价。最终，使 MOORS 平台进行迭代升级，为学校开展研究性学习方面带来更多的方法与思路。

四、推广工作经验的独特性与可复制性

在推广工作中，最为独特的亮点是我们在制定推广方案时采用的"一校一策"推广方案，根据每个学校最真实的情况数据，分析出最适合学校的研究性学习开展情况。这让学校在平台的使用过程中，能很好地契合学校原本的课程开展，让成果推广时阻力较小。由于平台可以切实地贴合每类学校的使用，使得学校对平台的使用成为自然发生的事情，而非强行推动。这让学校对于推广工作的配合程度很高，这也为我们提供了可复制的工作思路：了解学校具体情况，因校制宜。从学校最真实的需求出发，为学校解决实际问题，如此才能达到成果推广的最终目的，对学校的教育教学工作产生正向推动作用。

图书在版编目(CIP)数据

落地·转化·创生：优秀教学成果推广应用的静安实践 / 邱中宁主编. -- 上海：上海社会科学院出版社，2025. -- ISBN 978-7-5520-4740-0
I. G639.2-53
中国国家版本馆 CIP 数据核字第 2025Z10E58 号

落地·转化·创生：优秀教学成果推广应用的静安实践

主　　编：邱中宁
责任编辑：邱爱园　陈如江
封面设计：杨晨安
出版发行：上海社会科学院出版社
　　　　　上海顺昌路 622 号　邮编 200025
　　　　　电话总机 021-63315947　销售热线 021-53063735
　　　　　https://cbs.sass.org.cn　E-mail：sassp@sassp.cn
照　　排：南京理工出版信息技术有限公司
印　　刷：上海颛辉印刷厂有限公司
开　　本：710 毫米×1000 毫米　1/16
印　　张：19
插　　页：1
字　　数：318 千
版　　次：2025 年 5 月第 1 版　2025 年 5 月第 1 次印刷

ISBN 978-7-5520-4740-0/G·1416　　　　　　　　　　　定价：98.00 元

版权所有　翻印必究